高效课堂的理念与实践

项家庆 主编
陈小平 副主编

天津出版传媒集团
天津教育出版社

图书在版编目(CIP)数据

高效课堂的理念与实践 / 项家庆主编．——天津：天津教育出版社，2013.3（2018年1月重印）

ISBN 978-7-5309-7205-2

Ⅰ.①高… Ⅱ.①项 Ⅲ.①课堂教学－教学研究－中小学 Ⅳ.① G632.421

中国版本图书馆 CIP 数据核字(2013)第049728号

高效课堂的理念与实践

GAOXIAO KETANG DE LILIAN YU SHIJIAN

出版人	刘志刚
作　者	项家庆
责任编辑	王轶冰
装帧设计	北京桃李不言图书有限公司
	天津出版传媒集团
出版发行	天津教育出版社
	天津市和平区西康路35号　邮政编码300051
	http：//www.tjeph.com　电话(022) 23378389
经　销	全国新华书店
印　刷	北京永顺兴望印刷厂
版　次	2015年7月第2版
印　次	2018年1月第5次印刷
规　格	16开(710毫米 ×1000毫米)
字　数	220千字
印　张	14
定　价	28.00元

如发现此书有印、装质量问题、请与印刷单位联系调换。

联系电话：022-59219088

前　　言

党的十八大报告明确指出，全面实施素质教育，着力提高教育质量，培养学生社会责任感、创新精神、实践能力。这是推进教育事业科学发展新的动员令，为进一步做好教育工作注入了强大的动力。

全面实施素质教育是贯彻党的教育方针的根本要求。“培养什么人，怎样培养人”是教育中带有全局性和方向性的重要问题，教育的核心任务就是要坚持德育为先、能力为重、全面发展，真正把提高学生素质、促进学生健康成长作为学校一切工作的出发点和落脚点，关心每个学生，引导每个学生主动地、生动活泼地发展。

自上世纪90年代以来，党和国家围绕实施素质教育先后推出一系列重大举措，各地也大胆探索，取得了显著成效。但不容忽视的是，应试教育在很多地方仍然存在，人民群众对学生负担重、城市择校热等问题反映强烈，全面实施素质教育的紧迫感和艰巨性愈发凸显。

以生为本，我们做到了吗？

出一道选择题：如果你是一位学生，喜欢什么样的教师？

A. 生活没热情，上课没激情。

B. 上课画重点，让我们背会，然后检测。

C. 语言风趣，重点突出，引导我们思考，作业适量。

D. 上课一讲到底，自习课接着讲题。

再出一道选择题：如果你是一位学生，喜欢什么样的学习生活？

1. 每天补课。

2. 每天睡眠时间不足8.5小时。

3. 每天运动时间不足1小时。

4. 每天作业时间超过45分钟（小学生）或1.5小时（中学生）。

我想，你选择的答案肯定不言自明。某地区对学生的学业负担调查显示：认为加重的占67.4%，认为变化不大的占32.6%。从课堂观察显示：对师生互动而言，教师讲得多、用时长，学生活动少、发言人次少。对课型而言，讲授课型多，对话课型少，以讲授为主兼顾对话课型多。对效果而言，大多数课型一般，好的不多，差的是极少数。对目标达成而言，显性达成的多，隐性达成的少，知识技能达成的多，思维品质与学习能力培养达成的较少。我们是否反思过，知识与知识的传递更需要智慧，是否遵循教育规律，是否教会学生学会观察，学会思考，学会学习；是否反思过，尊重学生，以人为本；是否反思过，个性发展，创新思维……

我们正处在现代教学理论“中国化”的大好时期，只有推陈才能出新。两千多年前的《学记》堪称集我国古代教学思想之大成，是对教学经验的精辟概括与总结。到了20世纪初期，废科举、兴学校之风盛行，一批力图从西方寻找真理、学习西方经验的有识之士把赫尔巴特学派的理论介绍到中国。对我国教学理论发展影响最深的是赫尔巴特的“苏联版”，我们甚至比苏联人还信奉凯洛夫。每堂课分五个阶段：组织教学1~2分钟——复习旧知识5~10分钟——讲授新知识15~30分钟——巩固新知识10~15分钟——布置作业2~5分钟。多数教师就是在这种模式下成长起来的。20世纪80年代以来，欧美一些心理学取向的教学理论著作大量涌入我国，后现代主义、建构主义、多元智力理论等开始影响着人们看待传统教学理论的眼光。在这个社会转型时期，各类课堂教学模式应运而生。如魏书生的六步教学法：定向——自学——讨论——答疑——自测——自结；南京市东庐中学的讲学稿：课前预习导学——课堂学习研讨——课内训练巩固——课后拓展延伸；河南西峡县：设疑自探——解疑合探——质疑互探；还有山东李升勇的大课堂教学的方法与策略、杜郎口的“三三六”模式、洋思中学的“先学后教，当堂训练”、钱梦龙的“三步四式”等等都充满了智慧…… 值得我们借鉴与学习。我们同是行走在改革的路上，沿着前人探索的足迹，让理论、实践与智慧同行，大家一起来共同寻求一条高效教育之路。

实施素质教育是时代的呼唤，也是人民的期盼。当今世界，科技进步日新月异，知识经济迅猛推进，国与国之间在经济与科技上的差距，说到底是人的素质的差距。只有全面推进素质教育，打造大批一流的人才，才能为全面建成小康社会奠定坚实的基础。

编　者

目　录

第一章

高效课堂的理念与作用

从事教育20多年来，我一直羡慕这样的教师：没有别人印象中的埋头苦干，课下基本不给学生布置什么作业，而他们所教的学生考试成绩却能名列前茅，学生测评得到一致好评。后来，在教学实践中逐渐悟到这些教师的制胜法宝：他们一定有受学生欢迎的课堂教学。

第一节　以生为本——高效课堂理念

有研究表明，学生在学校获得的知识有90%来自于课堂。而教师向学生传授知识、完成教学任务的主要场所也是课堂。因此，学生知识的获得、学习能力的提高、精神品质的培养，应该首先从课堂教学上予以突破。而提高课堂教学效率，打造高效课堂，就成为学校教学的主要任务，也是我们每一位教师都应该认真面对、深入思考的一个话题。只有当我们一起了解国内外基础教育课程改革的背景，才能做到与时俱进，转变观念，以生为本，尊重生命。

一、高效课堂理念产生的背景

社会在不断地变革，时代在不停发展。所以，教育改革是永恒的主题。在20世纪，世界范围内有三次较大的教育改革。[1]每一次改革都发端于社会发展迅速的美国，然后波及到整个世界。

1　基础教育课程改革通鉴编委会编．基础教育课程改革通鉴．北京：中央民族大学出版社，2002.

(一) 20世纪基础教育的三次重大改革

第一次教育改革发生在20世纪初。以杜威进步主义教育思想为代表的现代教育批判了传统教育的课堂中心、课本中心、教师中心，提出活动中心、儿童中心、儿童的兴趣中心的主张。杜威主张“教育即生活”、“学校即社会”。他批判传统教育的“最大浪费是由于儿童在学校中不能完全、自由地运用他在校外获得的经验；同时，另一方面，他又不能把学校所学的东西应用于日常生活”。因此，他提出了“从做中学”的教学原则，并从这个原则出发，要求课程必须适应社会生活的需要，强调课程教材要与儿童生活经验相联系。杜威的教育思想影响美国教育几十年，而且影响到世界各国。

第二次教育改革发生在20世纪五六十年代。50年代后期，美国学术界人士对“生活适应”的功利主义教育提出了强烈的批评。同时，批评当时的课程内容只反映了19世纪的科学成果，没有反映20世纪科学所取得的成就，强烈要求改革。1957年的苏联人造卫星上天促进了这次改革。1958年，美国国会通过了“国防教育法”，提出加强数学、科学、现代外语三门基础课程，于是出现了新数学、新物理等一系列新教材。这些教材因过于深奥而不能为教师和学生所接受，到20世纪70年代初就被弃之不用，但它影响到世界各国的改革。

第三次教育改革是20世纪80年代初开始的，改革的动力来自于教育的外部和内部的因素。教育的外部因素是科学技术的迅猛发展，并由此带来生产方式的不断变革和社会的深刻变化，国际局势趋于缓和而经济竞争日益激烈。教育内部的因素是：一方面，中等教育的普及和终身教育思潮的兴起，另一方面，中小学教育质量的下降。1983年，美国高质量教育委员会发表的公开信“国家处在危险中，教育改革势在必行”就反映了这个问题。之后，美国朝野提出了一系列改革方案。1991年，布什总统提出了《2000年美国教育发展战略》，克林顿上任后将其演变成《2000年目标：美国教育法》。与此同时，日本、英国、法国也在陆续进行教育改革。

只要认真观察三次教育改革，就会发现，课程改革是改革的重要方面，处于改革的核心地位。这是为什么呢？原因主要在于任何教育目标都必须依靠课程来实现。当然，每一次课程改革总是以某种教育思想、教育观念为指导，同时以新的内容与方法作保证。

(二)当前世界各国基础教育改革概述

(1)日本：日本每十年更新一次基础教育课程，2002年即实施新的课程。日本实施新的课程的中心思想，就是要让学生能够轻松地生存，能够愉快地学习。他们认为，应该给学生自主发展留有更多的时间、更大的空间，以使他们健康地、自由地发展。他们对旧有的课程进行了分析和审视。他们认为，课程内容太多，学生没有自主学习和探索的时间。因此，他们提出，要把课程的内容、学时减去三分之一。在教育改革指导思想方面，他们重点突出四点：鼓励学生参与社会活动和提高国际意识；提高学生独立思考和学习的能力；为学生掌握基本知识和技能、达成个性发展创造宜人的教育环境；鼓励每所学校办出特色甚至标新立异。

(2)新加坡：2001年，新加坡课程改革提出让学生掌握必要的技能，成为勇于创新、善于获取信息、富有创造精神的人，以适应21世纪的需要。

(3)美国：在2000年教育目标法中提出：所有8岁儿童都要学会阅读；所有12岁儿童都要学会用互联网；所有18岁青年都要接受两年高等教育。

(4)韩国：1997年开始进行课程改革，强调实验、讨论、自主活动、社会服务等亲身体验学习活动的重要地位，以培养学生解决问题的能力。同时，引入“区别性课程”概念，即不同的学生学习的内容有所不同。一年级到十年级，数学、英语、朝鲜语、科学和社会等五科设置分层课程；十一年级到十二年级，大量引入选修课程。

(5)英国：1998年颁布《教育改革法》，首次设置国家课程，并制定了课程标准。1999年，英国颁布的国家课程标准规定了四项发展目标和六项基本技能：精神方面的发展，道德方面的发展，社会方面的发展，文化方面的发展；交往、数的处理、信息技术、共同操作、改进学习、解决问题。

(三)世界各国课程改革的特点与趋势

(1)世界各国都是把基础教育课程改革作为增强综合国力的战略措施。世界上任何国家的课程改革都把教育的成败和国家的命运、民族的兴衰联系在一起。每一个觉醒的民族都充分认识到，面对21世纪的挑战，面对科学技术的迅猛发展和经济全球化、一体化，学校培养什么样的人才才能适应当代社会的发展，这是关系到国家民族生死存亡的大问题。世界各个国家课程改革的核心都是调整培养目标，使新一代国民具有适应21世纪社会科技经济发展必备的素质，改变人才培养模式，实现学生学习方式的根本变革，使现在的学生成为未来社会具有国际竞争力的公民。

⑵全面关注学生的发展。世界各国的课程改革，无一不把目标指向学生的发展，指向以能力和个性为核心的发展。课程改革要培养学生的信息收集和整理的能力、发现问题和思考问题的能力、分析问题和解决问题的能力、终身学习和创新的能力、生存和发展的能力；课程改革要培养学生的良好个性品质，如自信、勇敢、严谨、求实、关心、合作、乐观、奉献、批判、创新……英国、日本的课程内容改革方向是进一步关注学生的生活经验，反映社会科技的最新进展，满足学生多样化发展的需要，使每个学生具有自信心和持续发展的努力。

⑶实行课程编制、实施、评价一体化的整体改革。在传统的教学设计理论和实践中，一般仅仅考虑课程的编制，忽视了实施和评价这两个环节对课程改革的影响。实践证明，课程的实施和评价在很大程度上制约着课程的功效。世界各国的课程改革都十分关注课程编制以外的诸多因素，充分考虑了教师在课程实施中的作用，充分考虑了评价的作用。在评价制度改革中，特别注意目标评价、过程评价、学生学习成就的的全面评价以及评价主体和评价方法的多样性，发挥评价在促进学生潜能、个性、创造性等方面发展的作用，使每一个学生具有自信心和持续发展的能力。

⑷课程结构的整合性和均衡性。在传统的课程设计中，常常是强调一个方面而忽视另一个方面。一些国家曾一度出现过重学科课程轻活动课程、重科学课程轻人文课程、重分科课程轻综合课程、重认知轻情感、重必修轻选修等倾向。而各国的课程改革充分考虑学科及课程的整合，通常将课程划分为语文、数学、科学、社会人文、体育与保健、艺术等若干学习领域；将学科与活动、必修与选修有机结合统一起来，充分考虑课程之间的平衡。

⑸课程内容的综合性和现实性。在课程内容方面，都十分关注学生经验，使课程内容迅速反映社会、科技的最新进展，满足学生多样化发展的需要。

⑹关注学习方式的转变，改变学生的学习方式是各国课程改革的重点。

过去，过分强调学生的接受学习、死记硬背、机械训练。现在，必须变这种单一的学习方式为多样化的学习方式，高度重视学生主动参与、亲自探究、动手操作，强调学生的感受、体验、实践，强调学生之间的交流与合作。比如，由美国发起的已影响各国的在科学教育中进行的“动手做”实验，充分关注以下环节：让学生观察自己周围的事物，自己提出问题；问题提出后，教师不直接给出答案，而是由学生去探索，自己动手做试验，观察、提问、设想、验证，记录数据、分析数据，谈论交流等。再比如，国际上比较流行的体验教育、情报教育、福利社会服务事业教育等课程的实施都是通过实践调查等直接体验活动来进行的。

(7)课程管理的民主化和规范化。其民主化主要体现在：中央和地方对课程管理的权力分配趋向平衡，即原来中央集权的国家已把过分集中的权力下放一部分给地方和学校，而原来放权的国家也在把过分分散的权力部分地收归中央；专家、学者、教师广泛地参与课程设计、课程标准的编制等相关的管理工作，即课程管理队伍构成多元化；大量选修课的设置，学生对课程的选择权加大，也体现了民主化。课程管理的规范化主要表现在：采用法规、制度、文件等形式实施管理。

(8)强调信息技术教育。各国都十分关注信息技术发展对教育的影响，主要表现在三个方面：设置信息教育课程，提高学生的信息素质，提高学生对信息的收集、整理、分析、预测的能力；为学生和教师提供计算机和网络，辅助教师教和学生学，为学生和教师提供学习资源；因为有了计算机技术，对传统的课程采取删去一些内容、精简一些内容、改变一些内容、增加一些内容的处理方式。

(9)注重道德、价值观和国际理解教育。面对经济的全球化、世界的多极化的大趋势，各国不约而同地把青少年学生的道德教育和价值观教育放在重要位置。在人际关系方面，要承认自我与他人生存和发展相互依赖的关系，尊重他人、诚实守信。在社会方面，要维护国家和民族的利益，维护法律的尊严，为共同的利益而努力，尊重宗教和文化的多样性。在自然方面，要把由自然和社会共同组成的环境视为生命和存在的基础，对未来和可持续发展抱有责任感，理解人在自然中的位置，努力保持自然的平衡性和多样性。特别在环境问题上，人对环境的态度已经被视为人的价值观的重要组成部分，不仅作为教育内容存在，而且成为人的健全人格的一部分。

二、当前我国高效课堂建设面临的挑战

中国加入世界贸易组织以后，我们面临当前世界各国基础教育改革的飞速发展。尤其是经济逐渐全球化、一体化，教育正日趋开放。从基础教育到成人教育，市场都在不同程度地介入并产生影响，一个世界性的开放的教育市场正在静悄悄地发展。挑战主要来自于：人才标准国际化；人才需求呈激增趋势；教育观念的重大变革；课程教材的矛盾日趋尖锐；教师的功能和作用发生变化以及教育参与竞争。

⑴国家之间的竞争更多地体现为人才的竞争。我们也面临着发展的契机：对教育的需求日益加大；多元化的教育制度将会替代现行的选拔性教育制度；终身教育的观念逐渐深入人心；现行学校体系被打破，优质均衡发展势在必行；更多的国外优质教育资源流入国内，给中国的教育大发展带来新的更多的机会。

因此，为应对日益激烈的国际竞争，我国必须大力推进素质教育，实现培养目标的调整和人才培养方式的转变。素质教育的实施还未取得突破性进展：一是没有摆脱应试教育的惯性和影响；二是课程改革急需推进；三是有效德育建设工程亟待推进；四是改革考试评价制度；五是亟待建立一支高素质的教师队伍。我们要站在时代的高度理解“三个面向”的深刻内涵，抓住机遇，深化改革，锐意进取，把握时代脉搏。牢固树立育人为先，突出培养学生的创新精神、实践能力、人文素养、环境意识，培养学生终身学习的能力，强调学生身心健康发展，知识与能力并重。

⑵课程改革的关键环节是课程的实施，而课程实施的基本途径是课堂教学。因此，教学改革是课程改革成功的基本保证。从一定意义上讲，课改方案、课程标准都是观念，如想变成现实，必须依靠师生的教学活动去完成。这就必须建立师生积极互动、立足于学生发展的教学双边关系。课堂教学是实现教学目标、促进学生发展的主渠道，是学生获取新知识、形成学习能力的主阵地，是教师实践教学理念、展示教学技能的平台。把课上好，是教师

专业成长过程中的主要追求。那么，什么样的课才是高效课堂？答案应该是有效的、常态的、和谐的、连续的，是对学生的学习和发展有意义的课堂。只有具备有意义和有效率这两条标准的课堂才是高效的、有价值的课堂。所以，高效课堂追求的基本理念应该是好课的价值和好课的基本原则。

三、高效课堂的理论基础

当前，课改的浪潮一浪高过一浪，拉着素质教育的大旗，披着高效课堂外衣，撑着应试教育的阳伞。更有甚者，蛊惑素质教育与高效课堂，常把素质教育与应试教育混为一谈，人为造就对立面。把高效课堂与有效课堂、应试课堂混为一谈，或者把各地的高效课堂简单复制，遇到困难就退缩，不去寻求真正的原因，片面夸大高效课堂建设的难度，引领许多不明真相的人远离教育的规律，畏惧课改，致使教育畸形发展。在应试教育的体制下，我们的教育逐渐远离学习的目的，淹没在题海战术中，变成了以教会学生做题为目的，而能力发展滞后，造就了太多的高分低能的怪胎。扭曲的人才观、唯分数论的评价体系严重阻碍了教育的改革，这种教育的短视行为直接影响了学生的快乐成长。

因此，我们这一代教育人一直在努力实践与探索高效课堂的秘诀与真谛。当前，到底是教育应试还是应试教育？教育一定要去功利化，才能走得远。高效课堂不能脱离分数，这是检验的手段，但绝不能仅仅停留在分数上，落脚点应该在关注学生的快乐学习、快速发展。GDP 的增长要考虑到环保，考虑到可持续发展。教育也有绿色指标，那就是学生的身体素质指标，如近视率是否在国际标准以内。我们一直在前行的路上为新课改摇旗呐喊，只有改革才有出路。教师应该是教育的智者。当前，教育的问题首先还是集中在课堂，找准了问题才能对症下药。课改对路，就能有效解决苦学、厌学、逃学等问题。如果学生能够在课堂上找到自信，收获快乐，获得尊重，激发潜能，勇于创新与实践，那么，我们就有理由相信诸多的社会问题将逐渐减少。课改就是在释放人的潜能，收获成功的体验，关注生命，铸就幸福人生的一项工程。

总是听到有人说我们的教育出了问题，但问题究竟出在哪里？就在于我们的精英教育观。我们是将绝大部分精力放在把全体学生努力培养为高端人才，忽视大多数劳动者的培养；发达国家是关注大多数普通劳动者的成长，兼顾尖端人才的培养模式。反思与对比，我国开始实施素质教育工程，关注全体学生的全面发展，并逐步开始了新课改。有人说，我们正在解读当前正确的教育，循着新课改的足迹一路前行。重新回归到教育的原点——尊重生命，以生为本，关注发展。

人类对教育规律的探索从未止步。有传承才有创新。只有我们先了解国内外著名的教育思想作为理论构建基础，才能借鉴国内外成功的课改经验，扬长避短，在当前经济快速发展的形势下更好地构建高效课堂理论体系。

国内外著名的教育思想[2]对构建高效课堂理论体系的影响十分深远，具体为：

1. 苏格拉底的教育思想——近代启发式教学法和现代发现法的萌芽

苏格拉底的教育思想是把学生看作是具有发展潜能的生命个体。他认为，各种知识都根植于每个人的灵魂之中，这种知识不是从外灌进去的，它需要教师不断引导出来，教师仅仅是知识的挖掘者，具体作用就是启发学生把这些知识发掘出来。在教学中，他使用各种问题去诘问学生，学生回答不上来，便处于尴尬的境地，感到自己的无知，从而产生强烈的求知欲，去思考问题，寻求解决问题的方法。正是因为他在教学中，俯下身子，装着一副无知的样子，向学生请教一个一个问题，顺着学生的思路发问，所以，即使学生有了疑问，也并不急于解答，通过举例，旁敲侧击，引导和启发学生寻求正确的答案。我们将这种方法总结为“四步法”，即诘问、引导、归纳和下定义。近代启发式教学法在发展学生潜能的理论研究对现代高效课堂的构建上具有不容忽视的影响，值得我们借鉴和学习。

2. 布鲁姆的教育目标分类理论

教育目标是一种预期的教学成果，应能反映出学生应当实现的在认知、情感、思想、行为等方面的变化。布鲁姆将教育目标分为认知、情感和动作技能三个领域。每一领域又分为若干层次，层次间具有阶梯关系。较高层次目标内涵源自较低层次目标。我们的课程标准中教学目标包括知识（认知领域）、能力（动作、智慧与学生学习应发展的技能）和态度观念（情感领域）。该

---

2 李升勇：大课堂大教育［M］. 北京：首都师范大学出版社，2011.9.

理论认为，在认知学习领域的目标分为六个级别，即识记、领会、应用、分析、综合、评价。在动作技能学习领域的目标分为七级，即知觉、准备、有指导的反应、机械动作、复杂的外显反应、适应、创作。情感学习领域的目标分类依据是加之内化的程度，共分为五级：接受和注意；反应(主动参与感兴趣的事物)；评价(依照一定的价值标准进行判断)；组织(将价值观组织成一个体系，确定相互关系及重要性)；价值与价值体系的性格化(通过价值观体系的组织，逐步形成个人的品性，各种价值被置于一个内在的和谐的构架之中，各种价值观的层级关系已经确定)。

3. 孔子的教育思想

(1)育人为先原则。孔子认为，教育的目的不在于培养专业人才，而是首先教会学生做人。《论语·学而》中道："君子务本，本立而道生。""本"的含义是做人的根本，学会做人，有一颗仁心就是"泛爱众，而亲仁"，就是务本。孔子认为教育的最高境界是培养具有最大仁爱之心，培养有理想、具有完善人格的人。

(2)因材施教原则。孔子在长期的教育实践中认为，每个人的个性特长不同，才智有别，心智有异，生活环境和行为习惯大相径庭，造就了每个人的发展水平不一。他据此总结得出"性相近也，习相远也"，主张了解学生的不同习性和兴趣，循循善诱。根据学生的特点水平，进行不同的教育。因材施教充分体现其教育思想的精华。在孔子提出因材施教2500余年的今天，我们不能继续拘泥于应试教育。可喜的是已经有一部分学校开始根据学生的兴趣特长培养人才，在湖北省已经开始对一部分素质教育特色学校进行评估，全国部分学校开设校本特色课程并实行走班制。我们有理由相信，人才多样化才是正道。

(3)教学相长原则。孔子认为，教师在教学中并不是单方面的传授知识，而是教学相长。其常说："三人行必有我师。"在教学实践中积极倡导师生关系人格平等，在学问上探讨切磋，在教与学的过程中，师生互相促进。应追求平等和谐的师生关系、良性探讨的互动循环，让平等、互助、探究成为当今师生共同发展的主流。

(4)举一反三原则。子曰："不愤不启，不悱不发。举一隅不以三隅反，则不复也。”也就是说：“不到他努力想弄明白而不得的程度，不要去开导他；不到他心里明白却不能完善表达出来的程度，不要去启发他。如果他不能举一反三，就不要再反复地给他举例了。”这里，孔子介绍了他在教育方面的体会，他并不觉得一个教师一言堂地给学生灌输就能有好的教学效果，而是觉得关键在于怎样启发学生自己去思考和琢磨。不是让教师替学生去举一反三、反复列举，而是启发学生去举一反三、触类旁通。要做到这一点，就必须坚持一个原则：不要轻易地把答案告诉学生，也不要过多地替学生思考，更不要给学生灌输标准答案。聪明的教师在向学生教授新课的时候，往往从提问或做游戏开始，这样，一方面能集中学生的思想，另一方面也能启发学生的思维。如果只是单纯地将现成的答案灌输给学生，学生往往只知其然，不知其所以然，更会缺乏灵活运用和独立思考的能力。启发要适时，当学生对某个问题积极思考但又没有想明白的时候需要启发；启发要适度，当学生对某个问题积极思考已有所得，但不会正确表达的时候给予开导。

(5) 勤学善思原则。孔子认为，应勤于学习，“三人行必有我师焉”，不耻下问。学习要靠博学多思，去伪存真。对不明白的事情存疑，不盲目去做，只是谨慎地说已经明白的道理，做已经明白的事情，以减少怨尤和遗憾。

另外，1983年，美国哈佛大学教授霍华德·加德纳提出了多元智能理论，每个个体都有八种或更多种智力，包括数学、语言、空间、自然观察、音乐、身体运动、存在智力、人际交流智力等，各种智力以多元的形式存在，发展也是这样的。但是，传统理论仅以语言文字能力和数理逻辑能力来评价学生的优劣，正是该理论的认知不足，造成了我们狭隘的教育观。其实，每个人都有自己的某项或几项智能优势。这八种智力同等重要。在人的一生中，成就大小取决于八种能力的组合。只要充分发展并利用自己的优势智能，人人都可以用自己的方式取得成功。杜威曾说：儿童是起点，是中心，而且是目的，儿童的发展，儿童的生长，就是理想所在。儿童提供了标准，我们必须站在儿童的立场上，并且以儿童为自己的出发点，决定学习的质量是儿童，而不是教材。因此，我们要把符合儿童的能力和兴趣，体现社会生活情境的课程引入学校。所以，如杜威的儿童潜能性理论、多元智能理论等，都为我们建构现代高效课堂教育理论提供了有力的理论支撑。

四、高效课堂的基本理念

(一)高效课堂的内涵

那么，什么是高效课堂呢？有人说：高效课堂就是学会了忘不了[3]，高效课堂就是考试分数高，就是教学效益高。可谓仁者见仁，智者见智。严格说来，高效课堂就是学以致用，就是知识与能力并重，强调在有限的课堂教学时间里获取最大教学效益的教学活动，强调学生的个性发展、多元发展、终身发展和创新思维。

从课堂教学的结果来看，就是你教的学生是不是掌握了应该掌握的知识，他的成绩是否好；从课堂内部和过程来看，就是学生是否学得好、学得牢、学会用。学生不但学会了他应该学的，同时他的学习方法和能力等得到了训练和提高，而且在学习中体验到获取知识的愉快。"学会知识——形成能力——学会运用——学会创新，"整个知识的内化过程都要求在单位时间内实现最大限度、最大可能。

1. 高效课堂追求课堂高效益

高效课堂是相对于"低效"、"无效"以及"负效"的课堂教学而言的，它来源于对传统课堂弊病的批判与矫正，而不是对传统课堂教学的彻底否定。高效课堂一定追求高效率，但如果仅限于追求高效未必就是高效课堂。我们知道，让学生高效掌握知识可以通过不同的途径和方式来达成。短视行为最简单的是拼时间、拼体力，但牺牲的却是学生的健康、个性和能力。

2. 高效课堂追求绿色的教学质量观

所谓绿色教学质量观是环保的，是健康的，是对学生的学习力进行保护性开发，而非掠夺性开发。高效课堂在于开发学生的学习力，它的本质是让学生愿意学习，在学会学习的同时形成自学能力和自我发展能力，是为学生走向社会奠定一生幸福的基础。打个不很恰当的比喻，在物质生活不丰富、生活不富裕的时候，我们关注的是如何吃饱；而当物质生活丰富时，我们关注的不仅仅是吃饱的问题，而是如何吃好、吃得更合理。我们把那种仅仅是灌输知识的课堂教育称为"穷人教育"，关注的仅仅是学生记住了没有，考试分数高低，而高

3　于春祥博客 . http: // blog. sina. com. cn/chunxiangkedian.

效课堂应被称为“富人教育”，分数已经成为高效课堂的副产品，不存在吃不饱的问题，而是如何吃好的问题，只是学生获取高分数的同时全面发展的问题。如果课堂一味追求知识获得，那就不能称为真正意义上的高效课堂。

3. 高效课堂追求的目标

(1) 课堂教学过程目标：低效甚至负效——有效——高效。旨在让45分钟（小学40分钟）发挥好效益，把学生从“时间 + 汗水”的应试模式中解救出来，把时间还给学生，把灵性、兴趣、发展还给学生。

(2) 课堂教学能力目标：学会知识——基础学习能力——终身发展能力。课堂破局的真正奥秘在于“学习力”，因而我们主张素质教育的主要素质恰是“学习力”，从知识到能力，再到智慧。课堂一旦堕落为“知识本位”，教学就变成了灌输和死记硬背，学生就变成了“知识的奴仆”，教师则变成了“知识的贩卖者”和“二传手”。唯有敢于让学生去“经历”并且“经验”，学习的过程才充满生命的律动，因律动而感动，因情感的介入而生动和灵动。

(3) 高效课堂培养目标：关注全体学生，尤其是关注后进学生、特殊学生，从最后一名学生做起，人人成功才谓成功，即100% 达标；教材分析的“无边界原则”。不讲“进度”，只要“目标”，人人学会才是目标。用一种思路做十道题，不如一道题找出十种思路。应揪住一个知识点“无限”放大，四处出击，形成知识的融会贯通。

(4) 高效课堂的发展目标：致力于培养学生的学习能力和人文素养。

①高效课堂的出发“原点”，是尊重教育规律，从“两率”入手，即解决课堂精力流失率和提高高效学习率；

②通过高效课堂走向高效学习，从而实现终身学习；

③素质教育的“素质”最主要的是“学习能力”，即思维力、生成力、表达力（听说读写）、创新力；

④实现“人”的解放，促进个性发展、多元发展，即学生的解放、教师的解放、学校的解放。

4. 适合师生发展的教学样式

目前，高效课堂的较成熟的基本模式：[4] A. 时间划分：10+30+5；B. 环节划

4 李炳亭博客 http：// blog. sina. com. cn/s/blog 486a6ae50102dz76.html

分：预习、展示、测评；C. 六大模块：预习交流、分配任务、合作探究、展现拔高、穿插巩固、达标测评。

5. 高效课堂的评价

一是师生关系是否和谐；二是以“学”评“教”。让学生学会的课才叫基本课。让学生学会了忘不了的教师叫好教师。让学生学以致用能创新的教师叫名师。让学生会学的教师才叫导师。

高效课堂观课要“三看学生”，看学生自主的程度、合作的效度和探究的深度。一看学生在课堂上参与的人数，是100%参与，还是大于或小于100%；二看学生参与的质量，语言表达是否通顺，态度是否积极认真，情感是否投入，精神是否饱满，板演书写是否整齐工整，词、句、符号、公式是否正确等；三看学生的预习笔记，检查“预习”情况，以便教师可以根据学情，适时导入下一个环节，准确做好课堂决策。还要“四看教师”：一看课中是否坚持了“学生中心”；二看是否依据模式备课、上课；三看是否体现了三维目标，培养了学习能力；四看教师的学案备课。

高效课堂评课“三看”：一看教师是否遵循了模式，是否使用导学案上课，是否充分使用和调动了小组，是否组织了当堂达标测评，是否精讲精练精评；二看学生的学习状态、课堂气氛，是否有走神、打瞌睡，或者是否有假学、伪学现象；三看教师是否注重学习方法，关注学习过程，充分暴露学生潜意识，学会等待。严禁教师上课“对答案”，严禁用标准答案囚禁学生的思维。

6. 注重学科整合，关注生成

高效课堂的特征是主动性、生动性、生成性。主动性是学习状态，会激发潜能、乐在其中、带来效益、生成能力。生动性，是追求课堂的情感价值，突出“学乐”和“乐学”，学习如甘露琼浆，变“怕上学”为“怕下课”。生成性，课堂要敢于变各种“名号”为“问号”。追求“主体多元”，鼓励不同见解，让思维激荡思维，让思想冲撞思想，让方法启迪方法。课堂价值尽在“不可预设”。

7. 丰富的课堂形态

⑴新授课

根据课堂呈现形式，又有四种情况可供选择。[5]

5　全国高效课堂研修网.

①预习课：明确目标——问题导学——自主交流——疑难反馈——成果总结。预习课要达成的目标：通过预习，师生应明确还有哪些问题没有弄清楚，需要在展示课上重点讨论。

②展示课：重申目标——展示交流——互动生成——整理学案——达标测评。

③反馈课：问题导学——自我反馈——对学群学——总结反思。

④综合课：明确目标——预习(包括独学、对学、群学)——展示——整理学案——达标测评——学习反思。其中，展示又可细化为“小展示”和“大展示”。如果一个课题需要一课时完成，就要在一课时内整体呈现预习、展示、反馈。如果课题需要两个课时完成，可以根据实际情况设计成预习课、展示反馈课或者预习展示课、反馈课。如果课题需要三个课时，一般为预习课、展示课、反馈课，但也可把预习课作为两个课时呈现，展示和反馈作为一课时呈现，还可以根据具体教学需要灵活调整预习、展示、反馈的不同组合，如用一节半课预习、展示，半节课反馈等。

⑵训练课(习题课)

侧重于训练和训练后的讲评。基本流程：问题导练——学情调查、问题汇总——展示交流——总结反思。训练题要精心选择，训练量要适当，反对“一练到底”。学情调查可以由教师在课中通过巡视、个别辅导和学习小组收集问题等方式进行。如果内容偏多或偏难，可以分两节课落实。

⑶复习课

梳理知识体系——揭示规律方法——知识能力拓展——当堂检测达标。课堂可以从问题(课题)入手，学生自主梳理、自主归纳，教师适时点拨追问，以实现知识能力的拓展和延伸。

⑷讲评课

学情调查、问题汇总——错因分析——变式训练——当堂检测。

8. 高效课堂的文化追求

A. 学校应该是一部大书，一草一木都应是教育资源，都要能够发挥“教”与“育”功能。校园文化的策划应因地制宜，充分利用每一点时空，比如利用教学楼的楼道楼梯，设计一部“中国历史走廊”。利用教室的外墙，制作一个“课间加油站”，利用每一棵树木，创意一个“历史名人园林”，利用体育场，设计一个“奥林匹克文化公园”……唯有把学生“浸泡”在优质文化里，才可以实现教育的目的，如何占领学生的“视线”，是一个方向。B. 团队文化最好的解读是“家”，生生之间最佳关系解读是“家人”。C. 班级文化应基于“责任”的建设，从真正的班规入手，强化自主、平等、尊重、合作、温暖的班级文化。好的班规，既能看得见，又能摸得着，是一部严肃的“班级宪法”。

（二）高效课堂的基本标准[6]

1. 教学设计精当

准确解读教材与学生，在把握学情的基础上对教材、教学资源进行加工提炼，形成目标明确、重点突出、脉络清晰、方式灵活、学法指导切合学生实际的教学设计。同时，教学设计要把每一课教学的知识点与整个知识体系相联系并提出实现整体目标的教学策略。

2. 讲课精练高效

能抓住知识主线，做到层次分明，思路清晰，重点突出，讲练适度，组织严密。彻底改变“满堂灌”、“一讲到底”的落后教学方式，做到“三个精讲”——核心问题精讲、思路方法精讲、疑点难点精讲；“三个不讲”——学生已经掌握的内容不讲，讲了也不会的不讲，不讲也会的不讲。在一般情况下，教师连续讲课把握在5~10分钟，做到精讲、互动、与媒体交流（包括学生看书、练习等）有机穿插进行，力求课堂教学的每一分钟都发挥最大效益。

3. 主体作用发挥

加强学法指导，努力改变学生的学习方式，真正从接受性学习转换为自主性学习。充分调动学生积极性、主动参与性，发挥学生在教学中的主体作用，使学生在激励、鼓舞和自主中学习，掌握知识与技能，培养创新能力和实践能力。在一般情况下，每节课学生自主学习和训练的时间应不少于20分钟。

4. 分层教学落实

根据学生个性、认知能力、思维类型等差异，实行分层设计、分层教

6　赵徽．荆秀红．解密高效课堂［M］．北京：教育科学出版社，2011.

学、分层指导、分层训练。高中阶段要积极实行课程分层教学或走班制教学，使每一个学生都在原有基础上获得充分的最大化的发展。

5. 师生关系和谐

师生之间具有愉快的情感沟通与智慧交流，课堂里充满欢乐、微笑、轻松、和谐、合作和互动。教师与学生建立了一种民主、平等、尊重、温暖、理解的师生关系。教师的亲和力与教学艺术对学生产生积极影响，90% 以上的学生喜欢学科教师并对这一门学科产生浓厚的学习兴趣。

6. 教学目标达成

完成教学任务，达到既定的教学目标。"两基"落实，作业与练习当堂完成率100%，正确率90% 以上；掌握基本的学习方法并获得积极的情感体验，使有成功喜悦的学生达95% 以上。

第二节　智能建构——高效课堂作用

20世纪80年代以来，欧美一些心理学取向的教学理论著作大量涌入我国，后现代主义、建构主义、多元智力理论等开始影响着人们看待传统教学理论的眼光。在这个社会转型时期，"杜郎口现象"应运而生。由此可见，课堂是有模式的，它体现了教学的基本思路。

一、构建高效课堂的基本要素

1. 高素质教师才能支撑高效课堂

教师学习是教师生存与发展的重要实践活动，对于教师实现自己的人生价值具有重要的作用。从工具价值的角度出发，教师学习体现在两个方面：一是对教师专业的忠诚与尽责；二是对自我的实现与超越。从职业定位而言，教师的角色决定了教师必须为专业的使命负责，教师学习应服从与服务于学生发展。作为个体的教师不是抽象的脱离现实生活的人，而是必将有个体的生存、发展与自我实现的追求，教师学习应充分满足这种追求。要实现高效课堂，就必须改变学生的学习方式，而改变学生学习方式的前提就是转变教师的教学行为，改变传统课堂教学中教师的霸权地位。在传统的课堂教学方式中，过分强调教师的作用，即过于强调教师的“教”，势必弱化学生的“学”。所以，传统课堂大多数学生只是“被教会”而非主动学会。真正高效课堂要求教师由传统教学中的主角向“平等中的首席”转变，由单一的知识传授变为双向或多向的交流，教师在课堂中多在如何促进学生自主学习上下功夫。教师更多的是促进学生去感知体验、实验观察、探究探讨。要在学生学习的过程中，积极观察，认真引导，捕捉最佳的契机，激发并保持学生学习的积极性；营造民主和谐的学习氛围，以各种适当的方式，给予学生心理上的支持、鼓励，让学生保持思维活跃，热情饱满。教师是导演，学生是演员，教师的作用是把学生领进设计的学习氛围中，用精彩的导语把学生引入学习，用有价值的提问把课堂引向深入，用鼓励性的评价激发学生思考，用切实可行的措施保障学生参与。要做到这些，教师必须科学划分上课所用时间：根据黄金分割率的0.618比例[7]，一节课教师讲课的时间最合适的是20分钟左右，而教师连续讲授的时间(如无特殊需要)最好不超过10分钟。

教师在高效课堂中的角色定位可以用六个词来概括，即引导、点拨、纠偏、补漏、评价、整合。在课堂教学过程中，教师引导学生进行恰当的评价、归纳和总结。特别是当学生的评价、总结与归纳不到位时，更加需要教师的提升。

因此，教师在高效课堂中要思考：这节课，我如何创设情境让学生保持学习兴趣？我有浪费课堂时间的行为吗？我提出了几个有价值的问题？课堂教学中的每一个环节都带给了学生什么？各环节目标的达成度如何？

我们平时上课，最累的课堂是什么？教师一个人唱主角，学生满脸漠然，不配合教师的教学。而给听课人感觉最轻松的课堂都是教师指导得法，学生积极配合的课堂。孔繁岐老师讲“并联电路”的专题课：提出问题，不是教师向学生讲解，而是鼓励学生多方面进行思考。学生课堂上积极回答，踊跃向前，阐述自己的思路，讲解自己的方法。教师则进行点拨指导。

在高效课堂中，教师要成为“第四者”：[8]促进者、学习者、决定者、幸福

7　全国中小学教师继续教育网论坛 .

8　李炳亭 . 高效课堂22条 . 百度文库 www. soso. com/q?unc=i400044&cid=union. s. wh&ie=utf-8&w= 李炳亭 & searchRadio=on

者。A. 首先要完成角色的转换，教师由传授者变成学生学习的促进者，做学生成长的推手。B. 实现教学相长，教师还应该成为学习者，与学生一起“同学”。教师上课也是“上学”，教书也是“进修”。C. 一节高效课，它是由教师和学生合力打造而成的，这其中教师的作用当然不容忽视。尽管教师不再是教学的主角，但他毕竟是“平等中的首席”。因此，教师“决定”着一节课的好坏质量。有什么样的教师就有什么样的课堂，有什么样的课堂就有什么样的教育，有什么样的教育就有什么样的国家和民众。D. 从职业特点上看，教师还要改变生命现状，做一个发展的人，一个教育理念的行动者，一个幸福的职业者。

2. 发展学生，成就高效课堂

高效课堂的理念是以学生发展为本，一切为了每一个学生的发展，把促进学生的发展作为教育的目的和方向，强调要尊重学生的主体地位，发挥学生的主体作用。而真正的高效课堂就要对传统教学方式进行颠覆，让学生做课堂学习中的主人。只有敢于把课堂还给学生，突出学生的主体地位，让学生去“经历”并且积累“经验”，学习的过程才充满生命的律动，学生才能焕发学习的热情。

高效课堂要求达到一个目标：满足学生需要，让学生真正成为课堂的主人、学习的主人。高效课堂就是要还原教育的本真，真正突出学生作为课堂主人的主体地位。它最大的关注点不是教师在课堂上教的什么，而是学生在课堂上学到了什么。所以，衡量课堂是否高效就要看学生在教师的引导下获得的具体进步和发展。因此，我们在高效课堂教学中必须把学生当作一个个灵动的生命体，教师要让学生总是保持主动、积极的学习状态，踊跃参与互动，把学习当作一种充满乐趣和积极体验的情感活动。此外，高效课堂不能仅仅反映在少数学生的发展变化上，而是体现全员参与和全体进步的结果。

因此，打造效课堂教师针对学生要思考：第一，学生在学习过程中参与度高不高。我们希望所有的学生参与到学习中，尽可能减少游离于课堂外的学生人数，尽可能减少学生游离于学习外的时间，把“精力流失”降到最低。第二，学生在学习过程中动脑思考的深度高不高。学生在学习的过程中能够积极动脑，深层次动脑，完成从获取知识信息到形成意识观念和能力的过渡。

第三，学生在学习过程中全面发展达成度高不高。学生在高效课堂上收获的不仅仅是知识，还要体验知识创立的心理过程，在获取知识的同时体验知识形成的心理过程与方法，并形成一定的意识观念，开发相应的悟性。第四，学生在学习过程中获取知识的幸福指数高不高。在高效的课堂中，教师与学生、学生与学生之间的关系是平等的、民主的，气氛是融洽的，整个课堂在安全、温暖、和谐的氛围中进行，学生在一个幸福的环境中获取知识，由乐学、会学到学会。

举例：谢德顺老师教学《平面图形的全等变换》时，充分体现尊重学生，彰显自主的理念。在谢老师的这节课中，充分贯彻了新课标的教学理念，把学生的自主学习放在课堂教学的突出位置，从各个方面捕捉各种教学契机，调动学生积极参与到知识的学习中去。一是运用激励用语，鼓励学生表达。在学生回答教师的问题时，无论表现如何，都能得到谢老师的肯定和鼓励。学生回答问题时，对勇于表现者，教师给予赞扬；对羞于表达者，教师给予鼓励。对回答精彩者，教师报以掌声；对回答错误者，教师给予善意的纠正。在他的课堂上，多了对学生的尊重，少了对学生的责备；多了对学生的鼓励，少了对学生的不满。在这种和谐的氛围里，学生思维活跃，积极表达自己的观点。二是出示问题，耐心等待。在课堂教学过程中，谢老师充分尊重学生的思考权利，不轻易剥夺学生的自主学习时间，把学习思考的时间充分给予学生。在出示教学问题的时候，他一般遵循以下顺序：出示图形，提出问题；学生观察，自主思考；同桌互动，交流整合；展示答案，共享成果。在这个过程中，他每一次都留给学生足够的观察思考时间，充分调动学生自主学习的积极性，使之投入到对问题的思考之中，从来不急于打断学生思维，更不急于及早把答案展示给学生，而是让学生自己去观察、自己去感悟、自己去寻找问题的答案。三是调动学生各种感官投入学习。在谢老师的课堂上，充分打破教师讲、学生听的教学模式，充分体现学生为主的教学原则，调动学生的各种思维方式去学习。学生学习知识的方式不仅局限于听，还要用眼细致观察，要用嘴与同伴交流，要用手去寻找问题的答案。在一节课上，学生动用多种器官去学习，避免学习方式的单一性，提高学生学习知识的兴趣，锻炼学生的各种能力。四是鼓励创新，发散思维。在上课过程中，谢老师充分尊重学生的思维，力图打破学生的单一思维模式，鼓励学生对同一问题提出不同的解决方式。在学生解答三个正三角形构成的图形时，他不满足学生给出的一种变换方式，而是多次鼓励学生思维发散，多角度观察，并对提出不同方法的学生予以充分的肯定，对其他同学起到很好的示范作用。在师生的共同努力下，他们找出了10种图形转换的方式，真正让学生大开了眼界。

3. 管理创新，才能达成高效课堂

A. 抓“两头”，促中间：一头指导学案的编制与预习；一头指当堂的达标测评；“中间”指教师要关注学生的学习状态和结论生成的过程；导学案的编制即“备课”：主备——年级组——主备——个备——课后备。

B. 领导班子上观摩课，骨干教师上示范课，普通教师上达标课，较弱教师上过关课，整改教师上提高课。校长要“清心”、“正气”、“洗脑”。

C. 学科、年级、班组组织自己的听评课。

D. 立足课堂，狠抓落实：一谈二警三停。

E. 两手抓、两手都要硬：既抓教师的观念转变，更要抓学生学习观念的转变，让学生充分认识到学习是自己的事。

⑴创新学生学习方式。高效课堂中，4~8个学生组成一个高效学习小组，将气质不同、能力不同、特长不同、学习水平不同的学生组合在一起，每个小组成员在互助学习中承担相应的职责，共同合力完成学习任务。每个高效学习小组都建立包括小组组建原则、小组长职责、小组评价等一系列行之有效的制度，使之成为学生课堂学习、构建高效课堂的有效载体。学生的学习由原来的“教师讲，学生听”转变为“独学、对学、群学”。学生自主学习完成“独学”任务，高效学习小组完成“对学”和“群学”的任务。小组内因为学生学业水平的差异，“独学”不能解决的问题，就向已经弄明白的同学请教，形成一种“兵教兵”的氛围和同伴互助的学习方式。“对学”不能解决的问题，拿到小组讨论，力争通过“群学”解决。课堂上，学生展示“独学、对学、群学”的成果，通过质疑对抗对问题进行深入探究。这种“独学、对学、群学”，也就是新课标提出的“自主、合作、探究”学习方式的直接体现。

⑵促进课堂的实质转变。这种课堂模式的形成，逐步实现了五个方面的

发展，即一个转变、两个前置、三个维度、四种形态、五个变化。[9]

“一个转变”是指师生角色的转变。着力凸显学生的主体地位，体现教师的主导作用。

“两个前置”是指学习前置和问题前置。教师课前编写导学案，学生根据导学案提示的问题对教材知识进行自主预习，师生由此构成相同的探究经历。

“三个维度”是指自主、合作、探究。这与课堂的学习组织形式“独学、对学、群学”相对应。

“四种形态”是指通过展示进行交流、通过点拨实现提升、通过纠错实现落实、通过开放实现拓展。

“五个变化”是指学习方式的变化、教学方式的变化、管理方式的变化、评价方式的变化和发展方式的变化。这里的评价是指教师对学生展示、对抗质疑进行的激励性评价。评价涉及的内容：导学案完成情况；对学评价；群学评价；问题汇总情况；展示评价；质疑评价；小组综合评价等。要求：方式灵活；评价恰当；激励有效。评价结果的运用：每周一次小结，每周召开一次学习小组长碰头会等。

高明的教师引导学生走路，笨拙的教师牵着学生走路，无能的教师代替学生走路。教学中最重要的是放手，让学生亲身感受、体验、分析、总结。懒惰是培养出来的，哪里有事无巨细、越俎代庖的人，哪里就有快乐的懒汉和庸人。

学习切实注意联系实际，运用活生生的事例，学生的生活经历及听到、看到的事件来促进学生的理解、剖析、归纳、总结、把握事物的本质，要注重学生的动手能力，听来的容易忘，看到的记得牢，做过的学得好。

任何事物都有内在的特点、规律，学习过程中要善于发现、总结知识内在的技巧，分清层次，记住要点，开展好相应总结，纲举目张，上课不是死记知识，而是找方法、寻规律、抓特征。

不搞精英教学，对每一个学生负责，尤其对薄弱生要倍加关爱，尽最大可能提供方便、机会，让其展示自我，树立信心，培养其勇敢精神和竞争意

---

9 荆州市北门中学“生本·自主”高效课堂基本流程解读.www. soso. com/q?unc=i400044&sc=web&bs=%BE%A3%D6%DD%CA%D0%B1%C3%C5%D6%D0%D1%A7%B8%DF.

识，分层次教学，合理安排不同任务，逐渐缩小优弱差距，力争让最后一名也能成才。

二、高效课堂的作用

高效课堂的功效即激发课堂教学这个高效课堂的支撑，了解学生、相信学生、解放学生、利用学生、发展学生。

没有一次课改不是从教师的观念转变开始，不是基于教师的素养开始。高效课堂呼唤高效教师素养，课改的成败关键在教师。

1. 高效课堂促进教师职业道德观念回归

回归道德的原点，回归道德的本质。也就是回归教育规律，回归学生发展的规律，回归课堂教学规律，回归学科知识建构规律。遵循教学规律体现了尊重生命，以人为本，就是教师的职业道德精神。

2. 高效课堂改善了教师的专业知识结构

如何实现已有的相对宏观的专业知识背景与具体学段的、学科课程的整合，沟通不同年级之间、不同学段之间学科知识的结构性关联，清晰把握知识的形成过程与联系，实现跨学科知识的融合，这些正是高效课堂构建中的需要。我们教师应该具有大课程观，建立符合高效课堂实际需要的专业知识结构，才能驾驭高效课堂。

3. 高效课堂建构了科学的课堂教学模式

遵循课堂教学规律，高效课堂可以用“以学定教”来概括。构成的要素主要有“自主、合作、探究、快乐、高效”，具体展开可以有多种方式。传统的教学，把教和学常常分割开来，当成两回事，往往造成了对立。要么是侧重于“教”，要么是侧重于“学”，这些都是没有遵循教育规律的。应把“教”和“学”科学和谐地统一起来，做到教学的统一，强调“学”的时候，需要追问“教”的存在；需要“教”的时候，就要追问“学”的需要。在追求课堂的高效的同时，也要做到在“自主、合作、探究”，让学生体验学习过程的快乐，分享高效学习带来的轻松高质的愉悦。

4. 高效课堂善于利用学生并发挥其主体效能

在实践中，我们的合作学习离不开小组学习。当然，高效课堂的小组学习和传统的小组学习不同，分组方法不一样，功能和承担的任务也是不一样的。我们强调小组之间的平衡、同质异组，组内分对，明确每个成员的职责要求，注重组内对象的差异化要求，分层教学。包括目标分层、学习分层、要求分层、达标分层，让小组成员有利于融合，在互教互帮互学中增进了解，成就发展，互利共赢。

5. 高效课堂的学会等待和期待以追求卓越

学生是人，是教学的第一资源。教师作为学习客体，为学生的学习提供指导与建议。学生是学习的本体，教师要服务于学生的学。在教学活动中，培养学生主动学习，自主合作、自主探究。高效课堂对教师的要求是：不是教师做班级的最先一名学生，应该做最后一名学生。意思就是教师要学会等待，学会和学生分享学习的过程。如果教师是班级的最先一名学生，往往最爱做的错事就是直接把知识呈现给学生，而没有让其通过自主学习去发现知识，没有通过探究活动经历知识的形成过程，没有充分的交流、分享、体验学习过程中的成功经验、失败教训、创新的愉悦。每一个孩子都渴望成功、渴望被赏识、渴望教师和同学的关注，作为站在高效课堂讲台上的教师，我们是否尊重生命，以人为本？还给孩子们快乐的校园生活，使之具有健康的体魄，追求志趣高雅，敢于创新，追求卓越。

6. 高效课堂能够艺术地调动学生学习兴趣和学习热情[10]

兴趣是求知的内在动力。激发起学生的兴趣，学习就会积极主动，学得轻松而有成效。但是，学习兴趣不是天生的，主要在于教师如何引导学生，充分调动学生对学习的积极性和主动性，进而能创造性地学，最终达到优化课堂教学和提高教学效率的目的。

那么，应该怎样去激发学生的兴趣呢？

第一，创设各种情境，激发学生的学习兴趣。

课程改革的今天，应多方面激发学生学习的兴趣，挖掘学生兴趣的潜在因素。做到一上课就紧紧地抓住学生的注意力，激起学生的兴趣，使他们很快进入“最佳学习状态”，这是上好课的第一步。我根据学生的这种心理需求，创设良好的课堂气氛，学生思维积极性就会被激发起来，自觉地、愉快地参

10 百度文库.

与到学习中去。“兴趣是最好的老师。”只有学生对学习的内容感兴趣，才会产生强烈的求知欲望，自动地调动全部感官，积极主动地参与教与学的全过程。为此，教师在教学中要善于创设教学情境。根据学生的生活经验，创设学生感到亲切的情境。如通过“小猪帮小兔盖房子”学习“比多少”，通过“小动物排队”学习基数、序数。让学生觉得日常生活中充满了数学问题，对数学知识感到亲切可信，从而产生学习数学的兴趣、动机。另外，要选择与儿童生活密切联系的情境。例如：通过计算在站台上上、下车的人数来学习加减法。学生对发生在身边的事情最容易产生兴趣，如果发生在身边的事情能用所学的知识来解决，就不但能激趣，而且能增强学生学习数学的自信心。

如在教学《记金华的双龙洞》一文时，为了激发学生的学习热情，我根据这篇游记的特点，设计了一种生动活泼的教学形式，受到了学生的欢迎。一开始，我就创设情景：同学们，今天我们和叶圣陶爷爷一起去游金华的双龙洞，需要一位导游，请你们推选一位同学负责这一项工作。这时，同学们兴趣盎然。四个小组各推选出一名选手各朗读一个部分，再进行评议，最后在热烈而又愉快的气氛中评出一名最佳的导游者，大家给他以热烈的掌声，这样自始至终，使学生处于愉悦兴奋的状态之中，既激发了兴趣，又提高了朗读水平，何乐而不为?

学生都有较强的自我表现欲，都愿意将自己的思维过程的结果反映出来，希望得到老师和同学们的认可与赏识，而且，为了得到比别人更多成功的快乐，在民主、宽松的课堂气氛中产生积极的竞争意识。首先，教师应成为教学活动的组织者、引导者与合作者。教师的角色便是调动学生主动思维和主动参与的积极性。因此，教师应根据学生的认知规律创设条件，引导学生主动学习、探究，成为学生学习过程中的组织者、引导者和协助者。想激发学生学习语文的兴趣，就必须面向全体学生，尊重学生，做学生信赖、喜欢的教师，这样才能引起学生的兴趣。如：上课时应用循循善诱的语言启发学生；学生回答问题，教师应用期待的目光看待他们。回答错了既不能讽刺（这样会伤害学生的自尊心），也不能不加理睬，而是耐心地引导这些学生，使之正确地回答完毕，再予以肯定。这样一来，学生体会到探索成功的喜悦，激发了学习语文的兴趣，增强了学习语文的信心。第三是营造以学生为主体的严谨活泼的课堂氛围。教师必须相信学生有潜在的尝试能力，对学生的探索活动要充满信心，循循善诱。创设师生心理相容的课堂气氛，使学生感到老师既是师长，也是最可亲近、可以与之交心的朋友。在一般情况下，上课半小时以后，一些学生因端坐时间较长，感觉不太舒服，而导致精力的分散和课堂效率的下滑。有经验的语文教师会不失时机地让学生站起来模仿一个动作，齐诵一句口号，分组朗读一组对话等。在课堂上，我发现坐在最前面的一个学生似乎有点不耐烦，就急中生智地请他上台表演了一个节目：课文中描写老鹰飞翔的一连串动作。我配音朗读，他依次表演，学生的精彩表演赢得听课师生的热烈掌声。

第二，在质疑过程中，激发学生的学习兴趣。

俗话说：学贵有疑，学贵生疑。发明千千万，起步在一问。问题是成功的一半，质疑是创新的开始。在语文教学中，我着力抓好质疑问难这一环节，拓宽学生的思路，使学生逐步养成敢问、善问、会问的习惯。思考和质疑往往是联系在一起的，质疑是动脑思考的结果，也是学生创造的起点。爱因斯坦说过："提出一个问题比解决一个问题更重要。"例如，《诚实的孩子》一文，在讲到第三自然段时，有个细心的小女孩提了个问题："为什么姑妈问花瓶是谁打碎的时候，表兄妹回答'不是我'，句末用的是感叹号，而列宁回答'不是我'却用的是句号呢？"这个问题提得很好，我马上做了个小实验，指着一块本来破碎的玻璃问一学生："是你打碎的？"学生不假思索地说："不是我！"这时，学生明白了文中感叹号表示表妹没有打碎的语气十分肯定，列宁的回答用句号，表明他在撒谎，语气不十分肯定。这时，学生感受到了自己提问与自我解决问题的乐趣，于是纷纷举手提出自己心中的疑问，共同讨论并得出了较满意的答案。可见在教学中，教师鼓励质疑，会大大增强学生学习的积极性。总之，只要教师巧妙运用各种方法和手段，就能激发学生的学习兴趣，促使他们产生强烈的求知欲，达到事半功倍的效果。

第三，实施快乐教育，给予快乐评价。

如：给孩子讲《咏柳》一课，前两句是："两个黄鹂鸣翠柳，一行白鹭上青天。"除了讲完这两句诗的意义外，我还插入了一个引用这两句诗的事例。从前，有一个学生因不好好学习，各科成绩都很差，常遭到任课教师的批评。一次，教师对学生的作文批语是："两个黄鹂鸣翠柳，一行白鹭上青天。"学生看后百思不得其解，最后向教师求教。教师说：第一句“两个黄鹂鸣翠柳”，是说你写的这篇作文，让人“不知所云”，不切题。第二句“一行白鹭上青天”，意思是说作文内容表达“不知去向”，离题太远。学生听后十分兴奋，课堂气氛变得活跃起来。

发现优点，及时表扬。在一堂语文自习课上，一名小女生懒得做练习册上的那些机械重复的题目，只对造句和看图作文感兴趣。不知什么时候，教师突然来到她身边，并抽走了她的练习册。霎时间，她惶恐不安，如临大敌。然而，教师并没有因为练习册上大片大片的空白而大发雷霆，却对小女孩造的句子产生了浓厚的兴趣。句子是这样的：“花骨朵们正在聚精会神地倾听春天。”教师看了以后，轻柔地朝小女孩一笑，夸赞道：“非常好，很有想像力，多有灵性啊！”随后又问道：“为什么不说‘倾听春天的脚步’呢？”小女孩第一次受到如此夸奖，心头一暖，胆大了起来，反驳道：“有时候春天来时是没有脚步的，是披着绿纱乘着风来的。”教师没有说话，只是轻轻地拍了拍她的头，走上讲台。结果，她的练习成为讲造句题的范本。欣赏和鼓励带给小女生无穷无尽的动力，在以后的日子里，她学习热情特别高涨，特别用功，成绩一跃成为班级第一名。由此说明：十次说教不如给学生一次表扬，十次表扬不如给学生一次成功。每个学生都愿意学有进步和获得成功。

第四，发现学生的兴趣点并有意识培养。

建立“图书角”是激发学生阅读兴趣的方法之一。让学生办一份“我的快乐园”的板报是激发学生阅读兴趣的方法之二。几年来，我每年坚持在班内建立图书角，除了学校原有的书外，还发动学生，捐献各类故事书籍，还动员学生每人订一份《儿童画报》和《小学生学习报》。每周我都拿出一节早读组织学生轮流上讲台读报，培养他们的阅读习惯，从而扩大阅读量。阅读量的增加使学生视野扩大，又进一步激发了阅读兴趣。

第五，开展丰富多彩的竞赛活动激发学生的兴趣。

针对孩子好强好胜的心理，我采取表扬鼓励的方法，在班级开展广泛的竞赛活动，发展学生的多元智能，促进学生的个性发展。如作文竞赛、口算比赛、书法比赛、班级足球联赛、爱心大使、优秀主持人、歌咏比赛、英语演讲比赛等活动，并开展有奖比赛。一系列活动的开展，有力地促进了学生能力的发展，激发了学生的学习兴趣，变“要我学”为“我要学”，自主学习的意识不断增强。

第六，运用现代化的教学手段，调动学生的学习兴趣。

卢梭说：“教育的艺术是使学生喜欢你所教的东西。”电教手段具有声音、图像、色彩、变化、文字的独特效果，具有鲜明的表现力和直观的形象性，最能调动学生的多种感官，唤起其浓厚的学习兴趣，使学生不知不觉地融入教学情景之中。

第七，以趣促练，培养想象力。

在数学课中设计趣味性和开放性的练习，培养学生兴趣。练习是巩固所学知识，形成技能、技巧的必要途径，是教学的一个重要环节。要使学生保持愉快的心情、振奋的精神，教师就要从儿童的现实生活和童真世界出发，设计适于儿童心理特点的吸引学生愿意学的灵活多样的练习形式。如一题多变、开放题、找朋友、做医生等，让学生通过变式练习，提高学习兴趣。

想象力是蕴藏在儿童身上最宝贵的学习资源，是创新能力的重要组成部分。多年来，我都注意培养学生的想象力，我的做法是：角色转换，让学生介入角色，置身于故事之中，入情入境地学习。如教《跳水》一文中时，问学生：假如你是甲板上其中一名水手，你是怎样救护孩子的？这问题把学生的想象的翅膀展开了，有的说：孩子的安危牵动着大家的心。一位水手把孩子救上船后，孩子已经昏迷了。他马上蹲着脱掉孩子的衣服，另一位半跪着给孩子做人工呼吸。大约15分钟后，孩子终于睁开双眼。“醒啦！”不知道谁高呼一声。“醒啦、醒啦……”大家相互传递着这个喜讯，笑容又回到人们的脸上，甲板上又恢复了热闹。有的这样说：“孩子刚跳下水，水手就毫不犹豫地潜入激流，奋力将孩子救起，推到船上。”有的还说：“水手们看到孩子在水中漂流马上抛救生圈。”合情合理的想象，既激发了学生的兴趣，又拓宽了学生的思维。

第八，通过操作活动，培养小组合作意识。

“动”是儿童的天性，在教学过程中，只有亲自动手做一做，才会知道得更多，掌握得更牢。我抓住这一特点，引导学生主动操作。如分一分、数一数、画一画、摆一摆、拼一拼等，使一些抽象的数学概念形象化、具体化，使学生在操作中理解新知的来源与发展，体验到参与之乐、思维之趣、成功之愉。同时，在教学中，我还提倡自主探索、小组合作的学习方式，不断创设有意义的问题情境和数学活动，激励每一个学生自己去探索数学，独立思考，发表见解，善于倾听其他同学的不同意见，在小组交流、合作中达到共同获取知识、发展能力的目的。如在“植树问题”活动中，学习小组通过合作交流、讨论，拼成三种不同的形状。教师再加以点拨和鼓励，学生在宽松、和谐的氛围中萌发了创新意识。在“随意拼”活动中，让学生利用各种实物和立体模型，发挥自己的想象力，拼出自己喜欢的东西。学生在无拘无束的氛围中拼出了“两端都不栽”、“一端不栽”、“两端都栽”三种情况。这样的实践活动较好地体现了“数学来源于生活实际”和“不同的人学习不同层次的数学”，使学生在尝到学习乐趣的同时，又激发了求知的欲望。营造富于魅力的课堂教学，激发学生学习的兴趣，拓宽学生的思维，活跃课堂气氛，体现了教师为指导、学生为主体的教学原则。

第九，理论联系实际，学有用的知识。

在教学中，坚持应用意识和实践能力的培养，是当前数学课程改革的重点之一。积极主动的活动是儿童获取知识、发展能力的重要途径。由于学生掌握的数学知识较少，接触社会的范围较窄，在用数学的实践活动中，要多采取模拟现实与数学游戏相结合的形式，选择学生日常生活中经常遇到的活动内容，如跳绳、踢球、赛跑等，提出相关的数学问题，这样就可以给学生以亲切感。数学教学应紧密联系学生的生活实际，从学生的生活经验和已有知识出发，创设生动有趣的情境，引导学生观察、操作、交流等，使学生通过数学活动，掌握基本的数学知识、技能，初步学会从数学角度去观察事物、思考问题，激发对数学的兴趣及学好数学的愿望。

课堂模式有几步并不重要，重要的是课堂必须是基于学和服务于学的课堂。一旦围绕着学来组织，就是高效的课堂。让我们以课堂为载体，立足于变“教”堂为“学”堂，不断提高教学成效，让课堂活起来、动起来、效率高起来，把学习的权利、学习的空间、学习的机会、学习的快乐还给学生。教师扮演的是引导者、组织者、调控者，而不是主讲者、解答者、操作者。学生是课堂的主人，让他们当好竞击者、表达者、展示者。师生、生生、组生、组组、优弱加强合作，互补共赢，相互点评、指正、借鉴、补充、心灵碰撞、人格感染、智慧启迪。

“给我一次机会，还您一份惊喜”，“我参与，我快乐；我自信，我成长”，在参与中快乐，在快乐中幸福，在幸福中成长。变苦学为乐学，变乐学为会学，变会学为愿学，这就是杜郎口中学的教学观。尊重生命，解放学生，把“以生为本”很好地落实在实践中。

当然，任何一种教学理论都不可能是十全十美的。运用尝试教学理论在具体的教学操作模式上还有一定的局限性，如运用尝试教学操作模式，学生要有一定的自学能力，因而它在小学低年级应用范围较小；对于初步概念的引入课，一般也不适合于应用该操作模式；实践性较强的教材也不完全适于应用该操作模式。此外，尝试教学还存在理论基础有待加强、在小学数学以外的学科运用模式还存在各种困难、理论实验不够科学、一些具体做法需要进一步思考等问题。自20世纪60年代开始酝酿思考，到80年代正式启动教学实验，邱学华对“尝试教学”进行了长达四十多年的研究与实践。从“学生能够在尝试中学习”到“学生能尝试、尝试能成功、成功能创新”观点的提出，尝试教学从无到有，从实验到理论，在中小学产生了深远影响。

打造高效的课堂，减轻学生的负担是我们追求的目标。尽管我们离这个目标还有一定的差距，但只要我们每个人都去认真思考，努力追求，高效课堂的春天就一定会来临。

第二章 高效课堂的准备与步骤

课堂教学的高效率，是每一个教师不断追求的目标，它是教学过程的最优化、教育效果的最大化，是师生完美配合的结晶。构建高效课堂的两个核心因素是学生和教师。课堂是否高效，就要看学生和教师是否在课堂上都得到充分的发展。学生的发展是高效课堂的核心目标，而教师的发展是学生发展的有力保障。

“台上一分钟，台下十年功。”有鲜活生命力的高效课堂来自于教师专业素养的提高以及教育智慧的迸发，离不开课前精心的准备和维系课堂生态的行之有效的教学步骤。

第一节 厚积薄发——高效课堂准备

“良好的开端是成功的一半”，通过长期教学实践发现，课堂的低效很多情况下是由于教师在课前的准备工作不够细致所导致的。到了课堂上，经常就会随性发挥，缺少系统性、逻辑性，甚至会有“脚踏西瓜皮，滑到哪算哪”的情况。

高效课堂是厚积薄发的结果，它需要充分的课前准备。课堂要高效，教师就要积淀专业素养，正确解读教材，认真备课，精心设计教学环节，最大限度地激发学生学习兴趣，调动学生的学习积极性，从而促进课堂高效的达成。

一、积淀专业素养，丰厚人文底蕴

现代教育学强调“教师是一门专业职业，首先是说教育工作者需要有学科专业素养，需要精通所教学科的基础知识，熟悉学科的基本结构和各部分知识之间的内在联系，了解学科的发展动向和最新研究成果”。目前，教师的专业发展，无论在理论上还是实践上都成为国内外教育改革与教师教育所关注的焦点。人们普遍认识到：新课改不仅指向促进学生的发展，也力求促进教师的专业发展。没有教师的发展，学生的发展就成了无源之水、无本之木。基本功是教师从事教育教学工作必须具备的最基本的职业技能。如果说教学是技术加艺术，那么这种技术和艺术主要表现在教师课堂教学的基本功上面。随着时代的发展，教师基本功的含义越来越广，教师基本功包括的范围越来越大。

(一)高尚的师德素养

百年大计，教育为本；教育大计，教师为本。教师作为人类思想文化的传播者，既担负着传授知识、培养人才的重要责任，更担负着启迪人的智慧、塑造人的灵魂的神圣使命。教师的劳动，同经济社会发展、人类文明进步紧密相连，与国家前途、民族命运密切相关。“师者，人之模范。”教师的言谈举止、待人处世，乃至气质、性格等，都对学生起着熏陶、感染和潜移默化的作用。因此，在教师队伍建设上坚持以德为先，显得尤为重要、尤为迫切。

1. 师爱为先

古人云：“亲其师，信其道。”说明了师爱的重要性，“信其道”则是高效课堂的前提。学生往往是喜欢这个教师，而喜欢上这门学科。当教师要把师爱像无私的甘露一样均匀地洒在每个学生心田时，高效课堂才会有其实施的可能。

2. 志存高远

做任何事情，态度很重要。有了好的态度，事情便成功了一大半。教师应该以对工作的热爱和热情感染学生，使之具有对学习的热爱和热情。教师在工作上的孜孜追求必然潜移默化地影响学生的现在和将来。如果教师没有事业心，他所教的学生就可能会没有责任感和不求上进。一个教师有当名师的愿望和行动，学生将来在工作中也会追求卓越。教师的工作态度会很明显地表现在学生身上，我们应当以积极的态度激励学生。

3. 以身作则

学校无小事，处处皆楷模。教师的一言一行都会对学生造成影响。教师如果严格要求自己，凡事做在学生的前面，身教胜于言教，学生自然会养成良好的习惯。如果教师不能“言必行，行必果”，不讲诚信，不能以身作则，对学生的教育就难以有效。

(二)语言表达能力

1. 口语表达

教师面对的是一个个天真活泼的孩子，如果一味地用成人的语言向他们讲课，孩子们是不喜欢的，不乐意的。因此，教师一走进课堂，如能马上就想到自己是学生中的一员，是孩子们的伙伴，教师的架子没有了，孩子们已从感情上接近了好多，课堂才能获得事半功倍的效果。

常言道，感人心者，莫先乎情。饱含情味的语言，使孩子们没有感到距离感，而增加了亲切感。这样的态度学生喜欢，可教师做起来也并不容易。有些教师看到没有擦去的黑板、作业本挤占满了的讲桌，哪还有心思来欢笑？其实，有经验的教师总是能从混乱中寻找教育智慧，处乱不惊，化乱为奇。用不经意的一句幽默，化解了师生的尴尬，从而进入到一个最好的状态。一位优秀教师上讲台后用不了多少话就能吸引住学生，这就叫基本功，这就是教学的艺术。

例如，某位教师执教一年级的公开课《认识钟表》，学生年龄小，见到教室后面坐着很多听课的老师，就显得非常拘谨。教师灵机一动，以该班级是学校的优秀班级为切入点，对小朋友说：“我了解一年级(2)班是学校最棒的班级，每个小朋友聪明伶俐，上课能积极思考问题，老师们都很喜欢你们。”孩子们在教师的鼓励下，表情明显放松了，开始大胆发表意见了。当第一个同学发言后，教师又用掌声给予鼓励，接着说：“第一个同学的发言就这么精彩，相信其他同学一定也想表现表现！”“你瞧，通过努力，你说得很好嘛，你成功了，祝贺你！”……在教师的不断鼓励下，学生的思维十分活跃，学习热情高涨，师生在轻松活泼的活动中顺利完成了教学任务。

教师讲课，没有精彩的语言就没有精彩的课堂。教师的语言要能“粘”住学生，即确切、明白、简洁、通俗、优美、形象。在新的教学方式之下、教师的口语表达依然重要，但教师口语表达的效用已远远超越了以课堂教授为中心的朗读、讲述、发布指令等。新课程提出的主动建构的学习就是要求教师不仅自己善于表达，还要善于鼓励、引导学生自己表达，要求教师主宰的课堂给学生说话或表达的余地。所以，教师口语表达基本功需要重新定位和审视。

2. 文字表达

文字表达最能体现一个人的综合素质。读书、思考、写作，是新教育大力倡导的教学生活方式。在新教育实验中领先于我们而迅速成长起来的教师们，他们写作并不是要为了成为文学家或教育家，而只是及时地把自己教学生活中的所思、所想、所感记录下来，不是“激动了一下，兴奋了一下，没有付诸笔端，这些‘火花’不久就烟消云散了”。人是一种容易遗忘的动物，对于教师来说，勤于笔耕的好处不必多说。写作理应成为教师生活的一部分。写作是一种自我释放，也是自我倾听；是心灵的舒展，也是灵魂的升华。同时，为了写得精彩，就必须读得精彩、做得精彩、想得精彩，它们相互促进，就变成了一种强大的力量，催生着激情、活力以及教育的智慧，为高效课堂的促成而积淀底蕴。

文字表达也是教师的一种能力。工作虽繁重，但要学会反思和总结，把心得体会写出来，才能少走弯路，更快进步；摆脱烦琐，才能轻松、高效地工作。教师的计划、总结、随笔、论文、教育故事等，虽然同样是写出来的东西，但有的人能写出来东西，而有的人写不出来体会，这就是文字表达的能力。现在要求教师做研究型教师，没有一定的文字表达能力是不能适应新的教学要求的。

（三）教学研究能力

不一定每一个教师都要成为科研型教师与专家型教师，但具备一定的教育研究能力，应该是教师积极投入的一种体验。如果教师不具备一定的研究能力，就无法对学生进行有效指导，也就不能胜任新课程的教学。中小学教师的教学科研旨在发现教学中的问题，然后从这些问题中选择可以作为研究对象的课题，独立或合作地展开研究，最后将研究的成果运用于教学实践，以解决问题。因此，新课程需要教师成为一个研究者。

(四) 不断学习的能力

教师需要不断学习才能跟上时代。学习新课程理念；学习党的和国家的教育政策；学习文化知识和专业知识，提高素养；学习教育学和心理学知识，掌握教育教学规律和学生身心发展特点。教师要及时学习，向身边的人学习，向专家学习，向实践学习。学习是为了进步，为了与时偕行、与时俱进。在高效课堂上，教师首先要对教学内容的内涵和外延做到烂熟于心。试问，一个没有深入思考和见解的教师，又怎么能期待他去做学生的"引路人"？从这个意义上来讲，每个教师必须向孔子学习，对自身学科专业素养要做到"发愤忘食，乐以忘忧，不知老之将至"。只有"学而不厌"的教师，才能"诲人不倦"。

二、深钻课程标准，正确解读教材

钻研课程标准是教学准备的基础。新课程改革首先强调，教师应重视课程标准的钻研和掌握。但在实际教学中，许多教师并不钻研国家制定的课程标准，仅仅依据教材和一本并不充分体现国家课程标准的教学参考资料开展教学。结果，课堂教学低效，甚至走向反向，造成学生失去学习的兴趣和信心，制约了学生智力和个性的健康发展。我们知道，任何一种教材仅仅是呈现国家课程标准的一种形式，教材并不能代替国家课程标准。如果教师花费一定的时间去钻研课程标准，深刻体会并掌握国家课程标准对学生学习目标和方向的要求，对开展有效教学就十分有利和便捷。

教材解读是高效教学的前提。教材是完成教学任务的依据，是"课程标准"目标的具体体现，是教学内容的载体，是教和学的凭借，是教学过程的支架。因此，教学要围绕教材进行。

(一) 系统备课

对教材进行解读，首先要系统备课。系统备课的第一步，就是要对新课程标准进行系统的研究，并且要通览教材。天津教育科学研究院王敏勤教授对此有过专门的论述："首先，要把握整个学段的教材。不管是哪个年级的教师，都应该把整个学段的教材拿到手，通读教材，认真对照课程标准，知道本学段本学科的教材包括哪些基本知识，教学重点是什么，哪些知识前后可以整合起来，本套教材的编排意图和体例是什么，教材内在的逻辑线索是什么。在此基础上，画出本学段教材的知识树，写出教材分析。”

通览教材的要求是：专家型的教师要从小学一直到高中都能够通览，一般教师至少要通览本学段的教材；高中教师要通览高中三年的教材，义务教育阶段的教师应当通览小学到初中的教材，至少要通览初中或小学阶段的教材。只有这样，才能对所教学段的教材体系有宏观的把握，清楚自己要教的某一课在整个教材体系中的位置，明白如何承上、如何启下，教学的重点又是什么。

在通览教材的基础上，还要进一步对一册教材的目标要求和编排体系进行研究。对此，王敏勤教授也曾指出："新学期的开始，教师也要通过读成册新教材，对照课程标准，理解教材的编排意图和内在的逻辑线索，画出本册教材的知识树，写出教材分析。"通过研究，教师对教材的整体脉络清楚了，理解也深刻了。等再次上课时，就对每一课内容的重点和深度有了较好的把握。掌握一册的知识体系，是教师必须具备的基本功。

当教师把一册的教学内容都掌握之后，还要进一步深入解读一个单元的内容。因为教材是分单元的，语文教材分单元，其他学科分章、分节。每个单元的教学重点是什么，单元内各部分内容的互相关系是什么，都需要解读清楚。就语文教材而言，每个单元里面有自读课，有讲读课，讲读课有第一课、第二课，甚至有第三课，自读课也有一至两课。它们各自都有自己的作用，这些都是需要弄清楚的。有的教师往往把自读课上成讲读课，这说明他们对教材的编写意图缺乏了解。对单元内容进行解读，也是对教师的基本要求。

(二)解读文本

在上述系统备课的基础上，进行当前文本的解读，是教材解读的关键环节。首先，教师要依据系统备课的成果，明确这一课的内容在整个教材体系中的地位和作用。例如：苏教版初三语文有一个单元，以"阅读有独特的感受"为主题，其中共有三组课文，即"小说家谈小说"、"诗人谈诗"、"散文家谈散文"。每一组都包括一篇文学作品和一篇文学评论。就小说这一组来说，有茹志娟的作品《百合花》，还有茅盾的评论《简单的故事，精致的情节》。根据单元要求，教学的重点显然是如何抓住特点谈自己的阅读体会，实际上就是写读后感。但是，有的教师所设定的教学重点，不是茅盾如何分析《百合花》，而是重点分析小说《百合花》了。这就说明，这些教师没有把握好当前的教学内容在整个教材体系中的地位和作用。

其次，解读当前的教学文本，还要强调对规律性知识的理解。教师平常写教案都要写教学重点。那么，什么是重点呢？教学重点就是规律性知识。按照美国教育家布鲁纳的说法，规律性知识就是结构性知识，而结构性知识就是每一课所要交给学生的概念、原理、公式、结论。布鲁纳指出："在教学中授以基本结构的知识，能最好地激发学生的智慧。""获得的知识，如果没有完满的结构把它联在一起，那是一种多半会被遗忘的知识。"著名教育家苏霍姆林斯基也指出："思维与智力的发展，取决于'重点'知识是否巩固。这种'重点'知识，就是反映事物特性的重要结论、概括、公式、规则、定律和规律。"

教学论告诉我们，教材内容一般分为三部分。第一部分是直观系统，就是教材所提供的直观情境，比如图片、事实等，诉诸于学生的感性认识。第二部分是概念系统，就是这一课要教给学生的概念、公式、定理、定律、结论。第三部分是练习系统，就是教材上的例题和练习题。这三个部分中的核心就是概念系统，直观系统和练习系统都是为概念系统服务的。就语文课而言，其规律性知识就是通过阅读课文，要教给学生的知识与能力。现在，有些教师抓不住这个中心，或者虽然抓住了，却不够重视。引导学生推导出概念以后，就轻轻地放过去了。初一语文有一个单元，主题是"学习科学知识"。语文教师不是自然教师，不是物理教师，也不是化学教师，把教学目标定位在"教给学生学习科学知识"，这显然是不恰当的。通过学习是要获得一些知识，但语文教师训练的重点，是让学生获得语文知识和读写能力。上述的教材编写方法，取消了语文训练，是一种去语文化的现象。如果语文教材取消了语文读写能力的训练，那就不能叫语文课了。所以，语文的规律性知识，就是有关提高语文能力的知识。对于广大教师来说，要做到"用教材教"，解读教材还需要在教学实践中打磨和锤炼，结合具体教学内容、教学对象以及教学环境，作具体处理，从而达到灵活使用教材的目的。

第三，要正确理解教材的编排思路。新教材有一种观点叫做淡化概念。它的编排思路是先出现一些情景、一些故事、一些材料，概念系统轻易不出来，目的是让学生自己推断。面对现在的初中政治教材，好多教师都不知道该怎么讲，因为教材中讲了很多故事，还有很多链接，而结论并不明显。学生考试的时候更不知道问题出在哪里，该怎么答题。其原因就在于它的编排思路是不直接告诉学生结论，而是举一些例子，出一些练习题，让学生自己讨论得出结论。如果教师能够很好地理解这个编排思路，就会引导学生把结论推断出来，然后运用这些概念去解答相关的练习题，解释一些社会现象。也就是说，要让学生经历一个由具体到抽象的过程。

(三)独立钻研

有些教师备课，一开始就看教材，或者从网上下载现成的教案。这种做法，非常不利于教师的成长。上海著名的特级教师于漪老师的备课，分三个步骤。他在介绍自己的备课过程时说：

“拿到一篇课文，先不看任何参考资料，凭着自己的理解，备第一次课。第二次，找来和这篇课文有关的所有资料，仔细对照，看哪些东西我想到了，人家也想到了。哪些东西我没有想到，但人家想到了，学习理解后补进教案。哪些东西我想到了，但人家没想到，我要到课堂上去用一用，是否我想的真有道理，这些可能会成为我的特色。上课和设想的东西不是一回事，所以，我会根据上课的具体情况，不断区别哪些地方顺利，哪些地方困难，对设想进行调整，再备第三次课。”

教师们应当很好地学习于漪老师这种独立钻研教材的精神。首先形成自己的独到见解，再通过与他人主动交流，吸收其教学思想的精华之处，“以人之长，补己之短”，不断进行反思、总结，调整自己的教学行为，形成对教材的正确认识和独到观点。

三、制订教学目标，设计教学过程

教学设计简单地说就是教学设想和计划，即在课堂教学工作之前教学的预设。具体地讲，教学设计是根据课程标准和教材的要求，基于孩子的学习特点与需求，对教学活动的目标内容、组织形式、教学方式、学习情境、评价指导及整个教学过程所作的整体系统化策划和具体安排。教师们都有同样的感受：有效的课堂教学设计是教学成功的一半。教师课前精心地设计教学，再加上教师在课堂上潜移默化地进行指导对教学成果有着重要的作用。有效的教学设计能真正提高教学有效性，有利于大面积提高教学质量，有利于科学思维习惯和能力培养，提高发现问题、解决问题的能力，有利于发挥学生的学习主体作用。因此，教学设计不仅是一门科学，也是一门艺术，是教师的常规工作，也是最重要的工作内容之一。

（一）适切的教学目标

教学目标是指学生通过教学活动后要达到的学习结果。教学过程是围绕教学目标而进行的，教学目标是教学活动的出发点和归宿。有效的教学目标是高效课堂教学的保障。随着素质教育的深入，应该说当前的课堂教学目标设定已向素质教育的要求迈出了一大步，如仅以认知为课堂教学目标的状况得到了很大的改观，但离素质教育的要求尚有差距。素质教育首先要有教学目标的素质化。一是教学目标重心应向非认知领域转移。当前，教学目标的设定大多仍是以认知为核心的，非认知目标仍是一种附属和点缀。表现在：一方面，目标设定中非认知目标往往可有可无或空泛含糊；另一方面，在教学过程中教学的定向、调节和评价大多以认知目标为依据，学有余力时才顾及非认知目标，或者有人听课时才牵强附会地贴一些非认知领域的标签。发展学生全面素质是素质教育的基本特征之一，培养学生的创新精神和实践能力是素质教育的核心。诚然，作为基础教学而言，认知无疑是十分重要的，它是创新的基石。没有一定的知识储备，缺乏必要的基本技能，即使有着创新的火花也会熄灭。但在创新机制中，基础知识主要提供的是材料支持，相对于创新意识、创新思维、创新能力等非认知因素来说，它是较为被动和次要的。在知识经济时代，得到知识不难，人们常常可以直接应用前人创造的成果，直接站在巨人的肩膀上进行创造，难得的是好的创意。因此，把教学重心从认知向非认知（特别是创新精神和实践能力）转变，就成为一种必然。

上一堂课事先确定好一个适切的教学目标是课堂高效的一个基本前提。

（二）教学重点和难点的确定

教学重点是教材中举足轻重、关键性的、最基本的、最重要的中心内容，是课堂结构的主要线索。掌握了这部分内容，对于巩固旧知识和学习新知识都起着决定性作用。教学难点是难于理解或领会的内容，或较抽象，或较复杂，或较深奥。难，包括学生难学和教师难教，由于学生难学致使教师难教。课堂教学过程是为了实现目标而展开的，确定教学重点、难点是为了进一步明确教学目标，以便在教学过程中突出重点、突破难点，更好地为实现教学目标服务。因此，目标的多样性也就决定了教学重点、难点的多样性。但目前我们所见到的教学重点和难点设定中几乎都是在认知领域，很少见到有非认知领域的重点和难点的。当我们把教学目标从认知向非认知扩展的时候，也需要重点和难点的相应扩展。当我们把教学重心从认知向非认知转移的时候，也需要重点和难点的转移。人们在目标扩展和转移的同时，重点和难点的按兵不动也反映了人们的观念并没有真正地转变。

目标的多元化要求重点、难点的多元化，非认知目标比认知目标的落实更重要、更困难，更难见效。因此，在许多时候，我们的重点和难点应该是非认知领域的。如小学数学中"圆面积的计算"、"循环小数"等部分内容，如果仅从认知角度来看，只需几句话就可概括。然而，这些部分的教材内容中却包含了丰富的非认知因素，如转化、极限的数学思想方法。这理应是教学的重点，也是教学的难点。

（三）教学策略的设计

教学策略是实现教学目标的方式。多年来，广大教师在教学策略上进行了不少实践和创新，不断地从传统的以教师为中心转向以学生为主体，这无疑体现了素质教育"以学生为主体，让学生主动地生动活泼地学习"的素质教育特征。但由于教师"自我中心"意识的顽固和沿袭传统的惰性影响，或者是由于缺少切实可行的操作措施，在教学过程中，教师唱主角、学生当配角的状态还未从根本上加以改变。例如，"自学辅导法"不失为引导学生主动学习、学会学习的一种好的方法，但教师在教学过程设计时往往是帮助学生确定好学习目标，同时将教材的知识内容转化为一个个具体的问题，要求学生在书本上找到现成的答案。由于学生的学习目标、学习程序、学习计划都是教师帮学生制定的，学生也就失去了自我定向的机会。教师期待学生的学习过程按照教师指定的目标和思路进行；对学习过程的监控和调节，依据教师制定的学习目标、教师的评价指标和准则来完成。又如，“引导发现法”以解决问题为中心，以观察和实验为基础，引导学生运用创造性思维去获得亲身实证的知识，这对培养学生发现问题、分析问题和解决问题的能力，培养学生的创造性思维有着十分重要的意义，也体现了素质教育的要求。但在实际教学中，通过教师的“精心”设计和安排，学生往往已不需要对材料信息进行收集、选择和甄别；在“发现”过程中也不会遇到困境和挫折，也没有新的思路和方式；“发现”的结果自然也都是教师所预期的。这样一来，学生的主体性也就无从得到真正的体现。

(四)教学媒体的选择

用多媒体辅助教学，能创设逼真的教学环境，能把教学时只靠挂图或黑板作图很难讲解清楚的知识，通过形象生动的画面、声像同步的情境、言简意赅的解说、悦耳动听的音乐来及时有效地反馈，使知识的展现一目了然，使学生的学习变得轻松愉快。爱因斯坦有句名言：“兴趣是最好的老师。”古人亦云：“知之者不如好之者，好知者不如乐之者。”兴趣对学习有着神奇的内部驱动作用，能变无效为有效，化零效、低效为高效。在教学中展示实物或实物的图片，适当合理地呈现学生崇拜的偶像图片，对于调动学生的学习积极性、拉近师生间的距离，往往会有令人意想不到的效果。

合理展示课件，还能促进多感官活动。实验心理学家特瑞拉所得出的一个有关记忆持久性的实验结果很能说明调动学生的各个感官所显示的教学效果。其实验结果如下：学生们一般能记住自己阅读内容的10%，自己听到内容的20%，自己看到内容的30%，自己听到和看到内容的50%，交流过程中自己所说内容的70%。由此可见，合理利用多媒体，调动多种感官协同活动，必然能发挥课堂教学的优势。

在多媒体教学过程中，教师要发挥主导作用，根据不同的教学目的、教学内容，合理应用多媒体辅助教学，寻找多媒体技术与课堂教学的最佳结合点，就能提高课堂教学的有效性。

（五）有效作业的设计

“作业”是教学过程中一个重要的环节，是教师在完成课堂教学后，为了使学生巩固、深化课堂教学内容，系统地理解、掌握知识体系，依托所学过的知识、技能达到提高能力的目的，让学生在课内或课后进行练习。教师研究学生完成作业的质量和存在的问题以及产生问题的根源、作业中学生产生错误的共性和倾向性，以便在课堂教学中进行讲评，使学生从失败和错误中汲取有意义的营养，走向成功。“有效作业”是根据基础教育课程改革的目标，以拓宽学生的知识面，开发学生的智力，提高学生的学习兴趣，培养学生的创新实践能力及交际能力为主要目的，让作业与社会生活相结合，充分发挥学生主体的自主性、积极性、主动性和创造性，使作业适应不同基础、不同性格、不同习惯、不同兴趣的个体，既达到“温故而知新”的目的，又突出思维的可显性。同时，要体现时代要求，促进师生的共同成长。

教学工作是一项精益求精的事业，实践，改进，再实践，再完善……但教学也是一门“遗憾”的工作，课堂教学过程中总会留下让人不满意的地方。我们经常会写些反思，总结好的，以期在以后的教学中实践，反思不好的，分析原因，以期在以后的教学中有所改进。但是，我们更应该在课前做好工作。我们的每一节课对于学生来说可能就是他们一生中难得的一次甚至是唯一的一次，因为在以后的学习、生活、工作中很难再有这个机会把内容探讨得这么深、这么细。因此，我们应该尽量减少由于课前准备不充分而留下的遗憾，为实现“高效课堂”而不断地对自己的教学过程反复地思考、设计、质疑、修改。只有准备充分，教师才能在课堂上如庖丁解牛，游刃有余，挥洒自如。如果说高效课堂是那“半亩方塘”，充分的课前准备便是那“半亩方塘”的“源头活水”。它能帮助教师更好地做到教学目标的有效性、教学方法的有效性、教学结构的有效性等，使教师在教学实践中不断改进、逐步完善，好好育人，育好人。[1]

1　赵燕《问渠哪得清如许，为有源头活水来——浅说高效课堂的课前准备》.

第二节　全心设计——高效课堂步骤

课堂是一个动态的流程，要使流程产生高效，科学地设置活动步骤十分必要。在长期的教学实践中，教育工作者探索总结出了许多行之有效的教学模式，诸如尝试教学模式、引探教学模式、反馈教学模式、自学辅导模式、程序教学模式等。随着教育改革的不断深入，课堂模式已向重能力、重学生、重心理方向发展。高效课堂应是教学内容与教学形式的有机结合，应以"平实、真实、丰实、扎实"作为着眼点，真正解放教师的教，服务学生的学。以下课堂教学步骤是一种面向全体学生、面向学生发展各个方面、面向学生发展整个过程的教学模式。

一、有效导入　明确目标

何谓课堂教学的导入？它应该是一堂课刚开始的几分钟里，教师与学生之间的所有教学活动的统称。它如同一次说书的"开讲"，寥寥数语，掷地有声；犹如一首曲子的"前奏"，未成曲调，而先有情；好似一场戏剧的"序幕"，目光聚集，胃口吊足。精心设计的导入环节是架起教与学互动的桥梁，是打开学生创新思维的钥匙。

新课导入一般采用以下方式：情境导入；谈话导入；活动导入；设疑导入。

1. 情境导入，引人入胜

教师可根据教学内容创设场景，帮助学生理解教材；可在课堂上提供一些与学习内容有直接关系的实物演示情境，从而引起学生直观的学习体验；可找到教材和生活情境的结合点，运用生活情境，展开课程学习。

【范例展示】

某初中历史教师在教学《元帝国拓展统一多民族国家基业》一课，是这样通过教学情境的创设导入新课的：

师：同学们，谁能用形象而生动的语言，描述一下你想象中的或你所见到过的蒙古大草原的景象吗？

生：一望无际的草原，蓝蓝的天空，成群的牛、羊、马，放牧人，骑着骏马在草原奔驰的蒙古人，蒙古包等等。

生："刺勒川，阴山下，天似穹庐，笼盖四野。天苍苍，野茫茫，风吹草低见牛羊。"

生：……

师：可是，同学们你们知道吗？12世纪的时候，美丽大草原上的蒙古人却过着"没有逃避地方，只有冲锋打仗，没有平安幸福，只有互相杀伐"的冲杀、动荡、困苦的生活。那么，是谁改变了蒙古人民的命运，使他们过上相对幸福、安定的生活的呢？

【咀嚼鉴赏】

好的开端是成功的开始，通过这样的教学情境导入新课，学生学习兴趣浓厚，充满了求知的欲望。同时，自然地过渡到了新授课的学习。

2. 谈话导入，水到渠成

教师可精心设计导语，言简意赅地激发学生的求知欲望，调动学生学习新知的积极性，引导学生深入理解知识；可复习已学知识，以旧带新，自然过渡，通过复习已学过且与新课有关的知识和技能导入新课；可以从课题入手，师生轻松谈话，引导学生审明题意，激发学生学习的主动性和积极性。

【范例展示】

某教师教学《沁园春·长沙》时，这样导入：同学们，对于秋天，不同的人有着不同的看法与感受："月落乌啼霜满天，江枫渔火对愁眠"——这是张继的忧国伤己；"空山新雨后，天气晚来秋。明月松间照，清泉石上流"——这是王维的清静无为；"落霞与孤鹜齐飞，秋水共长天一色"——这是王勃的少年壮志。那么，大家心中的秋天又是怎样的呢？这个问题先不谈，欣赏完毛泽东在《沁园春·长沙》中给我们描绘的秋天后，也许你们心中的秋天会更加美丽。

【咀嚼鉴赏】

该教师的导入引用了恰当的诗句，既增添了学生对学习新课文的渴望，也塑造了学习《沁园春·长沙》的学习氛围。本篇课文的学习目标主要是学习《沁园春·长沙》这篇课文，而不是探讨学生对秋天的感受。在导入中，教师提问：

“大家心中的秋天又是怎样的呢？”如果让学生畅所欲言，势必会偏离教学目标，而教师却能一带而过，不进行深入探讨，直接进入《沁园春·长沙》的学习，这是一个有效的课堂导入。

3. 活动导入，激发兴趣

教师可用谜语导入新课，增长学生的知识，开拓学生的思维；可用故事引路，通过讲述小故事，产生轻松活泼的学习气氛，激发学生学习新课的兴趣，缩短师生之间的心理距离；采用游戏方式导入新课，以活跃课堂气氛，引发学生学习兴趣，让学生在真实的体会中初步理解知识。

【范例展示】

江苏省特级教师蔡宏圣在教学“用倒推的方法解决问题”时，运用了以下导入：

师：今天的数学课从“正话倒说”的游戏开始。我们先试着玩，第一个词——长沙。

生：沙长。

师：江俊杰。

生：杰俊江。

师：挺容易的，张口就来！下面一个，我又长高了。

师：想好了吗？一起说，预备齐——

生：了高长又我。

师：吃不到葡萄说葡萄酸(学生七嘴八舌，逐渐不出声了，但不一会儿，有学生动起了笔。)

师：他为什么要写呢？他会写什么？

生：句子太长，记不住了。所以，先把那句子写下来。

师：那老师要求大家倒着说，我估计你们也会倒——着——写！

生：不会，是正着写，然后倒着说。

师：好，先正着写再倒着说。既然大家达成了这样的共识，那这个老师帮你们。(屏幕出示“吃不到葡萄说葡萄酸”。)

生：酸萄葡说萄葡到不吃。

师：玩了这个游戏，你有什么经验？

生：长的句子，可以先正着写下来，然后倒着说。

师：非常好，有了这个经验，我们开始学习今天的新课。

【咀嚼鉴赏】

教师新课前的“正话倒说”游戏运用得非常巧妙。教师由词及句，先让学生顺利倒着说了两个词，在“我又长高了”初次感受到挑战。当说到“吃不到葡萄说葡萄酸”，学生倒说尝试受挫后，课堂安静了。教师及时捕捉到个别学生在写这个信息。教师慧眼独具地发现小小游戏与倒推策略的学习联系，不显山不露水地唤醒了学生倒推策略意识并渗透了基本方法。[2]

4. 设疑导入，引人深思

教师结合课题巧妙地设问，能引起学生高度的思维，积极地思考问题，使学生迅速进入最佳学习状态；可运用质疑问难的方法让学生来提问，从而激发学生的求知欲望和学习兴趣；可制造悬念，悬念可以造成一种急切期待的心理状态，具有强烈的诱惑力，能激起学生探索、追求的浓厚兴趣。

【范例展示】

上海市特级教师潘小明在教学《三角形的三边关系》时，是这样导入的：

师：你们知道给每人发两根小棒干什么吗？

生：因为课题是三角形边的关系，我以为会发三根小棒让我们摆三角形的，可是只发了两根，我就不知道干什么了。

生：可能是摆角用的。

师：不是用来摆角的，确实是用来摆三角形的。

生：三角形有三条边，需要三根小棒，只发两根，我们怎么摆呢？

师：(教师出示)两根小棒，一根长3厘米，另一根长5厘米，再配上一根多长的小棒，就能围成一个三角形？有几种配法？

师：将你要配的小棒画在纸上，你有几种配法都在纸上画出来。(学生独立思考着，操作着……)

【咀嚼鉴赏】

教师出示的课题是“三角形的三边关系”，给出的小棒只有两根，而且要摆三角形，学生顿生困惑：用两根小棒怎么能摆成三角形呢？这里，虽

2 钟建林、王珍．小学数学名师名课．教育科学出版社，2011.

然没有复习三角形的概念，但已经激活了学生的已知，刺激了学生的思维，吸引了学生的注意。教师通过设疑导入，激发了学生的学习兴趣，同时，引发了学生的深入思考。“再配上一根多长的小棒，就能围成一个三角形？有几种配法？”再配一根不难，有几种配法则给有差异的学生以自由探索的空间。[3]

二、自学指导　合作探究

自学指导，合作探究，是指学生在教师的启发和帮助下，以学生为主体，充分发挥小组学习、全班学习的群体作用，在合作中学习，培养学生主动探究、团结协作、勇于创新的精神。自主是合作、探究的基础、前提，合作是促进自主、探究的形式、途径，探究是自主、合作学习的目的。三者互为一体，又互为促进。

(一)自学指导

自学是独立自主的学习行为，它具有自主、主动、开放、独立等特点。自学可以锻炼意志，培养良好的学习习惯以及独立分析和解决问题的能力；可以增强信心，培养注意力；可以更扎实有效地掌握知识……每堂课教师都不要急于先讲，本着“先学后教”的原则，先让学生自学，而这种自学是在教师指导下的自学。为了让学生科学、有效地进行自学，教师要精心制定自学指导。

1. 制定自学指导的要求

(1)教师设定的自学指导要做到“四明确”

“自学指导”实际上是学习目标的具体化。教师设计的自学指导要做到四明确：明确时间(用几分钟)、明确内容(学习教材的第几页)、明确方法(在自学时要运用什么方法)、明确要求(在自学时要思考哪些问题，准备教师检查)。只有做到了“四明确”，学生才能集中精力高效自学。

教师呈现“自学指导”后，一般也不需要解释，学生一看就明白，马上进行自学，个个都动作迅速、精力集中，就像考试一样紧张。因为时间、任务、要求都已经明确，不抓紧时间，到了规定的时间别人学完了自己没有学完，

3　钟建林、王珍．小学数学名师名课．教育科学出版社，2011.

自尊心就会受到影响。提倡让学生合作学习，但在自学时学生往往很少讨论。如果不经过认真的看书和思考就相互讨论，很容易浪费时间。所以，要求教师要让学生完整地、独立地、安静地自学完规定的时间，教师不要随便打断学生的自学，不要做干扰学生自学的任何事情，要减少教学的随意性。

⑵自学指导内容的设定要便于自学目标的达成

①加强对教学内容的理解。对每节课的目标、重难点，怎样帮助学生突破，以及学生在某个环节可能会出现的问题等，要做到心中有数。只有成竹在胸，才能运筹帷幄。

②要有层次，由浅入深。运动员比赛前要热身，以便在比赛时达到好的状态。上课也是这样，学生和教师都需要有一个预热的过程，才能使学生的思维逐渐深入，顺利完成一节课的学习。所以，在设置自学指导时，应该由浅入深、循序渐进。以“倒数的认识”这节课的自学指导为例，某教师在开始时设置了下面这三个自学指导：什么是倒数？怎样求一个数的倒数？试着写出四分之三、三分之七、5和六分之一的倒数。简单思索后，把第二个问题和第三个问题的顺序调换了一下，有这样的考虑：会做一件事相对容易些，但要把做这件事的方法形成语言描述下来，并说出步骤，就需要更深层次的理解。所以，就把写几个数的倒数提到了前面，介绍求一个数倒数的方法放在了后面。

③从多个方面考虑。本节课的学习内容是什么？新知识有什么作用？新知识与学过的知识有什么联系？比如，我们要学习“圆的面积”这节课，学习时一定要弄明白这样几个问题：什么是面积？圆的面积指的是什么？怎样计算圆的面积？圆的面积计算方法是怎样推导出来的？圆的面积和周长有什么区别？在这些问题中，大多可以作为自学指导的内容，有的可以在讲解环节处理。

④要求明确，易于理解。自学指导是为学生的自学服务的，应该是让学生一看一读就知道要干什么，而不要产生歧义。还以“倒数的认识”这节课为例。在自学指导1中，当学生答出“乘积是1的两个数互为倒数”后，教师问：你是怎样理解的？目的是提醒学生注意倒数意义中的“乘积是1”、“两个数”、“互为”的意思，重点是理解“互为”的含义。在第一次上课时，这个问题问过

后，两三个学生的发言都在说是怎样理解倒数的。第二次上课时，教师把这句话改为："你是怎样理解这句话的？"这样指向应该很明确了，但第一个学生发言时还是谈对倒数的理解。所以，教师立即改为这样问："在这句话中，你认为什么地方需要注意？"这样一来，学生马上就回答出了预设的内容。

自学指导是由教师制定的，目的是服务于学生的"学"。虽然制定时都会从学生的角度考虑问题，但合适与否，还需要在实际学习中检验。学生可借助课本自学。先让学生结合课本进行自学，学生初步自学后再出示自学指导，让学生结合自学指导内容进行有针对性的思考，培养学生搜集和筛选信息的能力。类似于采用模式前的讨论，让学生先思考，再讨论，避免为讨论而讨论的现象。也可不借助课本，在问题显示后就出示，让学生循着设置的自学指导进行有序的思考。

2. 教师的有效指导

学生在根据自学指导进行自学时，教师应该做些什么？有的教师在学生进行自主学习时表现得很茫然，或无所事事、或游离于学生的学习之外、或过度干预，不能很好地在学生自主学习中摆正自己的位置，给自己一个合理的定位，以致影响了学生的自学。那么，学生在进行自主学习时，作为教师，我们应当做什么呢？在学生自学的过程中，大组长要检查，教师也要巡查。教师巡查的主要目的是了解学情而不是辅导。教师观察、引导和支持学生的自主学习过程：学生在学习中有着真实的自我表现，教师要有强烈的观察意向和科学的观察态度，要以一种开放的心态，解读学生的行为，理解学生的行为，要深入到学生的自主学习中去，了解学生任务的完成情况，分析他们的解法，及时发现他们的失误，以便于及时掌握学生的学习状态和学习进程。对个别有独到见解或发现创新性思维火花时，要及时给予鼓励和支持。

学生的自学离不开教师的指导和帮助，但在这个过程中，教师要注意把握好一个"度"，既不能过多地干预，又要适时地介入，还要能及时地走出，还学生以自由。当问题难度大，学生一筹莫展而陷入僵局时，教师要个别地给予点拨、诱导，促其茅塞顿开、灵感突现；当学生学习浅尝辄止未能深入或出现明显破绽时，教师要给予提示、纠正，以养成好的思维品质、学习习惯，及勇于克服困难的学习意志。

（二）合作探究

合作探究是指学习者在完成某一项学习任务或开展某一学习活动时，以学习小组的形式共同进行学习的一种学习方式。通过学生自主、独立地发现问题、实验、操作、调查、信息搜集与处理、表达与交流等探索活动，解决问题。通过小组内的合作学习，可以真正实现学习者学习的主体性。同时，也能让学习者互帮互学、相互交流、相互合作，在合作中获得更大程度的发展、提高。它既有助于培养学生的合作精神、团队意识和集体观念，又有助于培养学生的竞争意识和能力，它使教学过程远远不只是一个认知的过程，同时还是一个交往与审美的过程。学生在交流的过程中互相学习，共同发展。

和接受学习相比，合作探究式的学习具有更强的问题性、实践性、参与性和开放性。“记录在纸上的思想就如同某人留在沙上的脚印，我们也许能看到他走过的路程，但若想知道他在路上看见了什么东西，就必须用我们自己的眼睛。”德国哲学家叔本华的这番话很好地道出了合作探究学习的重要价值。

在课堂教学中，为了让合作学习真正有效，一定要注意以下几点：

1. 合理分配学习小组

要合理地进行学生学习小组的分配，尽力做到组内异质、组间同质。在组合小组成员时，要让学习基础好的与基础差的搭配；思维相对比较活跃、反应较快的与思维反应相对较慢的搭配；爱发言的同学与不爱发言的组合在一起。只有分组合理、科学，让同学间的气质差异形成互补，才能让小组具有很强的亲和力，从而保证每个小组成员都能真正融入到小组中，使得小组内学习活动的开展确实有意义、有效果。做到组间同质，是为了让小组同时竞争更具有公正性、公平性，也更具有挑战性。为了提高自学与合作的效率，在课堂上的座位排列由传统的“排排坐”变为“团团坐”或“对桌坐”，每个小组2人，每个大组4~6人。学生自学以后，首先是二人小组的相互检查和互助。如果有问题则大组讨论，没有问题则大组不再讨论。经过多年的实验证明：二人小组的合作密度最大、效果最好。如果一开始就是6~8个人的讨论，会出现少部分学生占据话语权、大部分学生当观众的现象，这是极不公平的。而两个人的小组首先是相互检查，然后是相互帮助。二人小组能够解决的问题大组就不要讨论了，小组不能解决的大组再讨论。大组讨论的是问题而不是已经会了的东西，不宜在课堂上让学生表演。在课堂有限的时间里，首先要解决主要问题，解决学生不会的问题，学生已经会了的东西就不要表演。有些表演可以放在课后。那种少部分学生表演、大部分学生当观众的做法会浪费大家的时间，并大大降低课堂教学的效率。

2. 控制好学生的讨论进程

学生进行小组讨论时，教师一定要控制好学生讨论的进程，尽力克服以下几种情况，否则，合作学习只是一种形式，收不到真正的实效。

(1)一放不收(讨论时间过长，耽误教学进程)。

(2)一放即收(学生还未认真思考，未想出自己的观点，讨论时间太短，刚布置学生讨论，教师马上就公布正确答案)。

(3)只让学生讨论，而不让学生发表讨论结果。

(4)学生发言后，教师没有任何点评(既不肯定表扬，也不否定纠错)。

(5)小组代表发言时，教师不组织其他同学认真仔细地聆听，细致地品味分析。

(6)教师表面上组织学生讨论，而实质上还是教师在把着讲。

(7)小组内成员讨论时，有少数同学未参与。对此种情况，教师要想法让每个学生都真正参与小组中的讨论。

(8)讨论的问题不明确、不具体，学生难以开展讨论。

总之，在教学中用“自学指导，合作探究”的方式进行学习，能给学生提供学习上的选择空间自由，满足学生自我发展的最大需要，为学生发展提供了保障。

通过小组内成员间的相互交流、互教互学，激发了学生学习的积极性、主体性、创造力，有助于培养学生的合作意识、合作技能，让学生更善于与他人交往，形成和谐的人际关系；通过合作学习，能让学生获得更大限度的发展，促进学生的学习动力，大大提高学生的学习效率。

三、大组汇报　教师点拨

(一)大组汇报

学生自学、合作交流后，教师要组织各组大组长向全班汇报。

1. 大组长汇报的内容

(1) 汇报本组组员的学习进度和效果。各组组长在汇报时，要说明对于本节课应该掌握的知识有谁会，还有谁不会，问题是什么，现在解决没有。

(2) 汇报本组在合作交流时出现的共性的、需要集体解决的问题。组长要汇报在合作学习时已经解决了哪些组员在自学时产生的问题，还有哪些问题通过讨论后仍然没有解决，需要全班集体讨论和教师的指导。

2. 解决疑难问题的方式

对于组长汇报的疑难问题，教师可采取逐个解决的方式，也可让所有组长汇报结束后，教师集中组织全班学生进行讨论解决。在解决问题的过程中，教师可充分利用学生资源，由学生来解决学生的问题，教师再在此基础上进行点拨提升。

(二) 教师点拨

“点拨”的含义是什么？它应该是在学生自主延伸知识链的过程中，剖析题意云遮雾绕之时，激烈争论难分难解之际，教师及时出手，做出的必要提醒、暗示、强调与引导。它可以是反问，可以出示类比示例，甚至不惜借用错例等，帮助学生打通“关节”，较为顺利地完成学习活动，获得成就感。对于学生在学习或汇报中的疑难问题，教师要启发全班学生讨论解决。学生不会的，教师再点拨。教师在点拨时，一方面要回答学生的疑难问题，另一方面要帮助学生总结知识的内在规律和学习这一类知识最好的方法。在课堂教学中教会学生学习的方法比传授具体的知识更重要。

教师的点拨要把握好以下几点：

1. 教师的点拨要给学生指明思维方向

“点”包含两个层面：一是课堂指导的方式是点，是引导、提示，而不是灌输，不是把问题详详细细地、一步不落地讲解。而是用高度凝练、简洁的提示性语言去引导学生的思路。思考的重点放在学生那边。教师是“引”。好比点蜡烛，点油，只是点灯芯。学生在学习的过程中，遇到稍微复杂的问题，感到困难的是对这个问题不知怎样去思考。这时，教师的点拨就是要及时地给学生指明思维的方向，提出思考的方法，让他们沿着教师引导的方向，通过自己的思考来领悟问题的实质。只有这样，才能避免学生的思维误入歧途，使他们的思维在学习过程中得到发展。

2. 教师点拨的时机恰如其分、恰到好处

教师点拨的时机很重要。如果早了会影响学生的思考，晚了又失去了点拨的意义(优生感到没意思了，而后进生研究不出会影响他们学习的兴趣与积极性)，而在“独学”的过程中不可以点拨，因独学时间有限，此时点拨会破坏独学的环境，打乱学习的思维。这就需要学生在有限的时间内完成规定的任务。因此，“对学”、“组学”的环节是点拨的最佳时机。此时，教师悄悄地对个别学生进行恰当的点拨能够帮助那些思维有困难的学生。这时，他们经历了一定时间的探索，达到了训练思维的目的，一旦给予适当的点拨，他们就有一种柳暗花明的感觉。同时，也不影响其他同学的交流展示。此时的点拨属于单独点拨(个人对个人)。“群学”时也可以进行点拨，此时的点拨是教师对全体学生。此时出现的问题与困惑则具有一定的代表性，需要教师适时叫停学生的展示，及时进行精辟的点拨。另外，在训练时也可以进行有针对性的点拨。可以是单独的，对于有共性的问题还要对全体进行点拨。点拨的时机可以在出现困难之前，也可以在出现困难之后。

3. 教师点拨的内容要明确

教师点拨的内容不要太宽泛，要有针对性。不能去指导学生已会的内容，不能整个问题面面俱到，而应抓住“点”(学生困惑点、知识重点、难点或可以发散思维培养学生创新能力的点)做指导。教师点拨的内容可以是一般方法点拨，也可以是具体问题的解答过程的点拨。点拨时，应注意学生阅读技能和思维能力的培养，尽可能地归纳总结出认识问题的规律性内容。但教师点拨的内容要根据实际情况，面对不同的学生分别给予不同内容的点拨。即使是同一个问题，点拨的策略也不相同。对于优生可以侧重方法性、规律性的点拨，以提高学生的分析问题、解决问题的能力，培养学生的发散思维与创新意识。而对于后进生则以知识点、具体过程为主，把重心放在知识层面的掌握上。对于中等生则两者兼顾。要因人而异，因具体问题而异。

4. 教师点拨完后，要注意信息的及时反馈

教师检查自己的点拨能否被学生接受、理解。如学生明白了，则让学生按点拨的方法用他自己的话语来解决这个问题，检查是否真明白。如果没有明白，又应采用什么策略、什么手段来弥补。

5. 教师点拨的语言要简洁、精练，具有导向性、启发性、开放性

面对优生话语要少些，而对于困难生时语言要适当多些。同时，在单独点拨时声音要弱，只让他听到即可。而面向全体点拨时，声音要洪亮，让每一位都可以听到。

【范例展示】

师：同学们，平时我们读人物的语言就应这样细细体会人物的语气，通过朗读表达人物的心情。现在，大家能读好这几句话，我还想问你们，读过课本中这几个问句，你有什么发现没有？再读读文中句子，特别要注意这几句问话，看谁能有一双慧眼。

生：我发现这几个问句都是围绕“石头书”来问的。

师：哦，是围绕一个话题来提问的。

生：我觉得这几个问句问了不同的内容，但有前后顺序，不能颠倒。

师：对，问得有顺序。

生：这些问题有的是一个人问的，有的是两个人同时问的。

生：他们问得非常仔细。

师：通过他们的问，你能想到什么词语？

生：刨根问底。

师：什么叫刨根问底，还需要解释吗？这就是刨根问底啊。谁还有什么发现？

生：这几个问句都有提示语。

师：再看一看，提示语有什么不同？

生：提示语有的写了人物的神态，有的写了人物的动作。

生：这几句话的提示语有的在人物语言的前面，有的在人物语言的后面。

师：同学们都有一双慧眼啊。

【咀嚼鉴赏】

要言不烦的点拨，能够不断砥砺学生的思维，进而在对语言的品味与感悟过程中，让学生的语文学习充满趣味与快乐。语文课堂应当是鲜活而富有生命激情的。教师的点拨不能过于霸道，如果不能把握分寸，学生都被教师束缚在单一局限的问题答案里，他们的头脑就会被固化，课堂就会重新沉闷下去，落入满堂牵的窠臼——这是一条死胡同。所以，教师的点拨必须具备开放性，给学生充分的生成空间。既要紧扣文本，又要联系学生的生活实际。

四、变式练习　拓展提高

在课堂教学中，巩固练习这一教学环节，是提高教学质量切实可行的好办法。教师讲完新课后，及时进行巩固练习，可以使学生及时进行知识反馈，加强学生的理解和记忆，提高学生分析问题和解决问题的能力，有利于开发学生的智力。在对学习内容进行巩固练习时，教师要精心设计变式练习。变式练习是知识转化为技能的关键途径。在这一环节，最难的是能否做到堂堂清、人人清。传统的作业练习单调乏味，总是以同一形式面对所有学生，练得学生思想僵化、思维单一。新课标要求："习题的选择和编排要突出层次性，设计巩固性问题、拓展性问题、探索性问题等。"教学中，以此来指导自己的教学工作。在设计习题时，注重结合学生的生活情境，开拓学生的视野，提高学生的思维品质。

(一)课堂教学中变式练习方式

变式练习主要是让学生将所学的知识由"知道"转化为"会用"。在这一过程中，学生超越教材所给的信息，充分理解概念、原理和规则，建构自己的认知结构，更好地迁移到新情境中去。教师要恰当设计与选择变式练习以达到最高的课堂效益。

1. 根据知识结构特点，设计变式练习

从知识本身结构特点出发，设计变式练习。通过"变式"，加强知识之间的相互联系，体现知识的系统性及结构性，有利于学生对知识进行迁移；有利于完善学生的认知结构，促进学生对知识本质的理解和掌握。

【范例展示】

拿出两个圆柱(等底但不等高)，这两个圆柱有什么不同？进而引出圆柱的的高。认识了圆柱的高之后，我提出了这样的问题：

师：(出示硬币)它是圆柱形的，它的高在哪里？

生：它的高就是厚度。

师：假设一口井是圆柱形的，它的高在哪里？

生：井深就是井的高。

师：如果把一根圆柱形的钢管平放在地上，高在哪里？

生：高就是它的长。

【咀嚼鉴赏】

这些问题的设计加深了学生对高的深刻理解，能比较好地渗透变与不变的数学思想，既丰富了圆柱高的内涵，又提高了学生解决实际问题的能力。

2. 挖掘教材中的开放性因素，设计变式练习

【范例展示】

某小学数学教师在教学《分数的初步认识》时，新课结束后，教材安排了一个练习。想想做做：先填一填，再读一读。主讲教师把这样一道静态的题，借助多媒体，稍加改变，便改成一道动态的变式题，把这道题用到了极致。

(1) 电脑出示红色直条。师：涂色的直条可以用“1”表示。

(2) 电脑出示第二根直条：估计是多少？电脑验证。

(3) 电脑出示第三根直条：估计是多少？电脑验证。

(4) 电脑出示第四根直条：估计是多少？电脑验证。

师：一下子就估对的同学，有没有什么窍门？你们仅仅是看了这一幅图吗？

生：对照上面一幅图估计的……

师：借助观察、比较来思考是解决问题的一个重要策略。

师：继续往下平均分，可以得到哪些分数？随着平均分的份数越多，分数将越来越怎样？

【咀嚼鉴赏】

这一段教学不仅帮助学生巩固对几分之一的认识，而且在练习中让学生领悟到数学的思想方法，渗透了极限的思想。这样的教学一定能使学生越学越聪明。

3. 改变习题呈现的形式，设计变式练习

教师在设计习题时，要善于在作业的题型和呈现形式上推陈出新，唤起学生的新奇感，并善于设计具有一定趣味性和挑战性的习题，使学生面对习题就能产生跃跃欲试的冲动，达到寓学于乐的境界。

(二)变式练习应遵循的原则

1. 保持学科教学的本色

如语文课的宗旨就是提高学生的语文素养和培养学生的高尚人格。虽然内涵丰富，包罗万象，但还是有其较强的针对性。我们不能因为课文涉及到什么而在这方面无限拓展，以致使语文课丢失了原本的味道。很多教师就是忽视了这点，把语文课上成艺术课或思想政治课等。我们不必一概反对在语文课堂上融入艺术表演、互动游戏或观念灌输等，但主次一定要分清，千万不可“喧宾夺主”，只追求表面上的热闹。

2. 充分尊重教材，挖掘教材，用好教材

课本即学本，所谓的拓展延伸就是在课本基础上进行的，也是为课本知识服务，对其进行补充或者与其进行比较的。对于一堂课的安排，文本内容当然是主体，拓展内容只起到辅助作用。然而，在具体的教学实践中，有的教师走入了对教材蜻蜓点水式教学的误区，他们即使面对那些内涵极其丰富或美点随处可见的课文，也是在很短的时间内匆匆结束对文本的教学。学生还来不及进行咀嚼品味思考，就已经进入了所谓的拓展延伸。这样的做法根本就是本末倒置，建立在此基础上的拓展自然徒劳无益。

3. 目标明确

课堂教学中的巩固拓展必须具有明确的目标，只有针对目标而进行的课堂训练才能做到有的放矢，并收到切实的训练效果。因此，教师在课堂教学中必须透彻地把握课标、教材，并根据学情确立适宜的训练目标，设计多种内容和形式的课堂训练，对学生实施知识、能力、方法、习惯、情感等方面的训练。练习的设计，不管是传统的教学，还是新理念下的教学，都走不出“$1+x$”的模式。即一个新授知识，必须要辅助 x 个与新授知识点相似的练习题来巩固新知，这 x 个练习题的目的是使学生进一步理解基础知识，学生必须熟练掌握，才能进一步深入学习。因此，这类练习题必不可少。不过，此类练习如果“过了头”，反而会加重学生的负担，禁锢学生的思维。所以这个练习的设计不仅目的性要明确，而且针对性要强，有的放矢，尤其要紧紧围绕教学的重难点和学生的实际这两方面来考虑。

4. 操作性强

对于课堂教学基本内容和巩固拓展内容的设计，还要考虑其操作性如何。内容的处理要符合“抓住主线、突出重点、分散难点、安排有序”的指导思路，加工与提炼要能够化难为易，化繁为简，易于操作，要考虑具体的时间、地点、硬件、情境等因素。如因条件不具备而无法操作，则要另辟蹊径。

5. 因材施教

教师在教学中，不仅要依照学科的逻辑系统来设计巩固练习，还要根据不同年龄阶段的学生身心发展规律，认识发展顺序等实际情况，对巩固拓展的内容作合适的选择与调整，以适应不同层次学生的学习需要。要充分考虑到学生的已有能力和发展可能，关心学生的内心需求，引导学生依据个体的生活状态和学习状况，探索适应自身发展的学习方法。要注意学生的个体差异，让每一位学生在有选择的学习过程中，得到不同程度的提高，为终身发展打下扎实的基础。

6. 联系生活

要针对学生的生活经验，选取一些学生能了解的生活知识充实课堂教学内容，培养学生将理论知识与生活实际相联系的思想方法，并主张要正确处理知识的“预设性”和“生成性”之间的关系。

五、课堂小结，归纳整理

心理学告诉我们：在记忆包括三个以上的一组知识时，第一个和最后一个知识只受一次干扰，即第一个知识受后面知识的一次干扰、最后一个知识受前面知识的一次干扰，而当中的知识却受前、后知识的两次干扰。这种前、后两头的知识因受干扰少而容易巩固的现象，叫“首因效应”和“近因效应”。

心理学关于“首因效应”和“近因效应”的研究证实：人们要记住在排列顺序中居首位或末位的记忆对象所花费的劳动量，比记住在排列顺序居中的记忆对象所花的劳动量约少一倍。所以，有经验的教师总是把重点知识放在授课的前、后两个位置。根据这个理论，一堂课最后做个小结，可以突出重点，而且减少干扰，小结的内容容易巩固，这就发挥了近因效应。

尽管课堂小结的作用如此之大，但在实际教学中，教师常常对一节课的开头比较重视，精心设计、巧妙安排，而对课堂小结则草草了事，甚至干脆忽略。同时，在实际操作中，课堂小结有较大的随意性和盲目性，很多教师只是将本节课的教学内容再简单地重复一遍。这样的小结根本没有新颖性、简约性、针对性和发展性，既起不到梳理知识、承前启后的作用，也起不到画龙点睛、升华知识、发展智能的作用。课堂小结在教学中不应千篇一律，采取一种模式，而要根据教师本身的特点和教学对象、教学内容及课型的不同，采取不同的形式。只有这样，才能使课堂教学锦上添花，余味无穷。

1. 教师的课堂小结应具备的特点

(1) 归纳总结。对本次课讲授的知识结构、主线进行归纳总结。要尽力突出主题，纲目分明，同时指出容易模糊和误解之处，使学生理解难点，掌握重点，记忆深刻。

(2) 拓展延伸。在学生理解新课内容的基础上，借助于联想，适当拓展知识面，使学生在巩固新知识的同时，能举一反三，引起更浓厚的学习兴趣，开拓创造性思维。

(3) 设疑回应。在导入新课时，可设置疑问；在课程结束时，围绕新课主题解答课初提出的疑问，与导言相呼应。必要时，可再提出带有启发性的问题，设置悬念，留到下次课来解答。

(4) 画龙点睛。有的课程或章节内容，讲课时需要详细推导，尽情铺陈。在课堂结尾时用两三句话点明重点、要旨，更显得生动有神。犹如画龙先不点睛，而后点之则飞去矣。学生会有所顿觉，从而抓住问题的关键。

2. 学生做课堂小结

在课堂教学中，如果学生能理解和掌握小结，进而学会如何做好小结，对巩固课堂授课效果，培养他们的主动性和独立学习能力，将是十分有益的。那么，如何教学生做课堂小结呢？可做以下尝试：

(1) 从板书中摘抄。教师的板书有系统板书和辅助板书之分，前者能体现系统性和逻辑性，包括重点知识及其彼此之间的联系，这正是小结的依据。教师应教会学生从系统板书中摘抄，做好书面小结。

⑵笔录教师的小结。教师经常做口头小结，这就要求学生学会快速笔录小结。如果笔录速度不够，可先记下关键语句或词组，课后再补全。

⑶默记小结。如果由于种种原因教师没做小结，学生也可抓紧十几秒的空隙，在心中做出简明的小结，哪怕只有三四句话也可。做完简明的小结之后再嘱咐自己：一定要牢记！默记小结之后，课后要补写。

⑷学习独立完成小结。为了锻炼学生的总结、概括能力，学生可把做小结作为课堂或课后练习在课上或课后独立完成。开始时，学生可要求教师的指导和帮助，然后逐渐独立完成小结，要求具体合理，学生定能培养出独立做小结的能力。

⑸做专题小结。学生要重点做好专题小结，使知识系统化。只要学生重视和用心，做出此类专题小结是不困难的。做专题小结，可加强知识的纵横对比，对提高独立学习能力大有好处。

第三章 高效课堂的内容与形式

高效课堂的构建，既有利于促进教师的专业化发展和学生的全面发展，也有利于进一步深化课程改革。这对于提高教育教学质量、减轻学生过重课业负担，具有急迫的现实价值和深远的历史意义。

那么，怎样的课堂才是高效课堂呢？我们认为，从时空上看应是高效率，即花最少的时间取得最大效果；从成果上看应是高效益，即教学结果能使学生有较多收益；从关系上看应是高效应，即通过教学在师生之间的心理、人格、思维、情感等方面能产生高效应；从环节上看应体现情景诱人度、活动刺激度、自主参与度、训练扎实度、建构生成度。[1]

第一节 精心选择——高效课堂内容

对于广大一线教师而言，我们的理想是使每一节课都能成为高效课堂。那么，如何让自己的课堂成为高效课堂呢？

一、执行好适切的教学目标

上一堂课事先确定好一个适切的教学目标是课堂高效的一个基本前提。而课堂是否高效取决于课堂教学目标的达成度。我们认为，课堂上执行好落实好教学目标需要注意以下几方面：

---

1 田文红 . 打造高效课堂——与武汉名师面对面［M］. 天津：天津教育出版社，2011.

(一)明示教学目标

有的教师可能认为，教学目标在我心里，学生跟着我学，一节课的目标自然就明白了。其实不然。建构主义认为，学生习得新知是在以往经验与新的信息之间建构一种有意义的联系，也就是说，学生知道课堂的学习目标有利于迅速地与以往的知识经验进行关联，从而在教师和同学的帮助下可以更好地理解与掌握知识，也有利于增强生生、师生之间的互动效果，进而可以比较高效地落实教学目标。有时，我们还要根据生情、学情状况，对课堂教学目标做一些必要的解读。

(二)明确教学任务

明确课堂教学任务的关键是要确保任务与目标的一致，使任务完成的过程即是目标实现的过程。然而，在实际教学工作中，容易出现仅仅依据教材内容来设计任务的情况。其结果是：任务完成了，但目标并没有实现。比如，有一位高三地理教师上了一节复习示范课。课后，教师们是这样评价的：从这一节课本身来看，毫无疑问是很成功的，但放在高考复习这个背景下，这一节课的效益又是相当差的，因为教师所教的内容是考试不要求掌握的内容。[2]

(三)优化实现路径

课堂教学目标的设计与实现有着不同的路径，教学设计主要是从整体到局部，而实现课堂目标则是从局部到整体。所以，在一节课上如能抓住一两个关乎全局的重难点问题去突破，教师在课堂上引领学生由易到难去分解重难点问题，或者设置讨论和体验情景让学生感悟重难点内容，课堂实现目标的路径就很流畅，课堂教学的整体效能就会提升，目标达成也就自然实现。

(四)重视目标达成

每个学生的家庭环境不一样，每个学生的学习状况不一样。教师要在课堂上努力提高目标达成，才有利于课堂教学效益的提升。因此，课堂上教师根据班级学生学习整体情况有所侧重地提高教学目标的达成度，是高效课堂的一个最重要指标。目标达成就是要让绝大部分学生当堂学会，并且具备自我拓展的学习能力。即使有少部分学生不能当堂达成目标，教师也要考虑通过课外教学辅助手段指导学生实现目标达成。

2　王跃．高效课堂的101个细节［M］．广州：广东高等教育出版社，2009.

二、运用好精心准备的教学设计

一个好的教学设计是高效课堂的法宝，是取得教学成功的保障。如何运用好精心准备的教学设计呢？

（一）落实校本化、班本化策略

现代学校在遵循教学规律、增进教学效益上做了许多探索，譬如通过强调集体备课来提高备课质量，优化教学设计，进而促进课堂教学效益的提高。但是，集体备课所凝聚的集体智慧往往可以解决普遍性与共性的问题，却不能解决不同学校和不同班级具体的个别化问题。因此，教师在真正实施课堂教学时，都要进行个人的第二次备课，形成自己有针对性的教学策略。校本化或班本化的教学策略往往很容易让课堂学习高效起来。

（二）根据教学内容和进程确定合适的课型

课堂教学课型可以从知识教学、活动方式与组织形式等维度分为新授课、复习课、讲评课、作文课、实验课、自习课、整理课等。课程改革要求改变学生的学习方式，改变单一接受性学习方式，倡导自主学习、合作、探究等多样的学习方式，唯有基于教学内容的难易和师生实际的课型安排，才有利于课堂学习的高效。

（三）做好教学目标知识化和问题化的呈现和随机应变

课堂教学目标是多元的，有知识、技能、能力、态度情感、创造力培养等方面的目标，教学整体设计时要求教学目标要从教学实际出发，根据课标的要求，把“三维”目标细化为具体问题。但在实施教学时，还要对知识问题化深入思考，认真构思问题知识的呈现方式。尤其在课堂学习过程中，要根据学情随机应变相关问题，关注课堂上生成性的问题。

（四）把握好教学内容难易程度

教学内容应重点突出，难度、深度恰当，符合学生最近发展区。同时，注意与已学知识、相关学科知识的联系，注重策略性知识的教学。

（五）明晰课堂教学结构

课堂教学活动的结构应合理，有合适的密度、速度和强度，作业量适中，具有一定的创造性。

（六）选择恰当的课堂教学方法手段

教学方法手段应与教学目标、内容匹配，注重创设问题情境，注重学生自学、合作、探究、展演等。教学组织管理民主，气氛宽松。反馈及时，交流多向，评价激励科学有力。

（七）保持良好的课堂教学教师形象

教师应有积极、良好的情绪，应有端庄、大方、从容的仪表形象。

（八）有积极的课堂教学预想效果

教师在课堂教学时，应对学生掌握知识技能、创造力培养、情感心理发展等方面的效果作出积极期待，对课堂效果充满信心。

三、选择灵活的教学方式

课堂教学不是僵硬呆板、一成不变的，而是灵动活泼、相机变化的。当前，要打造高效课堂，必须践行课改理念，突破传统课堂单一授受模式，要在转变教师教的方式和学生学的方式上奋力前行。

（一）转观念，弃老套

高效课堂要求教师转变观念，转换角色，由知识的传授者变为学习的引导者、促进者，与学生共成长，与学生一起“同学”。课堂即学堂，上课即上学，教书即进修。正如陶行知先生说的：“好的先生不是教书，不是教学生，而是教学生学。”课堂教学不再以教师的“教”为中心，而以学生的“学”为中心。课堂上，学生自主学习探究、积极地合作交流、大胆地展示质疑，认真地思考和反思，学生才是课堂的“主角”。教师许多时候则退居幕后、“隐身江湖”，必要时则出来“穿针引线”、“指点江山”。

高效课堂要求教师摆正并扮演好自己的角色。课堂上师生间是导演与演员的关系，不是演员与观众的关系。教师如导演，学生如演员。“预习”时，教师要不断穿插在各个学习小组之间观察、答疑、抽查、询问，了解每个学生的自学情况，对于有共性的疑难问题，教师及时予以点拨，引导同学顺利完成预习任务；展示时，教师要适时地点拨、追问、归纳总结、作激励性评价。学生是课堂真正的主人，教师要敢于放手，切忌抢学生的风头。教师越勤快，学生越懒惰。教师“放”的幅度越大，学生“动”的幅度就越明显。正如一位教师在高效课堂报告中说的：你给学生一个平台，他的表现将是你预想不到的。

（二）固根本，善反思

在探索高效课堂的实践中，有的教师为了迎合新课改的需求，大胆地进行创新，学生课堂上热热闹闹，课下却什么都不知道，该抓住的没抓住，该落实的没落实，没有课堂实效，更谈不上课堂高效。所以，教师在课堂教学中一定要抓住根本——课程标准，课堂环节的设计和课堂活动的组织都必须围绕课程标准来进行，都必须紧扣学科学习标准，达成学习目标。

课堂教学是否达到高效，首先要反思课堂三维目标是否达成。教师在备课时，要围绕三维目标展开，知识与能力、过程与方法及情感、态度、价值观三方面要灵活贯穿于整个教学过程设计之中。三维目标课前，可先板书在黑板的醒目处，三维目标表述的语句要力求简单化、具体化，可操作性强，让学生易懂，切忌过于空洞、抽象、繁琐、深奥，那样学生会产生厌烦、抵触情绪。学生预习课文前可先朗读学习目标，从整体上了解要掌握的内容，把握好学习的方向，这是高效的前提。教学过程中要时时紧扣三维目标来展开，基础知识目标可通过预习来解决，然后在合作交流探究反思中提升能力，培养情感、态度、价值观。课堂教学结束前，师生可一起回顾三维目标，检验目标是否一一落实。

（三）观学生，看差异

课堂教学方式多种多样，许多方式看起来也非常好，但在实际运用中不一定那么有效。最突出的例子就是课堂教学比武中，同样的教学方式，有的教师在自己班上取得了很好的教学效果，但在他班或他校进行课堂教学时却大不如人意。原因何在？没了解学生的实际，没考虑到学生的实际差异。

由于每个学生的先天素质、生长环境、主观努力的不同，每个学生的学习和表现都存在明显的差异。这就要求教师的教育教学不能一概而论，而应牢固树立“面向全体，关注差异”的意识，从学生的实际出发，了解和关注每一个学生，了解学生心理上的不同需要，关注学生的个体差异，进而采取不同的方法，满足不同学生的学习需要，让每一个学生在身心上和学习上都能得到充分的发展。“一切为了学生的发展，为了一切学生的发展”的新教育理念也要求教师关注的不是自己喜欢的或表现优秀的学生，而是全体学生。可以说，如果一个班级或一个学校培养出来的学生成绩和表现悬殊，哪怕它培养了再优秀的人才，从整体上来说，它也是失败的，因为同时也造就了许多不合格品。只有注重了差异，关注了全体的课堂才是高效的课堂。

只有适合学生的教学方式，才是最好的方式，也是最有效的方式。

(四)研问题，求价值

带着问题研究走进学生，是当前课堂教学能否实现高效的关键。学起于思，思起于疑，疑解于问。课堂上，精彩的提问是诱发学生思维的发动机。教师通过提问来开启学生思维的大门，激发师生情感的交流，提高课堂教学效率。但在实际教学中，不少教师的提问不注重艺术性，或过于简单，流于形式；或问题过难，超出学生知识范围；或过于频繁，“满堂灌”变成了“满堂问”等。这些都抑制了学生的思维热情，结果很难收到实效。所以，光有问题还不行，还要注重问题的价值和有效性。

1. 问题要从学情出发，切合学生实际

许多教师在备课时往往盲目照搬教参上或网络上等其他来源的思路设计，其中有许多是看起来非常好的问题设计。可一旦实施于自己的课堂教学时却不大理想，甚至难以进行下去。原因何在？没考虑学情，忽略了学生的实际。我以前就经历过这么一个例子。我曾经听了一节市级公开课，教师的问题设计非常好，学生参与积极，师生互动活跃。回校后，我采用此教学设计在本班上了一节课。当一些问题抛出时，学生显得很茫然，给人感觉这堂课上不动。原来，我忽略了我的学生的实际。他们的学习基础、学习能力都相对较差，一些问题对于他们显得过难。只有适合的，才是合适的。过于简单的问题多了，学生会不屑回答，过难的问题多了，学生只会畏惧、抵触，只有适合学生实际的提问，才能真正激起学生思维的浪花。

2. 问题力求趣味性、探究性，能引发学生思维

正处于青春发展期的学生，他们理性思维的发展还很有限，感性认识比较强。所以，教师的课堂提问必须符合他们的身心发展特点，避免抽象、枯燥的提问，力求生动形象、巧妙、趣味性强，能够激活学生的思维，启发学生去探索、去发现，从而在乐学中获得知识。如在讲鸦片的危害时，一位教师这么设计问题："在一部影片中，我们看到许多清朝的士兵都身背两杆枪，一杆枪身生锈是作战用的枪，一杆枪身擦得油光发亮是吸鸦片的枪。对此，你有何感想?"此问题一出，立刻引起了学生的好奇心，探究问题的兴趣大增。此问题设计如果配以图片演示，效果会更好。

3. 问题要精当，忌过多过繁

教师在设计问题时要力求精，言简意赅。怎样做到这一点呢？首先要紧扣重难点来提问。重难点是所学关键内容，紧扣了主题，这类问题有相当的思考价值，能够收到"牵一发而动全身"之功效，也是解决其他问题的关键。其次要围绕疑点、争议点来提问。疑点、争议点是学生思维的症结所在，通过提问来引导学生解决疑惑和争议，如同剔除了阻挡问题解决的障碍，学生的思维就会行云流水般畅快，其他的一些问题也会迎刃而解。另外，问题要有利于师生共同探讨。新课改提倡合作、探究，教师设计的问题也要善于培养学生的合作意识、探究能力，让学生在解决问题中合作意识得到培养，探究能力得到提高。最后，提问要做到适时适度。许多教师认为，课堂上只要有问题，学生就会跟着转，往往会设计大量的问题，结果又走向了一个误区：变"满堂灌"为"满堂问"。问题设计不是越多越好，过多过繁的问题如同画蛇添足，只会让学生感到厌烦。一堂课下来，教师也累，学生也累，进度也耽误了。

4. 问题要善于由浅入深，注重对学生的引导

教师设计的问题不可一下子过于陡然，应遵循学生的认知规律，循循善诱，由浅入深，让问题在水到渠成中解决。

(五)稳节奏，重生成

在高效课堂的探索中，有的教师为了追求所谓的"高效"，加快课堂节奏，加大课堂容量，提高课堂强度，但课堂效果却不大理想。高效课堂不一定是快节奏、大容量、高强度的课堂，只有适合学生的，能最大限度促进学生发展的课堂才是高效的。在课堂教学中，教师要把握好课堂节奏，稳步推进，不急于求成，不拖泥带水，穿插、指导、点拨、追问、归纳、点评等得心应手，游刃有余，时时体现教师的基本功，处处彰显教师的课堂魅力，课堂在"收""放"自如中走向生成。

生成，相对于预成、既定而言。《辞海》中的解释是"自然形成"。它反对教师对学生的一味“塑造”，强调教学的过程性，突出教学个性化构建的成分。课堂教学是一个生成的过程。课堂是活生生的课堂，课堂的主人翁——学生与教师都是活生生的生命个体。课堂无法像电脑般按程序完成所有步骤，课堂中随时会生成计划外的东西。著名教育学家叶澜曾经说过：“课堂应是向未知方向挺进的旅程，随时都有可能发现意外的通道和美丽的图景，而不是一切都必须遵循固定线路而没有激情的行程。”在课堂教学中，教师要善于理解学生的异见，鼓励学生的创见，宽容学生的误见，捕捉学生凸现的亮点。学生不仅是课堂的“主体”，也是教学“资源”的构成者和生成者。课堂在互动中不断生成，在生成中激情飞扬。

(六)建小组，导互助

小组合作学习是高效课堂倡导的学习方式之一。如何真正让学生参与到小组合作探究中来，使合作学习具有实效，这是大家十分关注的问题。高效课堂的高效，关键在于学习小组的高效。建设好了一个小组，也就把握住了高效课堂的灵魂。高效课堂的合作学习是以小组为基本单位进行的，构建合作学习小组是进行合作学习的前提。在构成上，要求小组成员的性别、学业成绩、学科成绩、智力水平、个性特征、家庭背景等方面有着合理的差异，使每个小组成为全班的缩影。其中，选好一名得力的小组长尤为重要。小组长要有较强的组织协调能力、较高的责任感、较好的服务意识和较强的管理能力，能引领小组不断前进。小组成员间要做好分工，各司其职、各负其责，力求人人有事干、事事有人干。为了督促小组的进步，小组评价是激励机制之一。教师的课堂评价应突出小组评价，让每一个成员因小组的进步而感到荣耀，而不是单打独斗，各自为战。合作学习应本着“不求人人成功，但求人人进步”的理念，学生只要是跟自己过去比，能力有所提高，就应该给予肯定和表扬。

在合作学习中，教师的角色应是学生学习的组织者、参与者和指导者。当学生进行合作学习时，教师并不是清闲了，而是担负起更大的管理和调控职责。教师要对各小组的合作学习进行现场的观察和介入，为他们提供及时有效的指导。当个别学生不认真参与交流，做与合作学习无关的事情，或个别小组不认真时，教师要及时加以引导，提出明确的要求；当小组讨论偏离主题或讨论受阻时，教师应及时为小组讨论提出点拨。教师在巡视中，对学生中出现的思维火花要及时予以肯定和表扬，对出现的问题进行及时地纠正、点拨、引导，使学生的思维沿着主流方向发展，向学习目标靠近。

(七)常赏识，勤评价

教师的幽默、激情、赏识、评价等都是激发学生参与的武器，是高效课堂的法宝。万物生长需要阳光和水分，同样，学生的成长也离不开教师的赏识和激励。在课堂教学中，教师要善于发现学生突现的"闪光点"，要善于寻找学生身上的"亮点"并及时予以赏识。高效课堂要求教师注重赏识教育，每位教师都要学会赏识学生，每位教师都要能熟练地说出几句常见的赏识性语句，如：你的声音非常洪亮、你的板书非常工整、你的分析很到位、你的质疑挺有价值、你的回答很有见解、你比以前进步多了、我感觉你很像个小老师、不错、很好等。课堂上，不要忌讳学生犯错误，应把学生犯的错误当作一种好的资源来利用。即使是批评学生，也要善于在踏雪无痕中进行。

教师要善于对学生在各个学习环节中的表现予以恰当的评价，通过恰如其分的评价来调动学生、指导学生。课堂教学中，教师要重视并利用好评价武器，它能起很大的激励作用。据我自身的感受而言，凡评价利用得好的教师，学生的课堂参与度都较高，课堂也更有活力。需要特别强调的是，课堂评价要自然、熟练，要用到实处，不要为了评价而评价，不要频繁、刻意去评价，评价的语句要恰如其分、点到为止。评价也不能过于随意，评价一定要把握好尺度，注重公平性，让学生信服，这样才能真正收到实效。

(八)察效果，重反馈

高效课堂不仅要求"学生动起来，课堂活起来"，最重要的是"效果好起来"。要想知道课堂的效果如何，做好课堂观察很有必要。它要求观察者带着明确的目的，直接或间接地从课堂上收集第一手资料，并依据资料作相应的分析、研究，以改进学生的"学"和教师的"教"。如观察教师教学环节的设计、教学手段的运用、组织课堂、调控课堂的能力，学生课堂的参与性、参与度，还有课堂的有效生成、课堂智慧的闪现、课堂创生的体现等。

课堂是否有实效，课堂检测很重要。课堂检测应注重对"弱势学生"的检测，可分层级来设题检测，做到既面向了全体，又关注了差异。课堂检测的题目要

"精"，在突出基础的同时紧扣教学重点；课堂检测的题型可丰富多样，判断、选择、小问答皆可，依具体内容而定；课堂检测的量要适中，以3~5分钟为宜。

课堂反馈包括学生反馈和教师自身的反馈。反馈的目的在于更新课堂观念，改进教学手段，促使课堂效益和效率最大化，让学生获得最充分的发展。反馈应是多方面的，如对学生预习情况的反馈，学生课堂倾听情况的反馈，学生合作探究情况的反馈，知识落实情况的反馈，一些须改进的问题反馈等等。对于反馈的情况，教师一定要及时地分析研究，查原因、用措施，好的形成经验加以宣传，不好的即刻改进。反馈得越多，改进就越多，获取的经验也越多，课堂才能逐步趋于高效。

四、激起创生的教学智慧

创生即创造产生，生而成长。也就是指在课堂教学中创造一种存在形式，并赋予它意义。如果没有意义，创生便不成立。"创生"课堂，即"创新、发展"之课堂，是充满教学智慧的课堂。那么，课堂上教师如何才能创生呢？

（一）提升课堂驾驭能力

1. 良好的思维能力

即思维的准确性——表现在课堂教学上是知识表述科学、准确，教学过程思维科学、精细；思维的条理性——在课堂上教学思路清晰、有条理；思维的概括性——在课堂教学上对教材内容处理恰当，即反映全貌、突出重点；思维的发散性——在教学中能多方向、多层次、多侧面地思索问题、开展教学，思路开阔，能提出多种假设、多种解决问题的方式；思维的变通性——能变通思路，产生超常的教学设想，提出教学的新思路、新办法、新举措；思维的独创性——能产生新颖的、别人未能想到的好的教学思路、教学方法、教学措施。

2. 娴熟的表达能力

即较强的口头语言表达能力——指教师口头表达科学准确、简洁易懂，逻辑严密、生动，能吸引学生；较强的文字表达及板书能力——文字功底好，能写一手好字，板书结构好，既能反映教学全貌，又能突出重点；较强的身体语言的表达能力——能充分恰当运用身体的位置、姿势、动作与表情来表达自己的思想感情和教学内容；善于运用传统教学媒体与现代信息技术媒体的能力——指善于运用实验设备、录音机、电视机、幻灯机、投影仪、多媒体技术、网络技术等进行教学。

3. 出色的组织管理能力

包括善于与学生交往的能力，善于发动学生积极参与学习活动，激发学生学习动机的能力，善于营造课堂教学环境的能力，善于组织形式多样的教学活动的能力，善于管理课堂教学中学生学习行为与纪律的能力，善于反馈、调控课堂教学的能力，善于评价课堂教学，激励学生学习的能力，善于处理偶发事件的应变能力，较强的人格、情绪的感染力等。

4. 高超的教育影响力

教师必须注意自己品格、能力、知识、情感四个因素的影响力。高贵品质的师表能使学生产生敬爱感、诱使其模仿，人们通常称之为“导之以行”；能力因素能诱使学生产生敬佩感，起着心理磁力作用，吸引学生加倍学习；知识因素具有科学性、权威性，可使学生产生信赖感，没有较高层次的学识和不具有渊博知识的教师是很难做到这一点的；情感因素对个人起催化作用，师生建立良好的情感关系，便能产生亲切感，相互吸引。

(二)营造积极氛围，激发向学情感

要挖掘出教材中的情感因素，要调动学生的学习能动性，要营造良好的情感氛围，充分调动学生学习的积极性。

(三)调控教学目标达成路径

这是指教师为了保证教学成功，达到预期的教学目标，而在教学的全过程中，将教学活动本身作为意识的对象，不断地对其进行积极、主动的计划、检查、评价、反馈、控制和调节等活动。

(四)运用课堂教学评价策略，增强激励性评价的生命力

要以先进的教育思想为指导评价课堂教学，能科学地对课堂教学目标、内容、结构、方法、效果、特色等方面进行评价。评价要体现教学目标的三维性，关注学生的全面发展。一是强化课堂评价；二是课堂评价和课外评价相结合；三是把单一的个人评价转变为小组评价；四是把行为评价和学习效果相结合。同时，在课堂进程中，要多给予学生激励性评价，为创生教学提

供生成的可能。

五、培育自主的学习能力

教学的真正要义在于教会学生自己学习。因此，课堂上培养学生自主学习能力至关重要。那么，课堂上怎样培养学生自主的学习能力呢?

(一)从培养学生学习兴趣入手

学生学习成绩的好坏与他们的学习兴趣有很大关系。一个人对一件事有了兴趣才会乐意去做，因为兴趣可以产生动力。

1. 多种方法激发学生学习兴趣

伟人事迹激发学习兴趣、理想激发学习兴趣、改进教育教学方法激发学习兴趣、创设应用机会唤起学习兴趣、创设问题情境引发学习兴趣、鼓励质疑问题激发学习兴趣。

2. 品尝成功喜悦，稳定学习兴趣

课堂上引领学生享受成功的学习体验，从而稳定学生的学科学习兴趣。

3. 开展课程文化活动，发展学习兴趣

课堂上不能一味地引导学生如何去学知识，而要着眼于学科课程的文化体验，积极开展相应的活动，以发展学生的学习兴趣。

(二)着力养成良好的学习习惯

在平时的课堂教学中，应特别注重良好学习习惯的培养。

1. 预习习惯

无论哪一门学科，都要求学生在学习新课之前养成先认真预习的习惯，并要做到:(1)有认真看书的习惯。不是完成任务式地将教师布置的内容浏览一下，应付一下预习题，而是“用心”地读书，特别是语文、英语更要大声朗读。(2)有圈点勾画的习惯。古语云:“不动笔墨不读书。”预习时，既要圈出自己认为重要的地方，也要画出疑难之处。(3)有设问好问的习惯。预习时要仔细思索，脑海里不断出现问号，又不断自己去消灭问号。也就是说，要多问自己几个“为什么”。碰到自己不能解决的疑难，可先与同学讨论，也可请教教师，决不轻易放过一个问号。这样积极地思索，预习时充满了解决矛盾的乐趣。

2. 听思兼行习惯

课堂是学生获取知识的主阵地，课堂学生的状态直接影响学习效果。(1)有入神听讲的习惯。在认真预习的基础上，“带着问题听课”，自然能够提高课堂效率。(2)有认真观察的习惯。学会完全独立观察，使学生逐步掌握通过观察比较，做出判断，发现规律的观察方法。在观察中发展智力，逐步养成细心观察的习惯。(3)有认真思考的习惯。课堂上，要引导学生勤动脑子想问题。(4)有积极展演的习惯。学生的思维紧跟教师的讲解，积极开动脑筋、踊跃举手发言，既能活跃课堂气氛，又能调动学生的积极性、主动性。要让学生习惯于“说想法”。所谓说想法，就是说思路，说思维的过程。要给每个学生说自己想法的机会，可以个人独自小声说，同位之间练习说，四人小组互相说等。(5)有认真笔记的习惯。“好记性不如烂笔头”，虽然课堂上大家都能听得懂，但重要的内容、关键的地方一定要有做笔记的习惯。只要注意训练，学生就能主动明白哪些该记，哪些不该记。作好课堂笔记更有利于今后的复习巩固。

3. 复习习惯

(1)有及时复习的习惯。课后应及时复习，这是知识的消化、吸收过程。有些学生仅满足于课堂上能听懂，而不注意及时复习，一学一丢，所获甚微。(2)有“追根溯源”的习惯。要注意不是去死记结果，而是弄清楚怎么会得到这个结果的。“不但要知其然，更要知其所以然。”比如，数学、物理的题目是根据什么原理或公式解的。对于语文、英语中需背诵、默写的部分，也该在理解层次、掌握规律的基础上去记忆、背诵。(3)要指导学生养成边看课本边整理所学知识的习惯。每学完一个单元，教师可不留作业，由学生自己复习课本，整理已学知识，归类、编号，练习写简短的复习提纲或笔记。每隔一段时间，选择优秀笔记组织传阅，进行评议，以调动“自己学”的积极性。

4. 作业习惯

(1)有先复习后作业的习惯。在及时复习的基础上，进行作业(强调独立完成作业，杜绝抄袭现象)，这又是一个巩固的过程，同时，能检测学生掌握知识的程度，及时发现、解决问题。(2)养成审题的习惯。审题是正确解题的关键。学生在解题中出现的许多错误，往往并非缺少必要的知识，而是缺乏必要的审题习惯和审题技能。要提高作业正确率，必须下功夫培养学生认真审题、看清题目要求再解题的习惯。(3)有良好的书写习惯。书写习惯包括姿势(坐的姿势和握笔姿势)、书写工整、卷面整洁、书写速度。良好的书写习惯既可养成学生认真做作业的习惯，又能使他们练出一手漂亮的字。(4)有独立做作业的习惯。这要求学生认真审题，明确题意要求，独立完成作业，未经思考过的作业不轻易去问别人，按时完成作业，做到不缺、不拖，今日作业今日完成。(5)有自我纠错的习惯。能对自己的学习作出评价，是一种高水平的学习。在教学中，要培养学生判断正误、自我检验、自我评价的习惯和能力。认真查看教师批改的作业，若是作业有错误，应及时订正。指导学生对自己作业中的错题进行分析并归纳错因，这是培养学生自我检验和自我评价能力、提高作业正确率的有效方式。

5. 好问习惯

孔子说："学而不思则罔，思而不学则殆。"不学不问，难有学问。比如，在学语文时，不仅要眼到、耳到，还要心到、口到，积极开动脑筋思考。经常勤思好问，积极发言，不但可以使自己的思维变得活跃，而且可以提高自己的口头表达能力。

（三）逐步提升学生的学习品质

所谓学习品质，是指学生学习的态度、情感、意志、思维、记忆、注意力、学习程序等心理和行为素质。

1. 动机培养与激发的对策

(1)明确学习的目的和意义，激发学生的求知需要。学生学习目的明确，学习态度端正，是对提高学习积极性长时间起作用的因素。促使学生看到学习的实际价值，诱发其学习动机，从而把学习当成自身的需要，变"要我学"为"我要学"、"我爱学"。(2)培养独立进取的个性及设定中等难度的学习目标。学习动机与独立进取的个性是密不可分的，个性是独立进取还是被动退缩，与动机水平关系密切。上进心强、抱负水平高，将持续地推动学习活动高效率地进行，而良好的学习效果又给学习动机带来自我强化的作用。反之，缺乏上进心且抱负水平低，只能使学习处于被动状态，甚至恶性循环。中等难度的学习目标，经过努力可以实现，使自己从中体验到成功感，从而促进学习兴趣的产生，激发学习动机。(3)要注意教学内容的新颖性和丰富性，采用多样化的教学方式。有些学校教学条件有限，在一定程度上限制了教学方式的多样性，对于学生知识面的拓宽是个较大的障碍。尽管如此，教师应该努力从身边有限的资源入手(如现代教育手段)，尽量让课堂远离单一与乏味。

2. 积极的学习态度

所谓积极的学习态度，就是既要相信自己，也要相信他人，相信自己一定能够从他人那里学到有用的知识和技能，使自己获得进步。

3. 浓厚的兴趣

兴趣的形成，根本在于是否主动地探索。例如，陈景润证明“1＋1”，这在常人看来实在是“枯燥乏味”之极，但他本人却乐此不疲。什么原因呢？关键就在于这是出于自觉自愿主动进行的探索研究。如果不是主动地探索，而是被动地接受，就会索然寡味了。

4. 坚强的意志

在学习过程中，常常有一些内容，对它暂时没有学习兴趣，或有一些难题久久不得其解，还有些内容一开始兴趣很大，但学着学着兴趣就减弱了。凡此种种，都需要坚强的意志来支持。如果单凭兴趣去学，就很可能半途而废，前功尽弃。此外，在学习过程中，还经常受到来自外界的种种干扰，也需要以坚强的意志予以排除。坚强的意志并非与生俱来，主要是后天培养和锻炼形成的。

5. 科学的学习方法

(1)学习要注意计划性。一项好的学习计划应包括以下几方面内容：自己应达到的目标；分析自己目前存在的问题；制定详尽的学习任务表。相信按学习计划坚持不懈地学习下去，会取得良好的学习效果的。(2)多练习，多反思。反思就是把做过的题归纳整理，总结某种类型题目的规律性，以后遇到这种类型的题目就能迅速应答，保证正确率。另外一点，哪类问题总是觉得含糊不清，就有必要把这类问题对应的课本内容认真复习一下。这样就能较好地了解自己的知识结构存在哪些漏洞，尽快地查漏补缺，不遗留学习问题。(3)注意积累，持之以恒。积累在学习之中是一个非常重要的过程。只有学会积累，才能更好地滋养自己的知识大树，使其枝叶茂盛。

"学无定法"，每个人在学习过程中要善于找出适合自己的学习方法，找出一些行之有效的学习规律，多探索、多实践。在此基础上，再虚心向他人请教，了解一些优良的学习习惯，把它们切实应用到自己的学习中去。这样坚持下去，自主的学习能力就会得以形成或增强。

第二节　有效呈现——高效课堂形式

教师在弄清楚构建高效课堂的基本内容后，研究在课堂教学中如何有效呈现教学内容就显得十分重要了。在通常情况下，内容的精当决定形式的存在，但形式的有效对于内容的落实往往会起到事半功倍的作用。这从全国各地高效课堂建设的成功范例中可见一斑。

一、近年来全国各地课改"高效"模式类聚简介[3]

(一)自主课堂构建

1. 山东杜郎口中学"10+35"模式

让学生"说"，每节课教师讲授不得超过10分钟，学生活动不得少于35分钟，每节课上每个学生至少有一次"说"的机会。让学生"会说"、"敢说"，课堂评价保证学生"说"。教师在课堂上是主持人、组织者、指导者，教师的作用在于导，适时适度进行指导。课堂评价多元化：课堂评价有激励的，也有批评的；有语言，也有掌声；有教师的评价，更多的是学生间的互相评价。教学过程分为"三步六段"，即预习、展示、反馈三个步骤；预习交流(2～3分钟)、明确目标(1分钟)、分组合作(6～8分钟)、展示提升(20分钟)、穿插巩固(3分钟)、达标检测(5分钟)等六个教学环节。反馈的主要任务：对前面的内容进行反思和总结，对预设的学习目标进行回归性的检测，突出让"弱势群体"说、谈、演、写。教师对出错较多的共性问题进行点评、强调，根据学生的实际情况进一步训练和强化。

2. 山东昌乐二中"271"模式

即课堂45分钟分别按照2∶7∶1的比例，划分为"10+30+5"，要求教师

3　李炳亭. 高效课堂九大"教学范式"[M]. 济南：山东文艺出版社，2010.

的讲课时间不大于20%，学生自主学习占到70%，剩余的10%用于每堂课的成果测评。具体教学步骤为：预习自学，探究问题；完成学案，训练应用；分组合作，讨论解疑；展示点评，总结升华；清理过关，当堂检测。该模式呈现的特点是"课前"准备紧锣密鼓、"课上"互动热火朝天、"课后"复习温故知新。

3. 江苏灌南新知学校"自学·交流"学习模式

自学和交流是课堂构成中两个基本的板块。自学由学生独立进行，面对学案、文本、课堂，面对学习资源、现实生活，从中接收信息，把自我的"心"的世界融入学习对象的"物"的世界。交流，在自学之后同学之间进行。动态小组内水平相当的学生交流，静态小组内水平不相当的学生交流。交流可以是口头的，也可以是书面的，每个学生都适时、充分地担当表达者和观众。交流的一方是表达出在自学阶段形成的思维的成果以及思维的过程，呈现给学生(也呈现给曾经的学习者——教师)，交流双方则构成相互之间的横向碰撞、求证、纠错或补充，质疑、丰富或拓展，欣赏、激发或鼓励……构成课堂学习的共同体、课堂生活的"狂欢"。

4. 江西武宁宁达中学"自主式开放型课堂"模式

"自主"是指学生在教师的引导下，自主学习，深入探究、合作交流、动手实践去发现新知识、掌握新概念、解决新问题，从而获取经验、发展能力。学生成为课堂的主体、学习的主人。

"开放"既指教学理念开放，也指教学内容、教学过程开放，其核心是学生思维空间的开放。学生在课堂上唱主角，思维活跃，勤思善问、能议敢评。"自主式开放型课堂"包含三个模块：自主学习(15分钟)；发展交流(25分钟)；反馈测评(5分钟)。

5. 河南郑州第102中学"网络环境下的自主课堂"模式

其核心理念是"道德与自主"，即尊重学生、相信学生、依靠学生，把学习的权利还给学生，让课堂充满鲜活的生命力，让学生自主学习，自我管理，做学习的主人。课堂教学模式由"预习、展示、调节、达标"四个环节组成。

(二)系统教学模型

1. 山东兖州一中"循环大课堂"模式

把课堂分为两截：35分钟展示+10分钟预习。教师组织学生35分钟进行充分展示，后10分钟教师围绕导学案领着学生做下节课的预习。每节课的起点在上一节课的后10分钟，一直延伸到下一节课前35分钟对接，这样就形成一个“环状大课堂链”。即课前＋课中＋课后＝循环大课堂。课上45分钟又分为教师导学、学生预习合作、展示交流三步，三步由六段组成，即“重申目标”、“学情调查”、“问题汇编”、“精讲点拨”、“课堂检测”、“小节作业”。“循环大课堂”的特点：问题前置，学习前置。

2. 河北围场天卉中学“大单元教学”模式

主要特点是大整合、大迁移、大贯通。也就是按学科内容进行“单元”归类，打破学科之间“不相往来”的限制，把相关联的知识上挂下联，以“大学科”予以围拢归整。然后，跨越学科、学期、学年的界限，实现迁移、对接，形成知识链条的完整性，形成从点到面的迁移。最终，把三年的教学计划和规划当成一首完整的曲子来弹奏。大单元教学具体表现形式是“三型、六步、一论坛”——“三型”指“预习展示课”、“提升展示课”、“巩固展示课”三种课型；“六步”指明确目标、自主学习、小组讨论、展示拓展、穿插巩固、当堂检测；“一论坛”指在“三课”结束后，以论坛的形式，以单元为总目标，采取滚动循环的手段，由教师“精讲点拨”，对单元授课中挖掘不到的问题、提升不到的层次，进行有效的“二次作业”。

3. 辽宁沈阳立人学校“整体教学系统”模式

以学生自主学习为根本，以学生对知识体系的构建为核心，以学生的自我价值展示为动力，以教师的启发、引领、点拨为激活方式，以激励评价为手段，以整合教材形成知识导图为突破口，从呈现知识导图出发，到编制学习导图结束，实现“整体大循环”教学，构建“整体教学系统”。“整体教学”是“三加工”、“三导”循环式的教学过程。一是教师加工知识导图，编制导学案，以图导学。二是教师加工导学案，实施教学、以案导学。三是学生加工学案，理解、应用、归纳总结，形成学习导图，以学导图。

4. 安徽铜陵铜都双语学校“五环大课堂”模式

其核心内容概括起来就是“三模五环六度”。“三模”即定向导学、互动展示、当堂反馈；“五环”即自研自探、合作探究、展示提升、质疑评价、总结归纳；“六度”即教师导学设计及课堂操作过程中要重视学习目标的准确度、自学指导的明晰度、合作学习的有效度、展示提升的精彩度、拓展学习的合适度、当堂反馈的有效度。操作中，落实“教为主导、学为主体、练为主线”；倡导“自主学习、自主探究、自主交流”；鼓励“动脑、动手、动口”；实现“学会、会学、会用”；发展“认知、情感、技能”。

5. 河南西峡县“三疑三探”模式

第一步，设疑自探。课堂的开始阶段，根据教学实际创设问题情景，激发学生强烈的求知欲望。然后，围绕学习目标，引导学生提出问题，共同归纳梳理问题，从而形成需要解决的“主干”问题(即自学提纲)，让学生通过阅读教材或其他方式独立自学探究问题，并尝试解答问题。第二步，解疑合探。通过师生或生生互动的方式检查“自探”情况，对于自探难以解决的问题合作解决。第三步，质疑再探。在完成本节主要学习任务的基础上，鼓励学生质疑问难，标新立异，甚至异想天开，勇于向课本、教师及其他权威挑战，针对本节知识再提出新的更高层次的疑难问题，再进行深入探究解答，从而达到查漏补缺、深化知识、发散思维、求异创新的目的。

6. 江苏洋思中学“先学后教，当堂训练”模式

“先学”，即教师简明扼要地出示学习目标；提出自学要求，进行学前指导；提出思考题，规定自学内容；确定自学时间；完成自测题目。“后教”，即在自学的基础上，教师与学生、学生与学生之间互动式的学习。教师对学生解决不了的疑难问题，进行通俗有效的解释。“当堂训练”是在“先学后教”之后，让学生通过一定时间和一定量的训练，应用所学过的知识解决实际问题，加深理解学习的重、难点。课堂的主要活动形式：学生自学——学生独立思考——学生之间讨论——学生交流经验。

7. 江苏东庐中学“讲学稿”模式

又名“学案导学法”。“讲学稿”教学模式是把教师的教案和学生的学案合二为一，上课时师生共用。“讲学稿”的基本环节为：学习目标；教学重难点；学前准备；自主学习、合作探索；学习体会。“讲学稿”设计的常规要求是：明确学习目的；帮助学生梳理知识体系；提供适当的学习方法和学习策略的指导；提供检测学习效果的适当材料；注意“教学合一”和学生有效学习。

8. 河南安阳殷都区“双向五环”模式

“双向”是指课堂遵循教学过程的递进和学生认知发展的规律，是由教师和学生双边，通过教与学的互动，既发展学生的主体性，又开发学生的多元智能，进而达到教学相长、双赢共好的最优化的育人效果。“五环”指“学生预习·教师导学——学生合作·教师参与——学生展示·教师激励——学生探究·教师引领——学生达标·教师测评”五个教学环节。

（三）个性化教学法

1. 北京志鸿教育研究院提出的“1333”模式

“1333”是指一份学案三种课型三步骤三环节。“一份学案”是指教师、学生每堂课共用一份学案；“三课型”是指每个学科结合各自学科的具体特点，设计出新授课、复习课、检测课三个基本课型；“三步骤”是指每一堂课包括课前预习、课中探究、课后延伸三个阶段；“三环节”是指课内探究过程要体现“合作探究、精讲点拨、有效训练”三个环节。

2. 邱学华“先练后讲，先试后导”尝试教学模式

在尝试过程中，指导学生自学，引导学生讨论，在学生尝试练习基础上，教师再进行有针对性的讲解。其程序有七步：准备练习；出示尝试题；自学课本；尝试练习；学生讨论；教师讲解；第二次尝试练习。

3. 上海后“茶馆式”教学法

后“茶馆式”教学法，是上海市静安区教院附中张人利校长提出的，是在上海市育才中学原校长段力佩提出的“读读、议议、练练、讲讲”的基础上增加一个“做”，变成“读读、议议、练练、讲讲、做做”。把“议”作为后“茶馆式”教学的核心。“议”的本质是经验与文本的对话。他把“读”、“讲”、“练”、“做”作为“议”的支撑。

4. 青州市朱雪芹“345”模式

“3”就是把课堂分为课前、课内、课后三步；“4”就是课内自主学习、合作探究、精讲点拨、有效训练四个基本环节；“5”就是新知探索课、习题训练课、检测点评课、知识梳理课、实验探究课等五个不同课型，采取灵活多样、切实可行的教学方法。其课堂流程是：组织预习→创设情景→合作探究→精讲点拨→训练检测→多种方法评价→提升目标，引导继续探究。

5. 魏书生的“六步教学法”

第一步，定向。确定教学内容的重点、难点，并告诉学生，使之心中有数，方向明确。第二步，自学。学生根据学习的重点和难点自学教材，独立思考，自己作答案。第三步，讨论。学生前后左右每四人为一组，共同讨论和研究在自学中没有解决的问题，寻求答案。第四步，答疑。立足于学生自己解答疑难问题。第五步，自测。学生根据定向指出的重点和难点，以及学习后的自我理解，自拟一组约需十分钟完成的自测题，由全班学生回答，自己评分，自己检查学习效果。第六步，自结。每个学生总结自己学习的主要收获。教师在成绩优秀、中等、较差的学生中，选择有代表性的学生，讲述自己的学习过程和收获，使所获得的知识信息得到及时强化。

6. 卢仲衡“自学辅导教学”

第一，启发，就是提示当天学习的重点和难点；第二，阅读课本，就是学习自己读课本；第三，练习，既然读懂了课本，就可以做相关的练习题；第四，当时知道结果，这一步很重要，做了练习之后，让学生当场核对或订正答案；第五，小结，教师下课之前总结当天学习的内容。

7. 黎世法“异步教学”

第一步，自学，就是自己读课本；第二步，启发，就是教师针对学生提出的问题给予适当的点拨；第三步，复习，回头梳理一下自己已经学了哪些内容，检查有没有遗漏的地方；第四步，作业，其实也就是练习；第五步，改错，这一步相当于卢仲衡老师倡导的“当时知道结果”，学生做了练习之后，同学之间相互改错；第六步，小结。

(四)生本特色课堂

1. 武汉二桥中学阳光课堂“124”教学模式

它是以“教学案”为载体、以生本教育为理念、以合作学习为形式的一种集大成的课堂教学模式。“124”即“一个中心、两个关键、四个环节”。“一个中心”是以学生积极参与学习过程为中心。它体现的是生本课堂的核心理念，把课堂还给学生，让学生在课堂中快乐地学习、主动地学习，自由地成长。“两个关键”是指，教师主导课堂成功完成教学任务是一个关键，极大地激发和提升学生思维是另一个关键。“四个环节”是指课堂前置、小组交流、分享表达和拓展提升。

2. 湖北荆州北门中学“生本·自主”高效课堂模式

主要内涵包括：一种理念；两个变革；三个核心；四案并举；课堂四要素；四种形态；五项原则。一种理念：指“生本·自主”的高效课堂教学理念。这种理念充分体现以生为本，课堂教学乃至学校的所有教育行为都以关注学生生命状态、促进学生身心健康发展为出发点和归宿。“自主”体现在学习目标、内容、方法、时间、环境、策略等方面自主确定、自主选择、自主调整……总之，培养学生终生学习、自主学习的习惯和能力。两个变革：指教学方式变革与学习方式变革。教学方式的变革，主要体现在教学思维方式的变革。学习方式的变革主要体现在“自主、合作、探究”新课改理念的落地。三个核心：指学生学习的三个核心环节，即自主学习、师生对话、反馈检测，这三个核心与课堂的学习组织形式“独学、对学、群学”是相对应的。四案并举：针对四种课型，即新授课、训练课、复习课、试卷评讲课，实行“四案导学并举”——新授内容的“预习案”、基础达标的“训练案”、阶段总结的“复习案”、问题落实的“纠错案”，四案总称“导学案”。四个课堂要素：把构成课堂的要素确定为教、学、师、生。高效课堂下的“教与学”是绝对的相容关系，目标是真正追求“因材施教”；“师与生”是真正的平等关系，目的是真正实现“教学相长”。五项原则：指主体性原则、目标性原则、探究性原则、情境性原则、习得性原则。这既是导学案编写的原则，也是“生本·自主”课堂的基本准则。

3. 湖北远安一中“四环节生本课堂”教学模式

一是自学环节。自学质量的高低决定着展示和质疑水平的高低，是课堂能否高效的重要环节。在坚持“先读后填、本案分离、巡查学情、效率优先”四个原则下，规范预习课自学流程。二是问题环节。问题环节是指教师在检查学生完成导学案的基础上，梳理学情，提炼问题，生成问题。三是互学环节。“互学”环节包含新课热身、学生展示、质疑问难、教师点评、教师点拨等内容。四是检测环节。“检测”环节就是要求教师依据学生最近发展区，选择题目，采用混合任务学习法，多角度地将问题呈现给学生。让学生以不同的方式和策略运用知识解决问题，实现课堂的及时检测、反馈，让学生感受到不断进步和成功的喜悦。

二、高效课堂有效呈现的基本方式

(一)预习

明确学习目标、生成本课题的重难点并初步达成目标。

1. 做好预习指导

预习指导是高效课堂的首要任务。在布置学生预习时，要凸显教师的作用，不能简单地放任学生看看书、标标段、划划重点之类，而是要在六个方面指导到位，即个别信息的补充、对学生更多思路的启发、对学生学习方法的指导、疑难问题的预设、教学亮点的设计、基础部分的达标检测。

2. 落实预习要求

在做好预习指导工作后，很关键的问题是学生的预习要求是否能真正落实到位。因此，制定一个落实预习要求的执行方案就显得很有必要。预习课通常要把握好四个步骤：出示目标，明确方法；小组合作交流，自主交流；疑难反馈；成果总结。

例如：有一位语文老师在教学《背影》时，是这样来进行预习指导的：[4]

一、展示思路设计

1. 导入	可由学生以“父爱”现代诗引入，教师同时为学生配乐，营造氛围	情景开篇
2. 总括	通过学生初读文章，概括谈出这篇文章写了什么事，读后总体感觉如何，有什么收获	初步感知
3. 入题	了解作者相关信息，学会从题目入手探究文本，并提出小组交流后仍然没有解决的问题	学情调查
4. 分解	围绕“背影”将自己读文时筛选出的有价值的观点和感悟进行成果汇报，相互启发碰撞，师生共享共进	剖析文本
5. 拓展	联系个人的生活实际，以讲故事、读后感、小创作等方式深化主题，理解写作意旨	链接生活
6. 结语	理解父子深情，体会亲情，提升个人思想，并落实到实际中去	总结提升

---

4 徐立峰．高效课堂：杜郎口自主学习模式综合实践［M］．北京：科学出版社，2010.

二、预习方法指导

1. 乐于阅读：初读，解决生字词，疏通文意；细读，深入文本中，做好批注。

2. 勇于质疑：深思，能提有价值的问题；好问，主动和他人交流，互帮互助。

3. 回归生活：拓展与“亲情”相关的材料；联系自己的生活实际，细心体味。

4. 敢于创作：方式多样，如现代诗、仿古诗、歌曲片段、图画、对联、课本剧等；抒发真情，学习这篇文章的现实意义。

(二)展示

师生、生生交流预习的学习成果，进行知识的迁移运用，对感悟进行提炼提升。

教师根据学情组织学生把学习成果进行展示。展示可分为小组内部的“小展示”和集中进行的“大展示”。大展示要讲究技巧，多展示“普遍”问题、具有代表性的问题，一般主张由学力较弱的学生多展示。当然，对展示内容，教师要学会取舍，太难和太易的都不作为展示内容。教师要敢于“利用”学生，学会利用学生的“错误”，激起相互间的质疑对抗，实现学生自身能力差异的资源共享。

(三)纠错

纠错是一种习惯，也是一种能力。纠错让学习更高效，是一种解决问题的重要方法。

教学中，我们要立足于从教学环节抓起，开展易错题辨析，注重当堂纠错，及时矫正反馈。具体做法是：变“一步纠错”法为“三步纠错”法。第一步，平时作业或者测试题中出现的典型错误，可在课堂上及时订正纠错；第二步，每一个学生都准备学科“纠错本”，把做错的题收入其中，并注明错在哪里，找出原因，每一单元、每一章节都进行总结交流，使学生在纠错中不断进步和提高；第三步，教师也要准备一个“错题本”，把学生的易错题积累下来，在复习时进行二次辅导。对于概念不清的问题，加强理解应用；属于认知性的错误，应及时纠正；对于“夹生”的知识，要复习提高。这样一来，对于难于理解的问题或者记忆能力差的学生，经过“三步纠错”，及时查漏补缺，大多能够彻底解决问题，提高认知水平和能力。

（四）质疑

学生课堂表现的精彩和教师思维导引的深度往往取决于对抗质疑的效度。“学起于思，思起于疑。”好问是孩子的天性。在课堂教学中，要让学生有疑，才能更好地激发他们主动探索，积极思考，产生质疑的冲动。如何张扬学生个性，激发他们大胆质疑呢？我认为，可以从以下几方面努力：一是创设宽松和谐的课堂环境，鼓励学生敢问；二是围绕教学目标巧妙启发，引导学生善问；三是发挥激励性评价优势，激励学生乐问。

（五）点拨

点拨是一把火，能促使学生的思维放出火花。教师的艺术化点拨，能有目的地引导学生去发现、去创造，从而达到教学效果的最优化。

新课程标准要求教师在教学中起主导作用，而学生则处于教学的主体地位。于是，教师在课堂中恰到好处地运用点拨教学就显得尤为重要。一是要适量点拨。课堂上紧扣教学目标筛选有价值的又容易被忽视的问题进行点拨。要抓住主题，突出重点，突破难点，达到以少胜多的效果。二是要适度点拨。课堂点拨力求点拨出学科味道来，即真正使学生嚼出一点味道来或者把学生引向学科审美的轨道，使学生得到美的享受。三是适时点拨。课堂点拨关键是教师能明察学生思维的火花，及时加一把火。一方面是在学生遇到疑难时，采用艺术化的点拨，及时解决学生的疑难问题；另一方面是学生在遇到疑难、把握不准时，教师及时指点思考分析的途径，拨通知识理解上的关卡，化繁为简、化难为易，使学生的研讨活动得以继续进行。适时点拨还包括在学生思维误入歧途时，教师迅速捕捉，凭借机智的点拨把学生的思维引导到正确的轨道上来。

（六）反馈

学习的过程应该是一个反思和总结的过程。课堂上要重视对预设的学习目标进行回归性检测。

教师可实行验收制度，检查目标达成的情况，关键是突出“弱势群体”，让他们说、谈、演、写，充分发挥“兵教兵”、“兵练兵”、“兵强兵”的效能。[5]在考试制度没被取消的前提下，任何教学都必须满足两个要求：学生的需要

5　李炳亭．高效课堂22条［M］．济南：山东文艺出版社，2009.

和考试的需要。反馈既是当堂达标，又是教师对知识的提炼、拓展和升华。

(七)开放

教师要敢于放手，学习能力来自“开放”。开放的程度决定了教育的高度。放手就是爱，放手就是“放生”，开放就是解放。

开放型课堂可以陶冶学生的性情，放飞学生的心灵，提升学生的思想，还能提高学习能力，增加交互智慧。比如，一堂开放的语文课可能会由文本知识到做人的道理、由一点知识到多个故事、由课外文章到情感体验、由文章分析到多种质疑、由人物评价到多种看法、由一种思路到多个角度、由一枝独放到满园春色、由课堂知识到生活实际。开放的课堂需要用开放的心态来看待，平时的课堂教学是学生在有限的时间里给课堂增添了无限的生机，也正是这种生机让教师感受到了自我存在的价值和生命的意义。

三、高效课堂有效呈现的文化追求

(一)合作文化——唯有团结才能高效

要打造真正的高效课堂，实现节节都是好课的目标，就必须加强师生、师师、生生的有效合作。首先，师生要建立良好的教与学的关系。教师在引导、促进学生掌握知识、提高学习能力的过程中，一定要与学生结伴前行，多从学的角度理解学生的学习进展，真正成为一位帮助者、激励者和引导者。其次，师师要通过集体备课实现有效的合作。教师要将个人能力与集体智慧结合起来，既分工又合作，因为开放高效的课堂单凭一己之力是不够的，需要调动各自的知识储备和教学经验来备好课，设计好符合生源质量和教学实际的教学内容，而且备课还要有超前意识。再就是要明确小组合作学习的要求，要经常培训学习小组长，不断增强小组自主管理和自主学习的凝聚力和提升力，真正取得“兵教兵、兵强兵”的学习效果。

(二)反思文化——促优去劣的良方

寻求课堂的高效没有终点，只有不断前进的方向。因此，找不足、寻差距、谋发展，应该是为人师的一种胸怀和境界。只有当反思成为一种文化时，我们的教学才有了与众不同的价值和存在的意义。人们的观念总是受原有惯性思维的束缚，反思很有可能触及自己或别人的实际问题。营造全局的反思氛围，有利于每个人端正态度、明确思路，从而改变传统观念。另外，教学过程中坚持反思到位，就会为教学增添内涵，就好像贫瘠的土地得到了肥料的供给。总之，师生在教学中善于反思可以不断提升自我、完善自我，甚至超越自我。

（三）人本文化——尊重生命的底色

高效课堂的核心是人本，是从学生出发，激发和保持学生的好奇心、展示欲。高效课堂始终是追求"立人"，使人成为人，因而它是一个真正的"教育"概念。

联合国教科文组织在1972年发表的《学生生存》中谈到：教育能够而且必须是一种解放。解放学生的主体性，解放学生的潜在能力、创造能力和开拓探索精神，促进个性的发展，让学习者成为"他们获得知识的最高主人，而不是知识的接受者"。

唯有保全作为"人"之学生与教师的人格、兴趣、权利、理想、尊严，教育才会散发着"人性"，才让人迷恋和感动。教育不是牺牲、抢占和暴虐，不是奴役、命令和顺从。它必须服务于"人"的需要，从生存到成长发展。从这个意义上说，高效课堂文化的核心是"人本"，是变一潭死水为一池春水，是充满生命的"泛活"。

（四）创新文化——课堂精彩的不竭动力

高效课堂是倡导创新的课堂，它强调富有个性化的学习活动，力求改变教师主宰课堂、单向传递信息的教学方式，积极践行自主、合作、探究的学习方式，关注学生在这一学习过程中获得的丰富多彩的学习体验和个性化的创新表现。

课堂创新的主要表现是：第一，把学习的主动权交给学生，充分发挥学生的主体作用。譬如，在组织学生学习时，完全可以将学习的内容、主题、展示的形式交由小组学生自己去商量确定，教师主要是预习时提出建议、探究时恰当点拨。第二，运用集体智慧，充分发挥集体的创造力。这一点侧重于让学生在对学、群学的讨论交流中碰撞出智慧的火花，生成对问题的独到见解，从而衍生思维创新的可能。第三，运用各种手段，提升学生的学习能力。课堂教学设计的独到、课堂教学资源的丰富、课堂教学评价的激发、课堂教学流程的简约等，都可以蕴含创新的元素，蕴含学习的方法与步骤，从而可以更深刻地影响学生，更有效地提升学生的学科学习能力，可以实现更持久的课堂高效。

第四章 高效课堂的分类与方法

有人说："谁抓住了课堂，谁就抓住了教育的金钥匙。"而高效课堂分类与方法的研究则是实现高效课堂的金钥匙。为了有效地研究高效课堂，我们就需要对高效课堂的分类和方法进行研究。

第一节 明确把握——高效课堂分类

现代教学理论认为，通过对高效课堂分类的研究，有助于教师更好地掌握各种类型课的教学目的、教学结构、教学方法等方面的规律，提高教学设计、实施和评价的能力。

高效课堂的分类因标准的选择不同而有所区别。

如果以教学任务为标准，可划分为新授课、练习课、复习课、讲评课、实验课等。如果以教学内容的不同性质为标准，可划分为自然科学课、人文科学课、思维科学课、艺术科学课等。每一课型又可再分为若干类型。

在这一节里，我们主要以课的组织形式和教学方法作为分类依据，常见的有五种，即"讲授—讨论式"、"情境—陶冶"式、"探索—发现"式、"自学—讨论—引导"式、"指导—接受"式。

一、"讲授—讨论"式

讲授主要是教师通过语言系统连贯地向学生传授知识，可分为讲述、讲解、讲演、讲读。讨论主要是指学生在教师的指导下为解决特定问题而进行探讨、磋商，辨明是非真伪以获取知识。[1]

“讲授—讨论”式高效课堂，顾名思义，就是将讲授和讨论相互结合的一种课堂。但是，二者并非单纯的拼接，而是要相互交融。“讲授—讨论”式对教学的每个环节都有不同的要求。

(一)导入

俗话说，万事开头难。导入部分应该简短，但不能够简单，凝练的几句开场白或者开场活动，既能吸引学生的注意力，又能充分调动学生学习的兴趣。一般而言，导入的过程重讲授，轻讨论。通过教师具有感染力的语言调动学生的情绪，为其他环节节省时间，是讲授在导入部分最明显的作用。

(二)展示新知

在这一阶段，教师要把新的知识做一个展示疏导，让学生有一个初步的了解。

(三)理解监控

在简单的呈现之后，教师提出一系列问题，通过学生的讨论，包括同桌对话、小组讨论等，教师引导学生进行个人展示或者团队展示。在展示的过程中，教师应当对学生的展示进行评估。

(四)归纳整合

在对学生的讨论结果进行评估后，教师提出附加问题，帮助学生理解每个内容的意思以及内容与内容之间的联系。

(五)巩固提升

在这个过程里，“联系”是关键词。教师引导学生在巩固新知识的同时，联系已经学过的知识，加深对内容的理解。

二、“情境—陶冶”式

“情境—陶冶”式高效课堂的特点，就是通过创设某种与现实生活类似的各种情境，让学生在思想高度集中但精神完全放松的情境下进行学习。通过与他人充分交流合作，提高学生的合作精神和自主能力，以达到陶冶和培养人格的目的。它经过“感知——理解——深入”三个过程，以鲜明的形象强化学生对教材的亲切感，促使情感参与认知活动，充分调动学生的学习积极性，

1 王道俊，扈中平. 教育学原理［M］. 福州：福建教育出版社，2007.

形成想象契机，从而有效地推进学生学习。“情境—陶冶”式又可分为：

1. 实物演示

在教学过程中，通过提供生动的实物，引导学生观察，激发问题意识，让学生通过观察理解，解答问题。

操作实例：《抓髻娃娃》[2]

教师展示抓髻娃娃的剪纸作品。

师：同学们观察一下，这个娃娃手里抓的是什么呀？

生：鸡。(很多同学异口同声地回答)

师：“鸡”和“吉祥”的“吉”字是谐音，抓髻娃娃表达的是吉祥的意思。它是中国北方广泛流行的民间剪纸形象，北方的老奶奶会把它贴在炕上、窗户上、结婚的房间里，有时候还挂在树上。

师：同学们，还观察到了什么？

生：娃娃的两腿之间有一朵莲花。

师：中国吉祥的图案里面，很喜欢用谐音来表达吉祥的意思。这里的莲花，代表年年有余，赋予幸福的意思。

……

进入《抓髻娃娃》教学环节

本课就是选用抓髻娃娃作为导入，激起学生的联想，诱导他们积极思考，运用原有知识获取新知识。由于有剪纸作品《抓髻娃娃》这一“现实素材”参与教学，美术课变成了活生生的美术课。这不仅使美术课堂情节生动，引人入胜，起到了培养和维持学生学习兴趣的作用，而且引发了学生对剪纸的向往，学习动力更强了。

2. 音乐渲染

音乐世界同样也积累和保存了许多美术素材，而且音乐以其独特的手法描绘着美术客体的声音和场景，具有巨大的震撼力和号召力。在课堂中播放能够起到联想作用的音乐，来烘托美术教学情境，可以达到以情动人和深化美术教学的目的。它一般可分为：播放音乐——背景思考——内部剖析——

---

2 《抓髻娃娃》http：// blog. sina. com. cn/s/blog 7eebz9c90100vggm.html

主题延伸四个环节。

案例：《怪怪的小人》

师：请同学欣赏一首歌曲《剪纸花的女孩》，听完后告诉老师，它讲的是什么故事？

（欣赏音乐）

生：剪纸的故事。

师：剪纸艺术在我们国家有1500年的历史。千百年来，民间艺人用他们非常灵巧、非常勤劳的双手，剪出了无数美丽的剪纸作品。这些剪纸作品源远流长，一直到现在还存在着它的身影。那么，老师想问问同学们，你们身边会发现哪些剪纸作品？

生1：窗户上的窗花。

生2：过年的时候会贴对联。

师：同学们回答得非常棒！我们来欣赏一张剪纸作品，你觉得它哪里最奇怪？

生：它的耳朵是兔耳朵……（络绎不绝）

师：对，我们今天一起来学习《怪怪的小人》，了解我国剪纸文化的历程。

……

直观的视频，打破时空的限制，化远为近：动听的音乐、变换的画面使美术栩栩如生地展现在学生面前，消除了学生学美术的心理距离，引发了学生探究美术的兴趣，推动学生质疑与思考，形成探究学习的意境。

三、“探索—发现”式

“探索—发现”式教学，是美国认知主义心理学家杰罗姆·S·布鲁纳（Jerome S. Bruner，1915–）在《教育过程》一书中提出的。它要求学生在教师的认真指导下，能像科学家发现真理那样，通过自己的探索和学习，“发现”事物变化的因果关系及其内在联系，形成概念，获得原理。

在这个认知过程中，学生能够同时体验到“发现”知识的兴奋感和完成任务的自信心。这种兴奋感和自信心可激发学生学习的内在动机。布鲁纳说：

“发现包括着用自己的头脑亲自获得知识的一切形式。”它的指导思想是以学生为主体，独立实现认识过程，即在教师的启发下，使学生自觉地、主动地探索；科学认识和解决问题的方法及步骤；研究客观事物的属性；发现事物发展的起因和事物的内部联系，从中找出规律，形成自己的概念。“探索—发现”式教学可以有效地激发学生的学习兴趣，充分地发挥学生学习知识的主动性、积极性和创新精神，而且可以兼顾不同层次的学生，使每个学生都能在已有的知识水平上更上一个台阶，从而获得成就感，进而以更大的热情去学习，实现良性循环。

（一）任务驱动

任务驱动的教学模式能有效地激发学生去积极探索，提高学生的学习积极性，培养学生的创新精神和实践能力，还可以培养学生克服困难的意志。

首先，教师要把教学目标精心设计成一个或几个任务，不宜过多。任务的设计也要根据学生的实际能力和知识水平来确定。其次，在学生完成任务的过程中，教师要适时地辅导，避免出现学生畏难而放弃完成任务的现象。如在教学《父亲节的电子贺卡》时，要求每位学生都发一张电子贺卡给教师。任务明确后，学生就开始主动地学习课本知识，遇到不懂的地方时，还主动地询问同学和请教教师。课堂结束时，大部分学生完成了任务。即使是没有完成任务的学生，通过自身的体验也掌握了发送贺卡的步骤，获得了相关的知识。这种以学生为主体的教学方式更能培养学生发现问题、解决问题的能力。

（二）合作讨论

合作讨论是以小组内的相互合作学习为基础，集中大家的智慧，共同探讨学习中的问题。它是建立在任务驱动的基础之上的，一般是个人难以完成的任务，需要借助集体的力量，在群体探讨的过程中达到掌握知识的目的。

在实施合作讨论的过程中，要注意几个问题：

（1）分组要合理。兼顾不同层次的学生。

（2）分工要明确。组内成员要有不同的分工。相互协调、相互约束，确保讨论学习的有效性。

（3）任务要适宜。选择有一定难度的问题或任务。

（4）结论要统一。讨论过程中可能有不同的见解和观点，但最后要有一个统一的结论。

(5) 评价要及时。小组内讨论的结果出来后，教师要及时给予正面的评价。即使结果不够正确，也要从方法和态度上予以肯定，提高学生的讨论热情。

如在教学画图软件中的“复制与粘贴”时，可以让学生讨论复制与粘贴的方法有几种，哪种更简便，从而让学生选择适合自己的复制与粘贴方法。

(三) 游戏激趣

游戏是学生非常感兴趣的，为什么很多游戏不用教师教，学生就会？兴趣使然。学生学会游戏的过程，实际上就是探索发现的过程。教学中，我们也可以用游戏来激发学生的学习兴趣。如在教学键盘指法练习时，就可以利用《金山打字通》中的打字游戏来提高学生练习指法的兴趣。学生可以玩游戏，但必须运用正确的指法。这样一来，学生既学得高兴，也达到了练习的效果。

总之，“探索—发现”式教学是一种以学生为主、以教师为辅的教学模式，能充分地调动学生学习的兴趣和主动性，会让学生有更多的时间去探索发现，从而掌握更多的知识与技能。

四、“自学—讨论—引导”式

“自学—讨论—引导”式高效课堂的特点，就是在充分重视教学过程中“学”的因素，即在教师指导下，学生进行自学、自练。它把学生在教学过程中的认知活动视为教学活动的主体，让学生用自己的智慧主动地去获取知识，发展各自的智能，从而达到在充分发挥学生主动性的基础上，渗入教师的正确引导，使教学双方各尽其能、各得其所。它提倡学生自学，教师的指导贯穿其中，其本质特征是：教学重心从教移到学上，学生自主地、直接地、快速地参与教学全过程，课堂上几乎三分之二的时间是由学生主动进行的自学、解疑、精讲、演练活动，个体和群体相结合，变讲堂为学堂。这是对传统习惯的以教师为中心，重教轻学同步教学和学生被动依赖的注入式满堂灌的彻底否定，和学生被动接受教师的启发而不启不发乃至启而不发的启发与注入并存的重大突破。

(一) 自主学习

“自学”是学习的需要，是一种学习本领。叶圣陶说：“学生要学的不光是课本上的知识，更重要的是在各种学习中学会自学的本领。学生有了自学的本领，就能自己寻求知识。”自学也是教学的需要。古人说：“授人以鱼只供一餐，授人以渔可享一生。”可见在教学过程中，只有教给学生学习的方法才能使学生受用无穷，而且学生自学，也是教学过程中师生双边活动的一个重要方面。

1. 课前预习

《我的伯父鲁迅先生》是一篇回忆录性质的课文，课文内容离学生生活的年代较远。由于学生自身知识水平、生活阅历所限，对鲁迅先生当时所处的时代、社会背景不甚了解，理解起来势必有些困难。因此，我们将学生的视野由课文引向更为广阔的课外空间，使课内课外有机结合。课前指导学生收集与课本有关的材料，如查阅鲁迅生平资料，寻找相关图片、音像材料等，课前基本形成了学生主动学习的态度。上课时，首先安排学生把自己查阅的资料在班级或小组内交流，形成互补。这样一来，一方面使学生对课文内容感知得更全面深入一些，一方面教给了学生自己学习的方法，使之养成良好的学习习惯。

2. 定标学习

这是在学生对课文进行充分预习的基础上，引导学生围绕课文内容、训练重点及学生不懂的问题制定学习目标。然后，围绕目标，根据师生共同提出的综合性话题开始自学。如《我的伯父鲁迅先生》一课，在学生预习课文后，师生共同制定了这样的目标：理解课文内容，体会含义深刻的句子的意思，了解鲁迅先生的思想品质。之后，让学生围绕综合性话题进行自学。师生共同提出的综合性话题如下：周晔笔下的伯父，我心目中的鲁迅先生——读《我的伯父鲁迅先生》。自学时，给学生8分钟的时间，除了围绕综合性话题自学外，还要结合查阅到的有关鲁迅先生的资料，按照自己的学习方法去读、去想、去画、去写。当然，这并不是说让教师撒手不管，任其自然。无论什么时候，教师都要关注学生自学过程中的学习态度和学习进展，以免部分学生“滥竽充数”混时间。

(二) 交流讨论

当学生通过自学，学懂了一些知识，而又有疑问不能解决时，教师组织学生采取小组交流的方法，使学生在小组交流中学会倾听同学发言，学会表达自己的意见和吸收别人的意见。这种先个体自学、后小组交流的学习能使学生都参与学习，教师并不在乎学生说得好还是说得不好，只要求学生把自己的想法不受约束地表达出来，这样很容易使学生思维的火花迸发出来。

全班交流时，鼓励学生把课文中的内容与现实生活以及查阅的资料联系起来，围绕着宽松的讨论话题，大胆自由地阐述自己的看法及理由。教师指导学生分析含义深刻的句子或段落。如："哈哈，还是我记性好。""四周黑洞洞的，还不容易碰壁吗？"重点词如"碰壁"等，反复品味，多方引证，达到理解、感悟主人公思想品质的目的。在集体交流的过程中，对学生的认识、理解和情感领悟，不能过死地统一要求，这样整个课堂就成了学生寻求知识、提高能力的辩论场。在这一环节中，教师的主导作用集中体现在倾听学生的发言，适时点拨、引导、培养、调动、强化每个学生的参与意识和主体意识，使学生在课上自始至终处于最佳的学习状态。

（三）引导点拨

当学生通过各种不同的学习方式，对课文的主旨有了深刻的认识之后，教师应引导学生带着各种不同的理解与感悟，有感情地朗读课文，整体感知字里行间所蕴含的一代伟人的革命情操，并提示学生可将自己喜欢的段落背诵下来。同时，教师在朗读指导时，可利用情景模拟法，即借助视听媒介，创设"场效应"。如利用幻灯等辅助设备，配以音乐和声情并茂的解说，模拟当时当地的情境。在进行《我的伯父鲁迅先生》最后的通读全文时，学生总是读不好文章第一部分：周晔对伯父深切怀念的一段。于是，教师可一边让学生看人们吊唁鲁迅先生情境的投影片，一边配上哀伤的音乐和声情并茂的解说："鲁迅先生是一个伟大的人，由于积劳成疾，他不幸于1936年10月19日病逝在上海。许许多多不同阶层的人自发地来追悼他，并将一面长202厘米、宽103厘米的旗子，覆盖在他的灵柩上，旗子上面写着3个大字'民族魂'，可见鲁迅先生在人们心目中的地位。"这样以图示境、以声传情以后，学生置身其中，就体会到了周晔那时的心情，从而也能有感情地朗读。

另外，在设计"课后作业"这项内容时，教师不必按以往的思路让学生熟读课文或背诵课文，可以循着学生自主学习的兴趣与学习习惯，安排"将自己喜欢的段落摘抄在笔记本上"这一内容。同时，把目光由课内向课外延伸，给学生推荐与课文内容相关的课外读物，如《少年鲁迅的故事》、鲁迅先生的译著《表》等，让他们去图书馆、阅览室自由阅读。这样一来，既充实了课内知识，又培养了读书的习惯，潜移默化地进行人格的陶冶。

在教学过程中，教师只有以学生为本，处处为学生着想，以学生为本，通过激发学生的学习兴趣，让学生热情高涨地自己动眼、动脑、动口，学习知识、巩固知识、拓展知识，学生才能不断独立、不断自主地学习新知。也只有让学生积极参与，才能不断提高教学效率。[3]

五、“指导—接受”式

“指导—接受”式高效课堂，是在教学活动中，教师不是将现成的知识灌输给学生，而是将以“定论”形式陈述的材料，转化为精心设置的一个个问题链，变被动吸收式学习为主动探究式学习，激发学生的求知欲，使学生在教师的启发引导下，通过自主探索、合作交流，发现问题并解决问题，从而掌握知识与技能，自主地构建知识、发展能力的学习过程。

它的主要理论依据是布鲁纳的“发现学习”理论、杜威的“活动教学”理论以及布兰达的“探究—研讨”等教学理论。它的教学目标是：学习发现问题的方法，培养、提高创造性思维能力。

“指导—接受”式的教学结构是：创设情境——提出问题——探究猜测——推理验证——得出结论。

“指导—接受”式的实质是以学生自主探索、合作交流为主，充分发挥学生的主体性，激发学生的学习兴趣，产生自觉学习的内在动机，有利于学生的智能和创造性思维能力的发展，有利于培养学生发现问题、提出问题、解决问题的能力，有利于培养良好的团队合作精神。

案例：抽屉原理

实验探究

(1)把3根小棒放进2个杯子里，可以怎么摆？

学生思考，指定学生回答。

3　小学语文“自主学习”课堂教学模式 .http：// jiannanyanbo.blog.163.com/blog/static/210082254201271210938518

教师根据学生的回答操作，记录。

师：还有其他的摆法吗？拿出2个杯子，3根小棒摆一摆。

学生操作，汇报，教师记录。

师：观察这两组摆法，在每组摆法中，你有什么发现？

学生自由汇报。

师：3根小棒放进2个杯子里，总有一个杯子放得多，一个杯子放得少。今天，我们这个原理研究的是多的杯子里小棒的根数。所以，我们不去关注少的杯子里小棒的根数，我们一起看一看多的杯子里小棒的根数。第一组多的杯子有2根小棒，第二组多的杯子有3根小棒，那多的杯子至少有几根小棒？

(2)暗猜活动，提出平均分的思考方法

①如果是4根小棒3个杯子呢？会有几种摆法？多的杯子里至少有几根小棒？猜一猜。(总有一个杯子里至少有2根小棒)

②学生继续以2人小组的形式，动手操作，记录。

③学生汇报，教师记录。观察一下，每组我要找哪一个杯子？（小棒多的杯子）

在这样的情况下，我们发现，总有一个杯子至少有2根小棒。

第二节　掌握运用——高效课堂方法

推进素质教育以来，高效课堂成为学校、教师重点追求的目标。在实施高效课堂中，出现了许多好的教学模式。如：山东兖州一中“循环大课堂”教学模式，河北围场天卉中学“大单元教学”教学模式，辽宁沈阳立人学校“整体教学系统”教学模式，安徽铜陵铜都双语学校“五环大课堂”教学模式，河南西峡县“三疑三探”教学模式，江苏洋思中学“先学后教，当堂训练”教学模式等。但是，不管是哪一种教学模式，讲授、谈话、讨论、演示、练习、自学辅导这六种教学方法基本上涵盖整个课堂教学，只不过由于教学模式的不同，教学内容的不同，课堂教学侧重的方法不一样而已。

一、讲授法[4]

新课程理念强调“变革”，强调“创新”，有许多教师怀疑“传统”甚至摒弃“传统”；新课程倡导自主、合作、探究式学习，很多教师认为，自孔子开始的延续了几千年的讲授法是一种落后的方法，跟不上时代的潮流，从而将讲授法打入冷宫，遭受到前所未有的质疑和否定。运用了几千年的讲授法真的失去了生命力，可以寿终正寝了吗？任何事情都不能形而上学，为了新就放弃旧，这是实践中明显的二元对立的思想。实际上，教学的很多“旧”方法并没有完全过时，在新与旧的对比和结合中，仍能发挥其重要的作用。课堂讲授法就是一个绝好的例子。

1. 什么是讲授法

所谓课堂讲授法，是指在教学的过程中，教师通过语言系统连贯地向学生传授知识的方法。它通过循序渐进的叙述、描绘、解释、推论来传递信息、传授知识、阐明概念、论证规律、公式、引导学生分析和认识问题，并促进学生的智力和品德的发展，是教学的一种主要方法。

2. 讲授法的特点

(1) 信息量大，能使学生通过教师的说明、分析、论证、描述、设疑、解疑等教学语言，短时间内获得大量的系统科学知识，因之适用于传授新知识和阐明学习目的、教会学习方法和进行思想教育等教学范围的运用。

(2) 灵活性大，适应性强。无论是课内教学还是课外教学，也无论是感性知识还是理性知识，讲授法都可运用。它使学生通过感知、理解、应用而达到巩固掌握，在教学进程中便于调控，且随时可与组织教学等环节结合。

(3) 利于教师主导作用的发挥。教师在教学过程中要完成传授知识、培养能力、进行思想教育三项职能，同时要通过说明目的、激发兴趣、教会方法、启发自觉学习等来调动学生的积极性。这些都适用讲授方法来体现自己的意图，表达自己的思想。讲授法也易于反映教师的知识水平、教学能力、人格修养、对学生的态度等，这些又对学生的成长和发展起着不可估量的作用。

(4) 讲授法缺乏学生直接实践和及时作出反馈的机会，有时会影响学生积

4　baike. baidu. com/view/1519258. htm.

极性的发挥和忽视个别差异的存在。

3. 讲授法的形式

⑴讲述法。教师用形象生动的语言描述或叙述事物(包括具体形象、外部特征或地理现象演变过程等)的方法。讲述法可包括一般性的科学叙述和艺术性的形象描述，二者常常结合起来运用。叙述要思路清楚、结构严谨、有吸引力，描述要生动形象、启发想象、有感染力。使用讲述法要紧密结合教材的需要，恰到好处。

⑵讲解法。教师用富于理性的语言向学生说明、解释、分析、论证概念、原理、规律和特征等的方法。讲解法是传授理性知识的方法，常常结合直观方法、逻辑方法及谈话法等，对阐明原理、分析成因、揭示规律、推导结论等的教学有重要作用。在讲解法的运用过程中要逻辑清楚，防止空洞无物，要在理解教材的基础上设计教学语言，深入浅出，言之有物、论之以理，要用科学语言进行讲解，并注意符合学生的认识规律，从具体到抽象、从感性到理性。讲解应注意突出重点，将最基本的关键问题讲清楚即可，不要追求面面俱到、天衣无缝，要留有余地，给学生思考、消化、融会贯通的时间。

⑶讲读法。教师指定学生以朗读方式表述教材的方法。常常在印证、加深、补充所讲内容的时候运用，可弥补教学语言的不足，增强讲授内容的生动性和可信性。教师在平时应注意搜集有关材料，把朗读内容安排在恰当时机，并注意与讲解的结合。

⑷讲演法。课堂教学中以翔实的材料、严密的逻辑、精湛的语言较系统地阐述原理、论证问题、归纳总结的方法。讲演法在进行理论的说明等方面有着较强的适用性。

4. 讲授法的基本要求

⑴认真备课。熟练掌握教材内容，对讲授的知识要点、系统、结构、联系等做到胸有成竹、出口成章、熟能生巧，讲起来才精神饱满、充满信心。同时，要注意学生反馈，调控教学活动的进行。

⑵教学语言要准确，富有指导性。苏霍姆林斯基曾强调："教师的言语——是一种什么也代替不了的影响学生心灵的工具。"叶圣陶先生说："讲当然是必要的。问题可能在如何看待讲和怎样讲……教材无非是个例子，凭这

个例子要使学生能够举一反三，练成阅读和作文的熟练技能；因此，教师就要朝着促使学生‘反三’这个目标精要地‘讲’，务必启发学生的能动性，引导他们尽可能地自己去探索。”语言是人类思想交流的工具，是教师向学生传授知识进行思想教育和培养学生能力、开启学生智力的重要手段，在高效课堂教学过程中起着重要的作用。巴班斯基在教学过程最优化标准的论述中指出：“在现代学校条件下，我们认为，首先必须解决教学教育任务的效果、质量，以及教师和学生为解决这些任务所花费的时间和精力作为教学过程最优性的最重要标准。”在高效课堂理念下，教师怎么“讲”没有固定的模式。使用讲授法时，要充分考虑到学科的特点、教学内容的特点及学生的特点，对症下药、有的放矢地“讲”，讲在学生欲“对话”而不明时，讲在学生欲“体验”而不到时，讲在学生欲“探究”而不出时，讲出情感与个性，讲出文本中真正的精华。教师的语言表达能力直接影响着讲授法的效果，应在平时加强基本功训练，使之规范化。

⑶充分贯彻启发式教学原则。讲授的内容须是教材中的重点、难点和关键，使学生随着教师的讲解或讲述开动脑筋思考问题，讲中有导、讲中有练。学生主体作用表现突出，表现为愿学、愿想，才能使讲授法进行得生动活泼，而不是注入式。

例如，在教学《太史公自序》这篇文章时，对于司马迁，要详细地向学生介绍其人其事，讲解《史记》体例，在史学和文学上的地位，举例讲授《史记》的文学成就来引入课文，让学生带着诸如“司马迁为什么写《史记》”、“为什么能忍辱苟活完成《史记》”这些问题去阅读全文。在讲授正文时，可以抓住学生感兴趣的话题去构思一个完整的教学思路：司马迁为什么要写自己的家谱；司马迁的游历的过程；司马谈的遗命有几层意思；与壶遂的对话想说明什么；司马迁写《史记》的目的是什么。在这一思路引导下，学生的思维被教师有激情而又巧妙的问题调动起来，这种积极的思维活动与教师的讲授紧密地结合起来，整个课堂虽然主要是教师的讲解，但学生也积极地参与进来，“满堂灌”之下，听不是被动的听，讲也不是一灌到底，教师和学生没有所谓的讨论式的互动，但学生的思维活动是积极的，学生获得知识与探究的能力同时得到了发展，从而达到了课堂的最优化。

(4) 讲授的内容宜具体形象。联系旧知，对抽象的概念原理，要尽量结合其他方法，使之形象化，易于理解。对内容要进行精心组织，使之条理清楚，主次分明，重点突出。

(5) 在讲授过程中，要结合教学内容板书。可提示教学要点，显示教学进程，[5]使讲授内容形象化具体化。可边讲边演示，以加深学生对讲授内容的理解。

二、谈话法

谈话法又称提问法，是被古今中外教育工作者广泛运用的一种教学方法。古希腊哲学家、教育家苏格拉底的“产婆术（catechetics）”首开国外运用谈话法进行教学的先河，他的著名的与欧提德穆斯的一段对话(包诺芬《回忆录》第四卷第二章)，便是运用谈话法的典范。我国古代教育家们也很重视谈话法的运用。如《论语》中的《子路、曾皙、冉有、公西华侍坐》，就是孔子运用谈话法启发弟子励志的名篇。在实施高效课堂的今天，谈话法仍然不失为一种可行且有效的教学方式。

1. 谈话法的种类

谈话法按其教学程式的不同，可分为预习性谈话、启发性谈话和总结性谈话三种。

(1) 预习性谈话。预习性谈话一般用于复习旧知识，或创设情境以导入新课。在新课讲授前，教师根据教学目的和教材的重点内容提出问题，要求学生据此进行预习，为领会新教材做准备。学生经过预习之后，在课堂听讲的目的和重点更明确，领会更深刻。

如在正式讲授杜甫名篇《登高》一课之前，教师可组织如下谈话：

师：同学们，我先给大家讲个故事，大家要认真思考，看这个故事渲染的是怎样一种情境，希望大家把故事的中心用简明、连贯的语言记录下来。

一千一百多年前的一个秋天，重阳节前后。在夔州，长江边上，秋风凛烈地吹着，吹得万木凋零，漫山遍野都是衰败、枯黄的树叶。江水急剧地翻滚，孤鸟在空中久久地盘旋，远处不时传来几声猿的哀鸣。这时，有一位老

5 叶澜．让课堂焕发出生命活力——论中小学改革的深化．[J]教育研究，1997(09).

人，衣衫褴褛，蓬头垢面，步履蹒跚，跌跌撞撞地朝山上走来。他浑身疾病，有肺病、疟疾、风痹，而且“右臂偏枯耳半聋”了。重阳节，是登高祈求长寿的日子。可是，这位老人，一生坎坷，穷愁潦倒，似乎已经走到生命的晚秋。此时，国家正处在战乱之中，他远离家乡，孤独地漂泊。面对万里长江，面对衰败的枯树，老人百感交集千愁万绪涌上心头……

(师深情地朗读)

风急天高猿啸哀，渚清沙白鸟飞回。

无边落木萧萧下，不尽长江滚滚来。

万里悲秋常作客，百年多病独登台。

艰难苦恨繁霜鬓，潦倒新停浊酒杯。

(幻灯同时映出诗句和作者，让学生自由朗诵)

师：这情境是——

生1：是凄楚、悲伤的情境。

生2：是悲凉、忧伤的情境。

生3：是凄楚、孤独的情境。

生4：是悲凉、孤单的情境。

师：都说得很对。那么，要读懂这首诗，最好从哪方面入手？

生1：从情境入手。因为诗中人物悲凉、孤独的感觉是通过情境来表现的。

生2：应该从人物入手。因为诗中悲凉、孤独的情境是通过诗中人物的情感表现出来的。

师：两位同学从不同的角度得出不同的结论。但都肯定了——

生1：情境与人物是交融在一起的。

生2：情境与人物是统一的。

师：都说得很好。领悟这首诗的内容，就是要把握好情境与人物的关系。[6]

通过预习性谈话，既可以巩固已获得的知识，又可以启发学生运用已有的知识去联系新课的有关问题，进而自然导入新课。

(2)启发性谈话。启发性谈话又叫传授新知识的谈话。教师在传授新知识

6　登高教案 http：// mmm. friy. cn/yuwen/renjiaoban/bixiusan/2012-06-30/9394.html

的过程中，根据教学目的和要求，按照教材的系统，通过向学生提出未思考的问题，一步步引导他们去深入思考和探取新知识。

如一位教师在教学《失街亭》时，先让学生预习课文后附录中的史料。当学生明确了"诸葛亮初出祁山时，节节胜利，威震魏国"时，教师提出了问题："正当诸葛亮即将大获全胜的时候，却发生了失街亭的严重事件，结果反胜为败。这是为什么?"学生争相回答："马谡自以为是，自高自大，不听诸葛亮的话，把大营扎在山顶上……"教师紧接着问："平生谨慎、善于用人的诸葛亮为什么把把守重要关口的大任交给了马谡这样的人呢?"此时，学生回答不出。教师说："这就要求我们认真地学习课文，寻找答案。这位教师设计的这种一层深入一层的两个问题，紧紧地扣住了学生的心弦，产生了心理上的悬念，使学生带着这个悬念十分有趣地去学习课文，进行思考。还有一位语文教师讲完《药》时，是这样启发学生的:"《药》究竟说明了什么？中国的古老名称中，有一个叫做华夏的，文章的两家主人，一个姓华，一个姓夏。华夏本来就是指中国，象征着本是一家，现在却成了两家。而且，华家人吃了夏家人的血。这又说明了什么？"通过教师这种启发性的语言，学生饶有兴趣地陷入深深的思考之中。最后，得出了一致结论："虽然都是中国人，但和华夏时代的人不同了，因为中国人当是有觉悟的革命者和愚昧的落后者之分。"

通过启发性谈话，教师提出启发性问题，启发学生一步步由无知到有知，并在感性认识的基础上对新的知识进行分析比较、综合论证和评价，从而得出新的结论，上升为理性认识，使学生加深对新课重点、难点和教材内在联系的理解。

(3)总结性谈话。总结性谈话又叫复习巩固性谈话，也叫概括性谈话，一般用于小结或在该课结束之时，根据学生已学新课内容，向学生系统地提出更深的问题，帮助学生深化新学知识。

通过总结性谈话，可以引导学生在掌握新课重点、难点知识的基础上，进一步加强对知识的分析思考能力和综合能力。

2. 谈话法的课堂教学步骤[7]

采用谈话法教学通常可分为以下几个步骤：

7　巴班斯基．论教学过程最优化［M］．北京：教育科学出版社，1990.

(1)选择谈话对象，准备谈话计划。这是谈话法教学的关键一步。选择谈话对象包括单向谈话、双向谈话、多向谈话、集体谈话和个别谈话。教师可根据不同的教学目的和教学内容，选择适当的谈话对象，精心准备谈话计划。准备谈话计划包括确定谈话对象、谈话方式和谈话的话题，如何由单向谈话过渡到多向谈话，怎样由一个问题过渡到另一个问题等。

(2)确定谈话目的。谈话以教材为依据，从学生实际出发，既包括知识谈话目的，也包括思想谈话目的，还应当有启智与审美谈话目的。一节课的谈话目的，不仅应当在教案中明确提出，而且应当在课堂教学中让师生共同达到目标。也就是说，师生的谈话都要围绕教学目的进行，全力以赴地实现目的，而不偏离目的。

(3)按计划进行谈话。按计划进行谈话是实施谈话教学的基本保证。采用谈话教学法必须紧密结合授课内容，按计划进行。通过谈话，可及时为师生提供教与学的反馈信息，以便有效地调节和改进谈话内容，提高教学效果。因为教学是一件很复杂的工作，只有加强教学的计划性，才能保证教学顺利而稳定地进行，不致松弛失控，产生盲目性。

(4)整理分析谈话记录或结果。这是谈话法教学的最后一个环节，其内容包括教学计划完成情况、学生学习情况、本节课主要经验和体会、存在的问题和改进意见等。通过整理分析谈话记录或结果，可及时得知本课教学效果，并为今后的教学积累经验。

3. 运用谈话法应注意的问题

由于谈话法在教学中是通过师生之间、生生之间的双边活动进行教学，所以它具有一定的局限性。

如选择谈话对象会受到较多因素的限制，谈话态度、语气以及谈话的艺术水平可能会使谈话对象产生偏见和误会等。因此，教师在具体操作时要注意以下几点：

(1)教师在谈话前首先要围绕教学目的选择好谈话对象，作好充分准备，确保谈话计划顺利完成。

(2)教师在谈话时对学生态度要和蔼，语气要温和，以免谈话对象产生偏见和误会。

(3)课堂提问要有启发性、针对性、合理性，并要适时、适量。切勿教师一问到底，学生一答到底，把“满堂灌”变成了“满堂问”，防止学生心理疲劳。

(4)教师在课堂提问中要注意因材施教，对不同程度的学生提出不同的问题，使每个学生都能获得成就感，以利于激发学生的学习兴趣，培养学生的自信心。

(5)教师提出问题要注意语言的艺术性，应交替使用疑问词，切忌一问一个“为什么”，避免语言重复。

(6)教师提出问题时不要带暗示性语言，要让学生自己去独立思考并探讨出问题的答案，以利于培养学生的思维能力和综合能力。

(7)对学生的回答要及时恰当地给予评价，对的给予肯定，不完整的给予补充，错的要帮助分析原因及时引导。这样一来，不仅有利于学生准确完整地掌握知识，而且有利于保护学生的学习积极性。

总之，同教师单向作用的传统教学(注入式)模式相比，谈话法要求师生多向相互作用，并通过师生之间和生生之间的多向相互作用，使教师与学生保持直接的联系，有利于学生在短时间内获得需要的材料。而且教师能够当场解释学生的疑问或误解，可及时补充必要的授课内容，还可以收集到一般方法收集不到的谈话对象和情感反应。这就极大地提高了学生的学习兴趣和主动性，并把学生的智力因素和非智力因素有机地结合起来。正如教育学家赞可夫所说：“教学法一旦触及学生的情绪和意志领域，触及学生的精神需要，这种教学法就能发挥高效作用。”

三、讨论法[8，9]

1. 什么是讨论法

讨论法是学生在教师的指导下为解决某个问题而进行探讨、辨明是非真伪以获取知识的方法。其优点在于能更好地发挥学生的主动性、积极性，有利于培养学生独立思维能力、口头表达能力，促进学生灵活地运用知识。

---

8 baike. baidu. com/view/3350113. htm

9 中国教育科学研究所比较教育研究室 . 简明国际教育百科全书(教学卷)[M]. 北京：教育科学出版社，1990.

2. 讨论法的基本要求

(1) 所讨论的问题要有吸引力。

(2) 要善于在讨论中对学生进行启发引导。

(3) 做好讨论小结。

3. 讨论法的方法

随着新课程的实施，课堂讨论被越来越多的教师所重视并在教学中使用。讨论法体现了现代学习方式的主动性、独立性、体验性、问题性，能有效提高课堂教学质量。在教学实践中，我们要使课堂讨论更有效，应该做到以下几点：

(1) 选择好讨论的主题。讨论主题的选择要注意四个方面。第一，效度：即安排的讨论要切合课堂教学内容，直接为教学服务。第二，难度：即讨论的主题要难易适中，既不要因为太难使学生无话可说，也不要因为太易使学生不屑于说。第三，新颖度：即讨论的主题要新颖不落俗套，让学生跃跃欲试。有时，对于一个司空见惯的主题，教师不妨在备课时先做一下包装，或逆向思考，或附加故事，或设置对立面，这样也会有不错的效果。第四，热度：要求讨论的主题或是社会热点问题，或是学生普遍关注的问题。

(2) 把握好讨论的时机。一般说来，讨论的时机出现在：第一，教师在教案中预先设计的必经程序，前阶段教学已为讨论作了充分的铺垫，学生经过讨论能对教学内容有更深刻的认识。第二，教学过程中有学生提出问题，教师认为让学生讨论比自己直接讲出更好时。第三，学生在教学过程中进入一种“愤悱”状态，教师认为学生讨论可使思考问题更全面，通过恍然大悟得出结论更高兴。

例如，教学“三角形的认识”时，一位教师在练习时，设计了这样一个题目，将一些三角形装在一个纸筒里，问学生：“如果仅露出一个角来，你能判断出它是哪一类三角形吗?”一名学生回答：“能判断。如果露出的这个角是直角，这个三角形就是直角三角形；如果露出的是钝角，这个三角形就是钝角三角形；如果露出的角是锐角这个三角形就是锐角三角形。”针对这个学生的发言，教师又问学生：“你们都同意这个意见吗?”学生意见不一，思维出现障碍，观察到这种情况，教师及时地让学生展开合作与讨论。通过讨论，有一名学生说："他说得不全对，我来补充。他的前两个说法是对的，第三个说法就不正确。如果露出的角是锐角，那就不一定了，因为锐角三角形、钝角三角形和直角三角形当中都有锐角，不一定能判断。"这个同学的意见得到了全体同学的赞同，教室里响起了热烈的掌声。此时此刻，在课堂教学中，特别是在争论和冲突中，学生们通过讨论，根据他人的看法，重新考虑自己的想法，促进学生以积极的态度投入到学习探究中。

"人人学有价值的数学，人人能获得必需的数学、让不同的人在数学上得到不同的发展。"让我们在引导学生如何学数学，练本领的同时，引导学生学习讨论、学习合作，做一个善于合作的人。

⑶分配好讨论的角色。可采取分成讨论小组的方式。小组一般为4~6人。有研究表明，按人际关系分组最好。但在课桌按秧田型排布的教室中，教师不愿使秩序发生太大的改变时，也可让奇数排的学生转过去与偶数排的学生讨论。另一个问题是组内分配。教师要根据经验选好讨论主持人、中心发言人、讨论记录人，要使人人积极参与，也要让讨论小组处于一种有组织的状态。

⑷安排好讨论的程序。学生讨论可以分为三步：第一，观点交流：小组成员对这个问题有什么看法，分别说出来。第二，观点改进：小组成员表示对其他人观点是否接受，提出改进、完善彼此观点的看法。第三，观点总结：小组内部达成比较一致的看法，总结小组观点并应教师的要求向全班学生表述本组观点。在整个讨论的过程中，教师的巡回指导、参与讨论、鼓励表扬也很重要。

⑸使用好讨论的结果。一般有这样几种做法：第一，让讨论结果返回到教学流程，成为下一步展开的资源要素。第二，将讨论题布置成书面作业。学生写出来之后，更能使思维缜密化，使观点经得起推敲。第三，允许学生进一步发挥，鼓励学生课外探究。精心设计的讨论主题，也是进行研究性学习的好材料。

⑹训练好讨论的技能。讨论中要求学生具备以下三种主要能力：第一，思维能力。初步培养学生思维具有深刻性、灵活性、创造性、批判性、敏捷性，初步培养学生的收敛性思维与发散性思维。第二，口头表达能力：初步

培养学生用口语表达自己观点的能力，清晰、准确、有逻辑性。第三，交际能力：培养学生乐于与人交往、善于与人交往的能力，试图改变部分学生封闭的倾向。这些技能可以在学习、生活中有意识地训练，更重要的是经常讨论，可使学生喜欢课堂讨论。

案例：鄂教版小学语文五年级上《迟到》[10]

细读探究，解疑品读

1. 带着问题自主阅读。请同学们仔细默读课文，思考以上问题。在阅读时可以做些批注。

2. 小组合作交流自己的感悟，要求组长组织学习，并做好记录，推选出发言代表。教师巡视、引导、点拨。

3. 全班交流。注意引导理解、讨论问题：父亲为什么要狠狠地打我？随机引导学生练习有感情的朗读。交流时，教师注意引导点拨：你从哪儿能读出父亲打得狠？

(1) 打的动作：从“抄起”、“倒转”、“一抡”等词语可体会出父亲打得非常用力，打得狠。

(2) 打的声音：“咻咻。”

(3) 打的过程：“从床头打到床尾”、“哭号”等可以看出打得厉害。

(4) 作者的伤痕：“那一条条鼓起的鞭痕，红肿的，而且发着热。”从“一条条”、“鞭痕”、“红肿”、“发着热”，可看出本次打得的确狠，出乎人的预料。

在这个教学片段之中，小组合作交流自己的感悟时，有组长的组织、组长的记录、代表发言、教师巡视。在交流过程中，教师有点拨。

讨论法的自由开放和可调控的高灵活度使得这种方法在提倡高效课堂的今天被越来越多的教师所重视。在适合学生情况的前提下，它可为学生营造良好的讨论环境。

四、演示法[11]

1. 什么是演示法

演示法是教师陈示实物、教具，进行示范性实验，或通过现代化教学手

10　小学语文五年级《迟到》http：//new. o6os. com/article/2012/03/27/543101. htm

11　百度百科演示法 .baike. baidu. com/view/183346. htm.

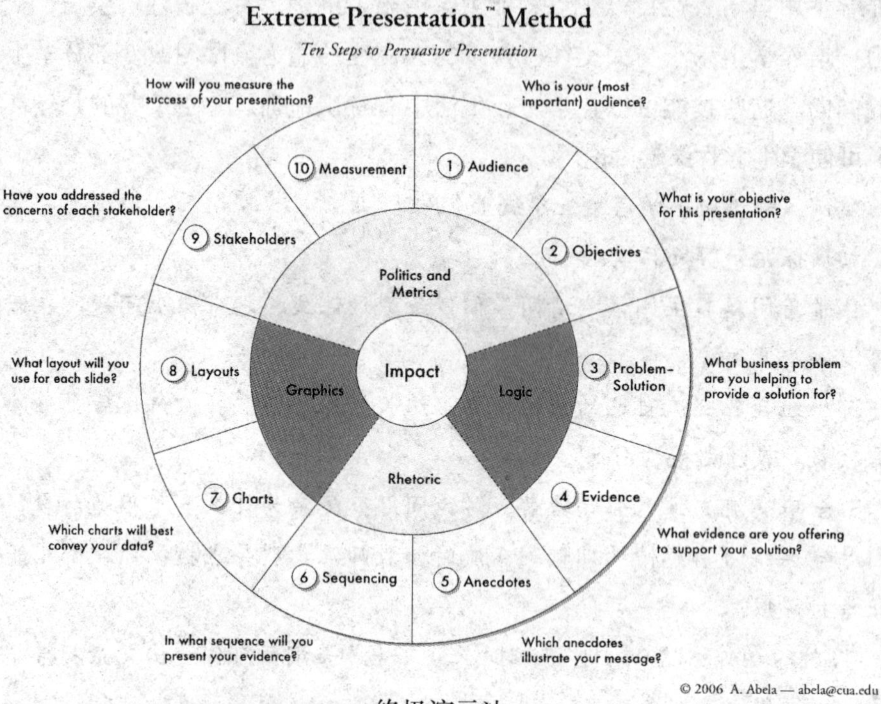

终极演示法

段，使学生获取知识的教学方法。演示法常配合讲授法、谈话法一起使用，它对提高学生的学习兴趣、发展观察能力和抽象思维能力、减少学习中的困难有着重要作用。随着自然科学和现代技术的发展，演示手段和种类日益繁多。根据演示材料的不同，可分为实物、标本、模型的演示；图片、照片、图画、图表、地图的演示；实验演示；幻灯、录像、录音、教学电影的演示等。根据演示内容和要求的不同，可分为事物现象的演示和以形象化手段呈现事物内部情况及变化过程的演示。

2. 演示法的悠久历史

演示法在中国有悠久的历史。宋代王惟一于1026年撰《铜人腧穴针灸图经》，并铸成铜人模型(见彩图[灸]灸” class=image>[铜人像 世界上最早的一座医学教学模型，北宋王惟一铸于1026年])，刻示经络腧穴位置；又绘制十二经图，刊行后，刻石流传在西方。16世纪，比利时学者 A. 维萨利乌斯于1537年在帕多瓦对众讲学，并对学生演示了人体解剖。17世纪，捷克教育家 J.A. 夸美纽斯用皮制人体模型在教学中进行演示。后来，又有瑞士教育家

J.H. 裴斯泰洛齐关于算术箱的使用。

在高效课堂中使用演示法的频率越来越高。在诸多优质课程中，教师使用多媒体设施，甚至有些教师将实物带入课堂，给予学生视觉、听觉、味觉等多种感官的刺激。注重学生的直接体验，再通过教师的引导实现感知到理性的飞跃，是演示法在高效课堂中的重要作用。

3. 演示法的运用要求

演示法的使用要符合教学的需要和学生的实际情况，有明确的目的，能使学生都能清晰地感知到演示的对象。在演示的过程中，教师要引导学生进行观察，把学生的注意力集中于对象的主要特征、主要方面或事物的发展过程。同时，要重视陈示的适时性。结合演示进行讲解和谈话，使演示的事物与书本知识的学习密切结合。

正是因为演示法的直观可感，所以在高效课堂中被广泛应用。在初中生物《开花与传粉》一课中，有位教师为了能够更清晰地向学生展示开花时的景象，在讲授新课开始时出示了花开时期的录像。因此，使学生有了更加明确的印象，在之后联系课文，回答教师提问时就变得更加有效率。

同时，在高中历史课堂中，很多教师利用课堂时间播放《大国崛起》纪录片，不仅激发了学生学习历史的兴趣，更能够刺激学生探究世界历史的科学观。

案例：初中地理《地震和火山》

课文新授：

师：考虑从哪些方面得知我国是多地震的国家？从课文中找答案。

生：从两方面说明：一是文字记载地震最早；二是发生地震次数很多。任何事物的发生、发展和分布都是有规律的，地震也是如此。它们多发生在板块和板块的交界地带，世界的两大地震带就是这样的地区。

师：回答世界两大地震带。

课件展示：世界两大地震带

生看计算机课件的演示，考虑我国的位置同两大地震带的关系。

师：我国位于世界两大地震带的衔接处，地壳不稳定，所以多地震。

课件展示：中国的地震带

师：我国的地震集中分布在如图的四个地带。

课件展示：中国的地震带(四个地震带，略)

师：我国有资料的大地震都发生在这些地震带中。唐山大地震给我们造成了巨大损失。

课件展示：唐山地震。

师：地震的破坏力这样大，有无办法预防，从而减少损失呢？

生自学教材中的“选学课文”和“读一读”。

师：火山同地震一样，也是一种地质灾害，给人们带来危害。但火山在我国危害不大，活火山很少。

在这个过程中，教师利用多媒体课件，向学生展示地震的图片以及唐山大地震造成的巨大危害。这节课充分调动了学生的眼、耳、口三个感官，让课堂通过学生的感受变得高效。

五、练习法[12]

1. 什么是练习法

练习法是学生在教师的指导下，依靠自觉的控制和校正，反复地完成一定动作或活动方式，借以形成技能、技巧或行为习惯的教学方法。从生理机制上说，通过练习使学生在神经系统中形成一定的动力定型，以便顺利地、成功地完成某种活动。练习在各科教学中得到广泛的应用，尤其是工具性学科(如语文、外语、数学等)和技能性学科(如体育、音乐、美术等)。练习法在巩固知识，引导学生把知识应用于实际，发展学生的能力以及形成学生的道德品质等方面具有重要的作用。

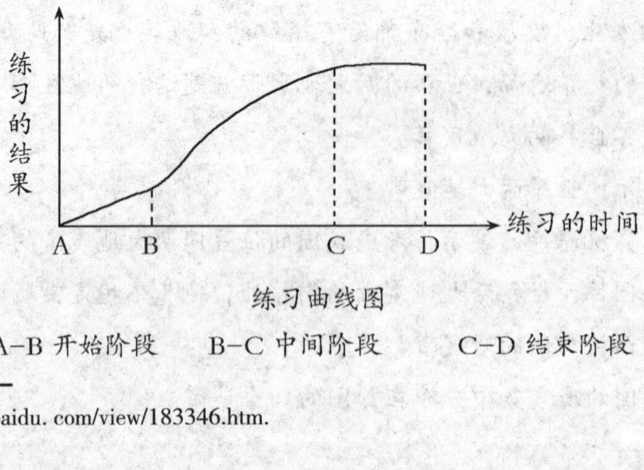

练习曲线图

A-B 开始阶段　B-C 中间阶段　C-D 结束阶段

12 baike. baidu. com/view/183346.htm.

练习法强调反复，但并不意味着低效；强调对单一动作的加强，但并不意味着没有效能。练习法也是有一定规律可循的。

2. 练习法的分类和阶段

按性质和特点来说，练习法一般可分为3类：

⑴心智技能的练习，如阅读、作文、计算技能的练习。

⑵动作技能的练习，如体育技能、劳动操作技能的练习。

⑶文明行为习惯的练习，如卫生习惯、礼貌习惯、守时习惯的练习。

从具体学科来说，特殊的练习的类别又是多种多样的。例如：语文课有听、说、读、写等练习，数学课有各种运算、解题、作图、测量等练习，体育课有体操、田径、球类等练习，音乐课有唱歌、演奏等练习，道德教育课有尊师守纪、整洁卫生习惯等练习。

根据练习曲线揭示的一般特点，练习过程大致可分为3个基本阶段：开始阶段，曲线上升慢；中间阶段，曲线上升快；结束阶段，上升速度逐渐减慢，直至出现停滞状态，或称高原状态。由于各门学科练习的性质不尽相同，练习曲线的表现特点也各不一样，而且学习同一种技能的速度也常常因人而异，在练习曲线上则明显地表现出个别差异。在练习过程中，教师要根据练习曲线所呈现的特点和个别差异，有计划、有组织和有步骤地进行教学活动。

3. 练习法的要求

运用练习法，一般有如下五个要求：

⑴明确练习的目的和要求。练习虽是多次地完成某种活动，但并不是简单机械的重复，而是有目的、有步骤、有指导地形成和改进学生技能、技巧，发展学生能力的过程。因此，在练习时，不仅教师要有明确的目的，而且也要使学生了解每次练习的目的和具体要求，并依靠对教材的理解，自觉地进行练习。

⑵精选练习材料。练习材料要根据练习目的、学生实际情况以及学习和生活上的实际需要加以选择；要加强基本技能的训练，把典型练习、变式练习和创造性练习密切结合起来，努力促进学生技能的积极迁移，使学生能举一反三，触类旁通，发展他们的实际操作能力和创造能力。

⑶正确的练习方法。练习方法要按照确定的步骤进行，不管何种练习，

都促进学生思维的积极性。有的练习材料可采用全部练习法；有的练习材料可采用分段练习法(又称单项或分步练习体系)，即把某种复杂的操作活动分解为几个部分，先专门练习其中的某一部分，然后再过渡到综合练习。练习开始时，教师通过讲解和示范，使学生获得有关练习的方法和实际动作的清晰表象，然后学生进行练习，先求正确，后求熟练。练习的方式要适当多样化，以提高学生的练习的兴趣和效果。

⑷适当分配练习的分量、次数和时间。技能、技巧或习惯的形成，都需要足够的练习。但是，练习的分量和次数要根据学科的性质、练习的材料和学生的年龄特征来确定，不是越多越好。练习的时间分配，一般来说，适当的分散练习比过度的集中效果更好；开始阶段，练习的次数要多些，每次练习的时间不宜过长，然后可逐渐延长练习的时距，每次练习的时间略可增加。

⑸了解练习的结果。每一次练习之后，检查哪些方面有成效，哪些方面存在着缺点或错误，保留必要的、符合目的的练习，舍弃多余的练习，或组织一些校正性练习。当学生出现高原状态时，不能轻易认为是生理限度。教师要帮助学生分析原因，指导他们改变旧的活动结构，采用新的方式，并提高他们的信心，鼓励他们突破高原状态，争取更大的进步。

4. 练习法的设计和组织

课堂练习是学生掌握知识、形成技能的重要途径，起着形成和发展学生认知结构的作用。在课堂教学中，教学的成效与练习的成效有很大的关联。练习的设计和组织，这两个方面一定要相辅相承，才能达到理想的教学效果，才能实现课堂练习有效、高效。为此，在教学中，我们应根据课程标准和教学内容的特点、学生的实际，创造性地精心设计练习题。一般要注意四个方面：首先，课堂练习要有层次性。教师要根据本班学生的知识水平来练习，使“不同的学生在课堂教学中有不同的发展”。练习要求不能太高，也不能太低，要适应不同层次的学生，既要让差生“吃好”，又要让优等生“吃饱”。练习要有基础题，也要有发展题，还要有提高题，以适应不同层次、不同知识水平的学生学习的要求。练习设计要相互衔接，由易到难，循序渐进。

其次，课堂练习要注重开放性。课堂练习除了要有基础练习，还必须要有拓展性习题，让学生“跳一跳，才能摘到果子”。这样一来，学有余力的学生就会在解题过程中表现出强烈的挑战欲望，产生浓厚的学习兴趣。条件不完备、问题不完备、答案不唯一、解题方法不统一的练习，具有发散性、探究性、发展性和创新性的特点，有利于促进学生积极思考，激活思路，能从不同方向去寻求最佳解题策略。通过这样的练习，学生的思维越来越灵活，应变能力越来越强，而不被模式化的思维定势所束缚。

再次，课堂练习应具有生活实用性。学科知识源于生活，又高于生活。练习的设计一定要充分考虑学科发展进程中人类的活动轨迹，贴近学生熟悉的现实生活，不断沟通生活中的知识与教材的联系，使生活和学科融为一体。这样的课程才能有益于学生理解学科知识、热爱学科，让教学成为学生发展的重要动力源泉。联系生活实际进行练习设计，可展现知识的应用价值，让学生体会到生活中处处有知识，学科知识就在自己身旁，从自己身边的情景中可以看到问题，运用学科知识可以解决实际问题。[13 14]

最后，课堂练习要有时间的保证。学生的课堂练习时间要安排充足，一节课上要保证10--15分钟的课堂练习时间。课堂练习量少，对所学的知识只能停留在基础层面的练习，不能深入，课堂效率自然不高，教学效果也不好。要向学生强调珍惜有限的课堂练习，勇于尝试，同时教师应对学生的操作及时作出评价，让学生在得到教师的肯定及指导后，兴趣更浓，学习的劲头更足，这样课堂教学效率更高。我们可以在所有学生做好一切练习准备之后再开始布置任务。任务开始之后，如果没有学生提问，教师决不干扰学生，要求学生尽可能地独立完成全部练习，教师走动巡视，及时发现问题。

六、自学辅导法[15]

1. 什么是自学辅导法

“自学”是指学生发挥主观能动性，运用已掌握的知识，自己去独立地获

13　百度百科　练习法 .http：// baike. baidu. com/view/183347. htm.

14　[日]佐腾正夫 . 钟启泉译 . 教学论原理[M]. 北京：人民教育出版社，1995.

15　百度百科　自学辅导法 . http：// baike. baidu. com/view/4313253. htm.

取知识；“辅导”是指教师将具有逻辑意义的教材，同学生已有认识结构联系起来，使其融会贯通，并使学生采取和保持相应的学习心向进行学习。“自学辅导教学法”是将学生自学与教师辅导有机结合的一种教学方法。这种方法的主要特点，是把“学”放在教学过程里的中心位置，寓“导”于“学”，教学相长。学生在获取知识的同时，掌握学习的方法，培养和提高自学能力。它的实质就是让学生学会如何学习。

自学辅导法是通过一种新的教材、教法，变教师讲、学生听的传统教法为以学生自学为主，辅以教师的指导，培养学生独立思考和自学的习惯与能力。

2. 自学辅导法的基本概况

自学辅导法是由中国科学院心理研究所卢仲衡等同志在长达二十几年的初中数学教学实验中总结提出来的，是一种在教师指导和辅导下，以学生自学为主的教学方法。这种教学方法突破了传统的课堂教学形式，变以教师讲授为主为在教师的指导、辅导下的以学生自学为主。在一节课中，学生的连续自学时间达35分钟左右，配有供学生自学的课本，进行练习的习题本和核对答案的答案本等一套完整的自学辅导教材，学生在自学的基础上自行练习并自我批改作业。教师主要起启发指导、检查督促和辅导提高的作用。这是目前国内自学研究中影响较大、效果较好的一种教学方法。1963年，他们进行程序教学实验。1965年，在总结实验的基础上，根据心理学原理提出编写自学课本、练习本、测验本，使学生在教师指导下，运用三个本子进行自学、自练、自批作业，因此又称为“三个本子教学法”。

3. 自学辅导法的原则

⑴步子适当，高而可攀，从小步子逐步过渡到大步子。

⑵及时反馈。学习后及时练习，当时知道结果。

⑶分组安排练习，前一组为后一组做铺垫，前者启发后者，后者复习前者，从旧知识推出新知识。

⑷直接揭示本质特征。表述概念、编写习题时把常见性错误与正确特征同时呈现，培养学生的判断力。

⑸从展开到压缩。学生新的内容展开，随发展、熟练后逐步压缩。

⑹变式复习，避免机械重复，使掌握、运用知识的质量螺旋式提高。

(7) 按步思维。尽量把解题时的思路分成可操作的步骤，从活到死，再从死到活。

(8) 可逆性联想。

(9) 步步有根据。

4. 自学辅导法的基本阶段

第一阶段：教授给学生阅读方法，使学生基本学会阅读教材，理解词义，概括段意。需1～2周时间。

第二阶段：引导学生学会自学，养成自学习惯，适应自学辅导教学法。大约需2个月。

第三阶段：在学生比较适应自学辅导教学形式，初步养成自学习惯，并有一定的自学能力后，进一步加强学习过程中学生的相对独立性。需半年到一年时间。

第四阶段：使学生完全适应自学辅导教学法，形成良好的自学习惯，在自学过程中充分发挥独立性。

5. 自学辅导法的模式

第一步，启发，即从旧知识引进新问题，激发学生的求知欲望，使他们有迫切需要阅读课本和解决问题的要求。

第二步，阅读，即学生在课堂上，在教师的督促和指导下的独立阅读和思考。

第三步，练习，即学生按照要求自做练习。

第四步，当时知道结果，即学生做完练习就检查答案的正确性。

第五步，小结，即概括全貌，纠正学生的错误，使做题规范化，解决疑难问题，促使知识系统化。

6. 自学辅导法的作用

自学辅导法以培养学生学习的独立性为核心，以“启、读、练、知、结”自学辅导教学模式为统领，建构多个具体的自学辅导操作模式。在这个模式里，教师除了提供学生自学所需要的教材、自学提纲等辅助资料，以达到预期教学目标外，主要起启发指导、检查督促、辅导提高的作用。辅导在于适时地帮助和启迪学生，这样更有利于给学生提供自我学习的机会，体现其学习的主体地位，发展其自学能力和学习的独立性。将教学活动确定为旨在增强学生学习独立性的连续体。

7. 自学辅导法的方法

自学辅导法把将课堂还给学生，让教师成为助手的想法付诸实践。自学辅导法在课堂教学中实现各个击破，区别对待各种不同层次的学生，让学生学有所得，让教师有的放矢，以此促成课堂的高效、高能。

在教学过程中，学生知识的获得，必须通过学生的积极思考和实践活动，必须激发学生在学习过程中的积极性、主动性和独立性。因此，把课堂还给学生，把学习的主动权交给学生，让学生自主学习，给学生充足的学习时间，放手让学生自主学习，创设自学的“气氛”，让学生的学习主动性得到充分发挥，这是培养学生自学能力的主渠道。

第一，提供给学生“学”的方法，培养学生的创新能力。

提供给学生学的方法，犹如交给学生打开知识大门的钥匙。学生掌握了方法，才能真正把握学习的主动权，真正确立学习主体的位置。学生的创新意识，只有在自主探索问题与解决问题的过程中才能得到培养。因此，教学时应从学生的年龄特点和认知特点出发，留给学生足够的探索空间，让学生通过预习、质疑等具体活动来提高创新能力。

⑴指导预习。自主学习的预习，贵在独立性，是学生独立获取基本知识的重要一环。指导预习按“扶——放”原则，起初可设置“导学提纲”以设计一系列问题的形式，在“学什么”、“怎样学”两方面加以引导。如教学“除数是整数的小数除法”时，一位教师设计导学提纲：①“除数是整数的小数除法”与“整数除法”有什么异同点；②“除数是整数的小数除法”中商的小数怎样确定；③除到被除数末尾仍有余数怎么办。这样坚持训练并将预习要求、读书方法适时渗透。当学生对如何预习有一定的实践后，提纲逐步精简，最终让学生丢掉“导学提纲”的拐杖，走上自学的道路。

⑵鼓励学生独立思考，勇于质疑问难。有的学生由于受知识、年龄等限制，不善质疑问题；有的胆小不敢质疑问难；有的满足于一知半解，不愿质疑问难，所以，我们要创设条件，努力营造氛围，激发学生质疑问难。教师

要善于灵活地向学生提出探索性问题。

第二，提供讨论交流的机会，培养交际能力。

为学生提供畅所欲言，各抒己见的机会，能有效地培养学生的交际能力。引导学生自主学习，教师首先要给学生创设一个民主、平等、和谐的环境，让学生充满自信。在教学中，经常设计小组讨论，全班交流的环节，让学生做学习的主人，充分表达自己的思维方法及过程，揭示知识规律和解决问题。这样一来，就加强了学生之间的交往和沟通，促进相互了解，促进不断反思自己的思考过程，同时对其他同学的思路进行分析思考作出自己的判断。这种活动不仅锻炼了同学们的交际能力，也增强了自己的生活实践能力。这也是一种合作学习。这种合作学习给每个学生提供了表现自己的机会，不仅使自己对知识理解更丰富、全面，而且充分放飞了自己的想象力，使能力得到提高，同时也培养了学生之间团结友爱、互助合作的精神。

第三，提供良好的学习氛围，激发自主学习的兴趣。

教师在课堂上创造轻松、愉快的学习气氛，能使学生情绪高昂，思维活跃，学习兴趣和信心倍增，智力活跃，接受能力强。

教学中，教师应积极地为学生创设一种情趣盎然的学习气氛，使学生受到陶冶、感染和激励，从而主动学习：①设疑布难，激发学生好奇心理；②巧设悬念，激发学生探知的迫切欲望；③创设情境，使学生自然产生求知的心理冲动。如：教“正比例”时，教师领学生到操场，问：现有一根米尺，要量出旗杆的高度，怎样测量？根据旗杆的影子长也能算出旗杆的高度，影子和旗杆有怎样的关系？此后，让学生量出几种不同的杆长和各自影长，进一步研究杆高和影长的关系，进而引出“正比例”的概念。

总之，在课堂上，善于利用教材，灵活运用各种有效的教学方法，激发学生的学习兴趣，把自主权交给学生，真正达到培养学生自主学习的能力的目的。

第五章

高效课堂的原则与要求

随着教学改革的深入，实施有效教学，打造高效课堂，已经成为各学校的追求和共识。高效课堂是有效课堂的最高境界。高效课堂基于高效教学，即：以尽可能少的时间、精力和物力投入，取得尽可能好的教学效果。尽可能好的课堂教学效果应遵循一定的课堂教学原则，符合一定的课堂教学要求。

第一节　教学遵循——高效课堂的原则[1，2，3]

一般认为，高效课堂是指学生在教师的帮助指导下，在一定时间内获得的知识和能力以及学习的体验。它具有效果优、效益好和效率佳的要求。具体来说，高效课堂教学应坚持以下基本原则：

一、生本教育原则

高效课堂的核心是人本，是从学生出发，“认识”学生。

高效课堂围绕着“人本”建构教学关系和师生关系。在师生关系上主张“生本”。“生本”，即按照学生学习、认识和成长的规律，把“学生的”原原本本地交付学生，呵护学生的天性，让每一个生命自然成长。

1　田文江．打造高效课堂——与武汉名师面对面[M]．天津：天津教育出版社．2011.

2　于春祥．发现高效课堂密码．济南：山东文艺出版社，2011.

3 ［美］艾玛·麦克唐纳，戴安·赫什曼．如何打造高效能课堂．北京：中国青年出版社，2011.

华南师范大学教授郭思乐认为，生本教育就是以学生为本，一切相信学生、高度尊重学生、全面依靠学生。

有人曾经问郭思乐教授："什么是教学?"

郭教授回答说："如果你告诉学生，3乘以5等于15，这不是教学。如果你说，3乘以5等于什么？这就有一点是教学了。"

"如果你有胆量说'3乘以5等于14'，那就更是教学了。这时候，打瞌睡的孩子睁开了眼睛，玩橡皮泥的学生也不玩了：'什么什么？等于14？'"

"然后，他们就用各种方法，来论证等于15而不是14。比如，4个3是12，再多加一个3，是15；数一数，5个3是15，等等。"

"我们所做的，全都要通过学生自己去最后完成。一旦我们醒悟这一过程的必然性，就会明白教育过程的主人和主力，原来是学生自己，我们只不过是学生自主发展的服务者和仆人。"

郭教授认为，"生本教育"的核心理念，就是高度尊重学生，全面依靠学生，把以往教学中主要依靠教师的"教"转变为主要依靠学生的"学"。而教师则要退后，他的作用和价值体现在最大程度地调动学生的内在积极性，组织学生自主学习。

这，不仅仅是教育方法的转变，更是进行高效课堂教学必须遵循的原则。

(一)生本教育原则的基本观点

1. 价值观

一切为了学生。学生是教育过程的终端，是教育的本体。生本教育的特征之一，就是真正认识和把握学生这个本体，把一切为了学生作为教育价值原则。

2. 行为观

全面依靠学生。生本教育的基本方法，就是全面依靠学生。要全面依靠学生，其中带根本性的认识有三点：

(1)"资源论"，学生是教育教学活动的重要资源；

(2)"生态论"，学生将在某种教育生态环境中蓬勃发展；

(3)"现状论"，教师要艺术地调动学生的潜能，帮助学生自我发展。

3. 课程观

"小立课程，大作功夫。"也就是说，教给学生的基础知识尽可能精简，腾出时间和精力让学生大量地进行活动；主张学科内部整合和整个课程整合。郭教授还提出，在突出词汇语言、数学语言和艺术语言这三大语言的前提下整合课程，使各科课程本质化、综合化、活动化。只有实现了大课程的整合，整个学校教育的生本化，即学生可以自主地学，才有可能成为现实。生本教育体系的课程、教材，是成为联系其教学思想体系与教学的中介，成为其体系化的教学思想走向现实的桥梁。

4. 方法论

先做后学，先会后学，先学后教，少教多学，以学定教，不教而教。郭教授认为，学生学习的核心部分应该是感悟。感悟不仅是学习的重要过程，而且是重要的结果。所有的学习最终归结为感悟。他主张“读和做，缓说破”，通过这种方法去促进学生的感悟。生本教育的方法，基本上是强调充分地调动和利用学生资源，强调把学生的学习尽早地交付给学生，教师尽快地让学生自己活动起来，去获取知识，去解决问题，把可以托付的教学托付给学生。所以，有的教师形象地把生本教育的方法论概括为“资源论”、“借力论”、“交付论”。

（二）生市教育原则在高效课堂教学中的具伸表现形态

生本课堂就是以学生为主体，让学生主动、自主学习的课堂。具体表现形态为“四突出”、“三转变”和“四个基本流序”。

1. 四突出

突出学生：充分发挥学生主体作用，完全改变教师讲、学生听的局面。

突出学习：整个教学过程处处突出学生的学习、质疑和探究。

突出合作：4~6人的小组学习是最大特色。

突出探究：让学生通过自主学习、探究获得知识，形成能力。

2. 三转变

变教师灌输式的教为学生自主性的学，使学生获得学习动力。

变“听懂了”为“学懂了”、变“学会了”为“会学了”，使学生掌握学习方法。

变“他律”为“自律”，使学生获得自信、自尊，激发内在的学习潜能。

3. 四个基本流序

⑴课前预习或前置性作业（教师指导下的自学）。

⑵小组合作学习，4~6人小组交流讨论。

⑶班级交流，有小组代表交流，也有学生与学生、学生与教师的互动。

⑷教师引导点拨，教师在倾听的基础上点拨，让学生的思维进行碰撞，让智慧之火熊熊燃烧。

二、生成性教学原则

高效课堂放手发动、锻炼学生——让学生动起来，和知识直接对话。这个对话的过程就是“学习”。学习即经历，学习即失败、反馈、矫正，学习即创造、成长、收获。知识一旦离开了应用，课堂一旦拒绝生成和生长，教学一旦变成了灌输和填充，那让学生得来的只能是“死知识”，而“活知识”必须生根、开花、结果，能够让学生一生“带得走”、“用得上”。因此，我们从相当高度上认识学习能力。我们主张，唯有致力于对学生的学习能力的培养，才能生成他们的终身发展能力。

从教育学的角度来看，生成性是高效课堂教学最重要的特性之一。也就是说，高效课堂必须遵循生成性原则。生成性教学是指教师的教学绝不是课前设计和教案的展示过程，而是充分发挥师生双方的积极性，随着师生交往与对话的展开，教师学生和文本间不断碰撞和交流，生成新的问题，学生在这个过程中兴趣盎然，认识和体会不断加深，思考和感悟逐渐提升。

(一)生成性教学原则的特性

生成性教学是课堂教学的理想境界，也是“以人为本”、“以学生为主体”的具体体现。

高效课堂教学的生成性不仅是指传统认识上的教师依据教学大纲、教材和学生实际编写教案，依据教案组织教学活动，而且是充分考虑师生生命活动的多样性和教学环境的复杂性来推进教学过程，以教学活动中师生、生生与教学资源的多重组合，教学环境的不断变动和教师即时处理多种反馈的方式来决定教学过程。

(二)生成性教学原则下的高效课堂教学内容和组织形式

高效课堂教学中要充分挖掘与合理利用人力资源，让学生在与教学环境、文本、教师的思维碰撞中产生火花，挖掘课堂教学的生长点。

1. 课堂教学策略

⑴在移情中生成。

⑵在探究中生成。

⑶在对话的场景中生成。

⑷在质疑中生成。

2. 课堂教学内容

⑴教学内容结构重组。为拓宽学生的视野，将教学内容进行重组，让教学内容“走近”学生，让学生“走进”生活。

⑵生成性信息的整合。在交流互动、动态生成的教学过程中，来自学生的信息大多处于原生状态，往往是零星的、片面的、模糊的。这就需要教师自始至终研究学生，选择学生的创新信息，引领学生把教学过程向更高水平推进，从中优选有思维价值的问题。

3. 课堂教学组织形式

⑴多途径地为学生提供表现的机会、展示的场合，满足其体现自我价值要求。

①“合作式”。“合作式”是师生、生生情感交流的一种教学形式。

②“质疑式”。“质疑式”是课堂教学的必要形式，“提出一个问题比解决一个问题更重要”，最大限度地为学生开辟质疑的时空，把学生的“质疑”融化到每个教学环节之中。

③“实践操作式”。“实践操作式”是学生最喜欢的一种活动形式，课堂中应尽量把教学目标的落实通过实践操作来实现。

⑵充分运用评价的激励功能。坚持正面引导，提倡无错原则，让每一位勇于回答问题、敢于提出问题的学生都毫无遗憾地坐下，激发学生的附属内驱力。教学中将即兴评价和延缓评价有机结合，让学生有时间、有空间带着自己的知识、经验、兴趣、灵感参与课堂交流，从而促使课堂教学呈现出更多的灵活性、生成性和丰富性。

三、分层教学原则

孔子说，教育学生要“视其所以，观其所由，察其所安”，即教育学生要看他的所作所为，了解他的经历，观察他的兴趣和爱好。只有根据不同层次的学生因材施教，才能取得良好的教学效果。

学生的个别差异是客观存在的，实施高效课堂教学模式，必须承认学生的层次差异。新课程改革的核心思想是“面向全体，因材施教”、“使每一个学生得到发展”、“力求满足不同类型不同层次学生的需求”。

只有面向全体提高的教学方法才是高效的课堂。而分层教学就是高效课堂教学重要的支撑。分层教学是指根据全班学生的知识基础和认知水平，将他们分成几个层次。在此基础上，教师有针对性地进行分层备课、分层授课、分层指导，使学生进行分层练习，互相交流，让不同层次的学生最终达成不同的教学目标。

(一)分层教学的特性

分层教学是一种面向全体，因材施教的教学形式。它既注重同一班级中学生的共同特性，又重视学生个体发展的差异性。它以班级集体教学为主，小组教学、个别辅导相互兼顾。它强调教师的教要适应学生的学，要做到“因材施教，分层提高，以达到班级整体优化”。

(二)分层教学的具体实施

1. 学生层次化

在数学教学中，根据学生的数学基础、思维水平、学习态度、平时成绩的差异，把学生分成 A、B、C 三个层次，学生比例约为3∶5∶2。把学生分类编组时，最好四个人(一个 A 层同学、两个 B 层同学、一个 C 层同学)为一个学习小组，组内异质、组间同质，便于组内交流、讨论，也便于组与组之间的竞赛。学生分层是相对的，并非固定不变。经过一段时间(一般半个学期)后，进步明显的学生可以升级，最终达到 C 层逐步解体，A、B 层不断壮大的目的。

2. 教学目标层次化

目标层次化是备课环节中的重要方面，教师要研究、钻研教材，根据教材知识结构和学生认知特点，确定共同目标和层次目标，并将层次目标体现在教学过程中。例如，在学习“用公式法解一元二次方程”时，共同目标：理解记住求根公式，会用求根公式解一元二次方程。层次目标：A 层，了解求根公式的推导过程，记住求根公式，并能用它解决问题。B 层，了解推导过程，记住公式。C 层，了解推导过程。

3. 教学过程层次化

教学过程是实施分层教学的中心环节。荷兰数学家弗莱登塔尔说，教师的作用就是使每一个学生达到尽可能高的水平。因此，课堂教学中，要把握好授课的起点，处理好知识的衔接与过渡，设计好教学的梯度，引导全体学生参与教学活动，让课堂充满生机与活力。教师将有思维难度的问题让 A 层学生回答，简单的问题鼓励 C 层学生回答，适中问题的回答机会让给 B 层学生，这样每个层次的学生表现机会均等，便于激活课堂。

4. 分层作业

分层教学法要求针对不同层次的学生，设计不同数量、不同难度的作业。C 层学生做基础性作业，B 层学生以做基础性作业为主，同时配有少量略有提高的题目，A 层学生做基础性作业和有一定灵活性、综合性的题目。作业分层布置，符合学生的特点，从而调动了各层次学生的学习积极性和主动性。

5. 分层评价

分层评价是分层教学的保证。对不同层次的学生采用不同的评价标准，充分发挥评价的导向功能和激励功能。对 C 层学生要寻找其闪光点，采用表扬性评价；对 B 层学生采取激励性评价；对 A 层学生采用竞争性评价，坚持高标准、严要求，促使他们不断超越自己。

四、自主性学习原则

高效课堂强调在教学中解放学生，充分体现学生在教学中的主体地位，让学生的独立性得到充分的发挥，使学生在掌握人类优秀文化科学知识的基础上学会学习、学会生活、学会创造，实现更高层次的自主性学习。

自主性学习是指要求教师尊重学生的人格，关注个体差异，满足不同的学习需要，创设能引导学生主动参与的教育环境，激发学生的学习积极性，培养学生掌握和运用知识的能力，使每个学生都能得到充分发展的学习。

(一)自主性学习原则的特征

自主性学习的典型特征就是学习者在学习过程中能自我确定学习目标、制定学习计划、做好具体的学习准备，在学习活动中能对学习进展和学习方法做出自我监控、自我反馈和自我调节，在学习活动后能对学习结果进行自我检查、自我总结、自我评价和自我补救。具体包含自我识别、自我选择、自我培养、自我评价和自我控制五个方面。

1. 自我识别

是指学习者在成长的过程中对自己已有知识、技能、能力、意向、兴趣、爱好、特长、性格有着清晰的认识。

2. 自我选择

是指学习者能根据社会需求、学习目标或课程内容，结合自身的兴趣爱好，来选择学习模式、学习策略或学习方法等。

3. 自我培养

是指学习者能积极主动地按照全面发展的要求和个人特长的需求进行自我教育，包括不断端正自己的学习动机、改进自己的学习方法、提高自己的学习效率、健全自己的体质和心理状态。

4. 自我评价

是指学习者经历一段时间的学习后，对自己的学习目标和学习过程、学习方法、学习效果、学习作风、学习态度进行实事求是的全面检查，找出该肯定和不做的地方。

5. 自我调控

是指学习者在自我评价的基础上进一步修正自己的学习动机和目标，更好地分配自己的精力和时间，调整自己的学习方法和策略等。

(二)自主性学习原则在高效课堂教学中的运用

1. 确定学习目标，创设学习情境

在教学活动开始之前，教师首先要帮助学生确定学习目标，然后组织学生以此目标为起点，开展自主性学习活动。教师确定学习目标要认真研究课标、教学内容，要遵循学生的认知规律，站在学科知识体系的高度制定恰切的学生学习目标。

学习情境是指学生学习时所需要的课堂学习场景。教师创设学习情境，实际上也就是依据学习目标，围绕学习内容，对课堂学习的有关场景进行描绘、设计和美化，从而激发学生的学习兴趣。创设这样的学习情境，可使学生在课堂上激情充溢、思维流畅，从而入情入境地进行自主学习与自我发展。

2. 放手让学生自学，因人而宜指导

学生在教师的引导下，科学探究目标，可以主动地、自由地、创造性地开展探究活动。学生自主探究的过程是：借用背景材料——形成问题——研究问题——解决问题。学生的自主性学习除需要教师为其确立学习目标和创设良好的学习情境外，还需要教师贯彻因材施教原则，对其学习进行必要的分类指导。教师指导学生进行自主性学习，最重要的就是对学生的学习活动进行合理的组织。教师的组织要以知识的形成过程、思维的发展过程、能力的提高过程为主线，以多方合作互动、多项信息沟通、多种感官协调为方式，组织学生进行自主探究活动。同时，教师还要针对学生的不同情况进行分类指导。

3. 留足时间巩固，当堂掌握目标

当今课堂教学之所以低效，关键是学生不能当堂掌握学习目标。在高效课堂教学中，学生围绕学习目标通过自主、合作、探究性学习，自己解决了大部分内容的问题，遇到的学习困难也在教师的帮助下获得解决。在此基础上，要让学生及时内化教学内容，当堂掌握学习目标。针对知识目标，要让学生在理解的基础上背诵，及时掌握；针对能力目标，要让学生在掌握方法的情况下巩固训练，形成技巧；针对情感目标，要让学生在体验中升华，提升品位。同时，学生要在掌握了知识、训练了能力并在教师的指导下掌握了解决问题的方法和规律后，能运用这些方法和规律解决生活中的实际问题。

五、师生互动的教学原则

师生互动教学是指在课堂教学中，教师与学生之间通过相互启发、相互质疑、相互评价、相互反馈、相互触动等具体形式，在认知、情感、人格等方面形成多极活动关系。

(一)课堂上师生互动的作用

1. 有效的师生互动有利于教师教学效率的提高

在教学活动中，教师是施教者，学生是受教育者。所以，教师与学生之间的互动是教和学的双向运动。在教学过程中，学生的自己阅读、独立思考、相互议论如能和教师释疑和谐运转，则学生不仅能学得深刻，而且能在获得知识的过程中，提高思维能力，增强自我意识，充分发挥主动精神。因此，教师在教学过程中，“教”只能为学生的“学”服务。

2. 师生互动有利于学生学习技能的培养

皮亚杰的研究表明，儿童的智能起源于主体对客体的动作。这充分说明了操作对于儿童发展的积极意义和重要作用。在师生之间经常性的互动中，让学生主动地参与学习，有利于学生学习技能的形成。

3. 师生互动有利于教师自身素质的提高

学生在阅读、思索、领悟教材的过程中，必然会不断发现和提出许多教师尚未思考到的疑难问题，要求教师解答，这对教师有很大的启迪作用，能促进教师对教材、教法进行更深层次的探索。同时，不断更新自己的知识结构，提高自己的教学业务水平，增长教学能力。

（二）课堂教学师生中互动的策略

1. 积极参与策略

“互动”必须“参与”。只有参与，才能“互动”。课堂教学的参与率，是衡量课堂教学效果的一个因素。⑴全员参与。可以抓住两个方面：一是抓课堂教学中的个体参与，让每个学生有比较充裕的时间，根据明确的目标导向，按自己的水平进行自我学习，强调学生的独立性，营造独立思考和个性体验的空间，使个体学习形成全员参与。二是抓师生间、生生间的多向交流和反馈。教师以集体中的一员与学生广泛接触，并鼓励学生与同学之间相互交往，从而形成一个师生之间、生生之间、个体与群体之间，人人参与互动交往的生动局面。⑵主动参与。课堂参与的效益不仅和参与的覆盖面相关，还极大地依赖于参与者的积极心态。要提高参与的主动性，必须创设吸引学生参与的良好情境，使学生感到没有思想负担，有话敢说、有问敢提、有疑敢质。⑶差异参与。没有差异参与，就没有全员参与，参与的要求是因人而异、因组而定。可以采取“分组教学、分层递进、互补互协”的方法，参与内容和方法必须符合易于互动的实效性。

2. 情感交融策略

师生间和生生间的情感交融，是调动学生积极参与互动、优化互动的动力源之一。应采取：⑴师生间的互爱。爱是学生的基本心理需要，也是师生间关系的核心。互爱是师生间沟通的渠道，没有爱就没有教育。(2)人格平等。教师对学生要做到“三尊重”。尊重学生的主体地位，不包办代替或截流学生的学习行为。尊重学生的自尊心，不能挫伤学生学习的积极性。要尊重学生的个性发展。

3. 人际合作策略

合作的人际交往关系，是教学互动的又一必要条件。课堂教学环境主要是人际交往的环境。师生合作、生生合作、个体与群体的合作，是教学环境交互决定的重要变量。没有人际合作，就无法实现和谐的“教学互动”。(1)语言合作，要求做到善说善听善议善评。(2)环境合作，通过合理的座位组合形式，来缩短人际交往的空间距离。(3)个群合作，强调生生间资源共享，发挥集体教育的力量。

4. 教学相辅策略

教有教法，学有学法，教法与学法相辅相成。只有教法与学法取得一致，相互适应时，才是最经济有效的学习。尤其应注意班集体的稳定性和师资的人员固定性，形成师生间相适应的教法和学法的稳定性。

第二节　温馨提示——高效课堂问题[4，5，6]

课堂是学校的心脏，真正意义上的素质教育关键在课堂教学，而提高单位时间的教学效率是当务之急，高效的课堂取决于高效的教学行为。然而，在高效课堂教学过程中，特别是在各环节(细节)上，往往存在着一些普遍性问题，极大地影响了理想教学效果的达成。

一、课前准备

(一)(导)学案的编写问题

对教师而言，课堂高效的重要前提是课前精心的准备。教师既要备好教

4　李炳亭. 高效课堂22条[M]. 济南：山东文艺出版社，2009.

5　徐立峰. 高效课堂：杜郎口自主学习教学模式综合实践[M]. 北京：科学出版社，2010.

6　刘金玉. 大夏书系·高效课堂八讲. 上海：华东师大出版社有限公司，2010.

材，又要备好学生。在此基础上，设计好(导)学案。但在实践高效课堂教学模式时，很多教师在(导)学案的编写上存在以下问题：

1.(导)学案编写教案化

教案的着眼点在于教师讲什么和如何讲，它是以教师为中心，强调的是“教”；(导)学案的着眼点则在于学生学什么和如何学，它是以学生为中心，强调的是“学”。编写“(导)学案”的过程本身就是一个探究性的活动，它不是教案的翻版，它需要教师从帮助学生学会学习出发，按照从易到难、从表面到本质、从一般到特殊的认识规律，有层次地安排学习内容。它还要求教师有创新精神，提出的问题要从课程标准出发，但又不拘泥于标准，要有利于帮助学生突破常规思维局限，有利于挖掘学生的潜能，有利于学生发现问题。但事实上，我们很多教师在编写学案的时候往往受到教学中思维定势的影响，把教案的条框详细化，就变成了所谓的“学案”。试想，这样的学案怎能摆脱“教授化”的影子？怎能在课堂上体现“以学生为中心”的教学思想？

2.(导)学案编写习题化

从性质上来看，(导)学案是帮助学生完成学习目标的手段，而习题或考卷则是检测学生学习水平与能力的手段。从内容上看，习题只是学案的一个组成部分。但有些教师认为，(导)学案不过是教学内容习题化。所以，他们在设计(导)学案时没有经过认真研究，只是把教材内容简单地编制成一个个习题，甚至机械照搬课本内容，连编排顺序都完全一样，认为这就是(导)学案。教师如果按这样的(导)学案进行教学，必定会造成学生去抄课本，死记硬背教学内容，简单机械地寻找答案，整堂课就成了师生对答案的过程，根本无法实现“(导)学案导学”教学的优势。所以，(导)学案决不是单纯的另一份额外的家庭作业，要防止把学案搞成又一本“练习册”，从而加重学生的负担。

3.(导)学案编写的共性化

(导)学案编写应体现教师对学生的循循善诱，要让优等生看到挑战，让中等生看到激励，让学困生看到鼓励。要让每一个学生能参与并学有所得，从而提高学生学习的积极性和独立学习的自信心，使每一位学生都有一个积极健康的学习心态。所以，我们在预设(导)学案时，必须基于全体学生，既要为全体学生的发展与提高而预设，又要能让全体中的每一位在通过他们的合作探究后都有所提高。我们应该依据“三维目标”分层而设，使班级中的每一类学生、每一位学生都能在实现“三维目标”的前提下彰显出属于他自己的个性，决不能“一刀切”。

4. (导)学案编写的拔高化

(导)学案的编写要遵循循序渐进的原则，问题的设计要有梯度，由浅入深，由易到难，学习目标不能过高。有的教师在编写时，往往不考虑“学情”，学习目标脱离了学生的实际情况。长期这样下去，必将使学生的学习兴趣降低，教学质量得不到保证。所以，编写(导)学案必须根据学生现有的知识水平和认知能力，注意各知识点的层次把握。

(二)学生预习中存在的问题

学生的课前预习是高效学习的起点。通过预习，学生初步了解学习材料的基本内容，明确新旧知识之间的联系，为课堂学习做好准备，同时培养学生的独立学习能力。课前预习这一方法的运用，既有助于学生提高学习自觉性，养成良好的学习习惯，又能促进学科学习所必备的学习技能的形成。

1. 学生预习不到位，预习只停留在表面

相当一部分学生在预习时总忙着做预习题，而忽略了对学习目标和学法指导等的了解学习。对此，教师要帮助学生养成良好的学习习惯，让学生达到“自律”，真正学会学习。让学生通过预习能够首先确定学习目标，然后按目标要求展开探究自学，并在此基础上掌握基本知识和完成基本训练。教师要对学习方法进行适当的指导，如控制自己的预习时间，以提高效率；用红笔划出书中的重点、难点内容；带着学案上的问题看书，并标出自己尚存的疑问，带着问题走进课堂；逐步掌握正确的自学方法，有意识地培养自主学习的能力等。教师要有意识地通过多种途径获得学生预习的反馈信息，以使上课的讲解更具针对性。

2. 部分学生根本就不预习或对预习敷衍了事

学生完成预习是课堂教学高效的保证。教师对学生的预习要进行及时检查，一方面能促使学生“不同程度”地完成学案任务，特别是能对一些差生进行个别指导，鼓励和引导学生克服困难，完成应该完成的任务。另一方面，教师能深入了解学生预习所达到的程度，以及存在的问题，能把握讲课的方向和重点。

教师一定要严格检查学生的预习情况，杜绝不预习和对预习敷衍了事的现象。检查一般可以采取自检、互检、师检相结合的方式进行。

3. 预习时，有的学生不好好看书，没有独立思考，动不动就问同学、问教师

要积极培养学生独立思考的习惯，指导学生学会思考，学会分析问题，学会利用资料、查找资料与利用学习工具书。鼓励学生正确面对困难、挑战困难，善于从解决困难中寻找快乐，善思乐学。对于确有解决不了的问题，可留在课堂上讨论。

二、课堂运用

(一)(导)学案的运用问题

1. 重“显性目标”，轻“隐性目标”

知识目标和能力目标是写在(导)学案上的，属显性目标，主要通过学生自学和课堂教学达成，而情感目标和意志目标是隐性目标．不能写在(导)学案上，要靠教师适时调控。教师在教学中要发扬民主，注意学生学习活动方式的选择，注意倾听学生的想法，碰到问题要与学生商量着进行，并根据学情灵活使用(导)学案，从而在融洽的师生关系中激发学生的兴趣，培养学生的意志。

2. 重“讲评”，轻“探究”

有些教师教学观念落后，教学方法陈旧，重教轻学，包办代替养成习惯，实行“(导)学案”导学时习惯于走老路。如对那些应由学生自己解决的内容仍以讲为主，还是注重讲深、讲细、讲透，认为“(导)学案”中安排的让学生自我探索、独立思考、相互交流、提出问题等太耽误时间，总不如自己讲效果好。结果，忽视了学生的创新和探究能力的培养。所以，在教学中要鼓励学生以学习的内容为中心，根据(导)学案提出自己的问题。教师要适时介入讨论或指导、点评，并从创新、求异、实用方向加以引导，给予正面鼓励。一些复杂性的问题在课堂没能完成的可留到课后继续讨论，有的还可以作为研究性课题，指导学生课余钻研，参考相关资料或进行实地调查，从而提高学生的学习层次。

3. 重学生的“学”，轻教师的“导”

有些人认为(导)学案中很多内容是安排学生自学，课堂上多数时间采取了“放羊式”，该讲的也不讲，该引导的也放给学生去“死啃”。结果，不光效率低，更重要的是出现了很多知识漏洞，学生不会的还是不会，“生米做成了夹生饭”。(导)学案是学生自主学习的重要方式，但自主不等于放任自流。在(导)学案的使用中，应尽量避免这种现象，要控制好学生的自由度。所以，动态地把握好课堂教学中教师与学生的“分”与“合”是(导)学案运用的关键。教师在课堂上要实施“适时登场”和“主动撤离”，以学生的“学”为核心，突出学生在获得知识过程中的主体地位的同时，加以适时的引导，强化课堂教学的民主性、互动性，提高课堂教学效率。

4. 重“传统评价”，轻“分层评价”。

“(导)学案导学”模式下的课堂教学，还必须对现有的课堂教学评价标准进行改革。传统的终结性评价因为更多的是鉴别学生的学习结果，为后续的学习提供预测，所以，不能反映出该学生在某一时期内的学习状况，由此得出的结论也会影响学生对自己学习状况产生的错误认识。我们要注重课堂教学中的即时评价与分层评价，例如，课堂提问尽可能适应不同层次学生的学习情况，对学生的回答也根据学生的基础能力予以准确评价，看到学生的成长；课堂教学中适当运用评价关注学生的学习兴趣、自信心是否进一步提高，与他人合作交流的愿望和求知欲是否增强，是否逐步形成各种良好的习惯和科学的价值观；教师教学是否发扬民主，教得是否轻松，师生间的关系是否更加融洽等。

(二)学生小组合作学习问题

“小组合作学习”的实质是提高学习效率，培养学生良好的合作品质和学习习惯，实质是还课堂于学生。事实证明，它可以充分调动学生的学习积极性。但在目前课堂教学中的“小组合作学习”也还存在“注重形式、忽视实质、缺乏实效”的现象。主要问题表现在以下几个方面：

1. 小组长由各组好学生担任，但有些好学生难担此任

在小组组建过程中，我们往往认为，小组长非小组成绩最好的学生莫属，其实不然。小组长的职责除了在学习上为本组成员起表率作用外，他的组织管理能力协调能力等尤为重要。一个性格内向但成绩优秀的是不适合当小组长的；相反，成绩平平，但性格活泼开朗，热心服务，善于管理的小干部更能很好地发挥其组织才能，更能团结带领本组成员为完成本组的各项任务而努力。

2. 各小组一经组成，一成不变，不利于小组成员的进步与发展

小组内成员彼此由陌生到熟悉，到配合默契。但久而久之，小组成员间的关系就因熟悉而产生麻木情绪，对完成任务带来不利影响。建议两个月左右将小组成员更换一次，由组长与组员双向组合，这样更能调动小组内成员的积极性与主动性。

3. 小组中的后进生不服管理，小组长叫苦叫难，束手无策

各小组中的后进生属于潜能生，他们学习习惯差，学习态度不端正，被动或不动是他们的特点。教师布置的任务，他们根本不想完成，不愿意完成。任凭小组长使出浑身解数，他们也无动于衷。怎么办？分层最关键，帮扶很重要，耐心加细心不愁他们不干！小组长可以根据教师给他们布置任务的多少再优化，对他们的要求是“每天进步一点点”，降低要求，减少任务，耐心指导，逐题落实，及时表扬，每天“算账”。久而久之，他们的兴趣也就有了，成绩的提高也势在必然。

4. 教师急于完成任务，急于点拨，学生失去了应有的学习机会

课堂上，教师往往是只要学生一卡壳，立马进行指导、点拨，甚至把答案告诉给学生，这种做法是不明智的。学生在学习中出现问题很正常，让学生去探讨去交流，直至自己获取知识，才是教学的目的。教师不要急于表演，要沉得住气，不到万不得已，千万不能站起来代替学生劳动。

5. 学生展示不分主次，浪费大量的课堂时间

对学生来说，准确把握教学的重点、难点有一定难度，但学生不会的东西一定要展示，把问题抛给全班同学是很有必要的。凡是学生通过对学已经掌握的东西就不要展示了，但易错点、易混点、考点一定要展示。教师要通过仔细观察，了解学情，确定展示重点，切忌面面俱到，实则无一到位。

6. 把任务交给小组长落实，教师袖手旁观

这种做法极不可取，在宝贵的课堂时间内，教师不可能做到面对每一个人，而让小组长做助手，帮教师落实并不为过。但教师要巡查，要抽查，防止个别学生滥竽充数，防止个别小组长徇私情。久而久之，学生就知道教师要落实，思想上自然就重视，学习效果肯定会更好。

总之，“小组合作学习”是新课程所倡导的一种新的学习方式，在促进学生间的情感交流、互帮互学、共同提高，发挥学生学习的主动性方面，起着积极的作用。教师应加强研究，努力探索，不断提高小组合作学习的实效性。

三、巩固反馈

(一) 当堂训练反馈中的问题

“当堂训练”是指运用所学知识，当堂完成作业，其目的有二。一是检测每位学生是否都当堂达到了教学目标，做到“堂堂清”。二是引导学生通过练习把知识转化为解决实际问题的能力。训练的内容包括两方面，一是识记重要知识点，二是完成作业题。训练的形式则是学生像考试那样独立完成，教师不提供任何形式的指导，学生之间也不允许进行讨论。这对于巩固学生的所学知识、发展学生的思维能力、培养学生的独立意识和良好的学习习惯以及减轻学生过重的课外负担、做到作业的“堂堂清”与“日日清”，都是极为有利的。

【案例】语文课上，下课前10分钟，教师出示了当堂检测试题，让学生完成，学生边看书边讨论边做题。下课时间到，学生下课，教师离开教室。

⑴原因探析：上例中的教师只是孤立地应用当堂检测，对如何有效实施“当堂训练或检测”这个环节没有真正领悟，学生看书完成作业，效果不会很好；学生完成作业后，教师不将学生作业收起批改，怎么能了解哪些学生已经达到了教学目标，哪些学生课后还需要单独进行辅导？也就无法针对学生作业当中出现的问题，做出相应的处理。

⑵对策：当堂训练是保证学习目标达成的一个重要环节，要做到：

①要保证训练时间，让学生能在做题的实践中，把刚学到的知识转化为

能力。

②教师精心设计习题，要出有价值、高质量的题，不要粗制滥造的题。

③要注意面向全体，因材施教。作业要低起点、多层次，根据学情，把作业分为“必做题、选作题和思考题”，重点出好必做题，使不同层次的学生各得其所。

④要指导学生做题方法，先复习再做题。在做作业之前，要再看一遍例题，先消化理解所学的内容。

⑤要强调学生当堂独立完成。教师不辅导学生，不干扰学生，确保学生聚精会神地做作业。如有错误，待课外辅导。这就解决了学生因课下做作业时自觉性差、随意性大而导致的抄袭作业或不做作业等问题。

⑥课堂作业要有代表性，适度、适量，确保能在下课之前完成。不当堂批改作业，下课时，把课堂作业收走，到课下再认真批改。对没有当堂完成作业的学生，要记下姓名，作为课下补差和日日清的重点对象。

⑦要强调学生纠错。有错必纠。教师批改以后的作业，学生如果做错了，必须更正。要指导学生认真分析查找原因，及时更正错误。教师和学生都要建立一个“错题集”，每次作业(含测试和考试)之后，将其中做错的题目及时记录下来。

(二)教师不重视课后辅导的问题

课后辅导是课堂教学的延伸，有的教师由于种种原因，对此并不重视。要么不辅导，要么集体辅导，针对性不强。其实，如果教师在课后认真负责，做到有针对性的辅导，往往事半功倍。在课后辅导的思路应是抓两头，促中间。对优秀生的关注要体现在引导他们多做综合题和发展思考题上；对学困生除了多鼓励、多引导外，还要做耐心的个别辅导。由于教师在时间和精力上有限，还要在学生中开展“兵教兵”活动。比如：批改作业时，发现做基本题还发生错误的学生，课后就请综合题和发展思考题做得好的学生每人出3~4道题，让他们利用自习课的时间做。如果还有不懂的话，由出题的学生进行指导，直到做对、懂了为止。最后再交给老师审阅，对做得好的给予表扬。这样做，不仅能使学习困难的学生个个得到关注，而且学习较好的学生的能力也得到了锻炼。

四、高效课堂教学中问题案例点评

1. 关于自主学习

“以学生的发展为本”是现代教育观的核心。课堂上，教师要顺着学生的思维展开教学，学生是学习的主体，教师是组织者、引导者。这些道理教师们都很明白。在课堂上，为了不违背这些道理，许多教师常常跟着学生走，学生想干啥就干啥。

【案例】上美术课前，教师问：同学们，现在可以上课了吗？学生随声附和，准备好了。然后，教师展示一只瓦罐，接着说：“今天，我们就画这只罐子，同学们想怎么画就怎么画。”画完后，学生作业展示：有的画得像坛子，有的像酒瓶，有的像圆柱体，有的什么也不像……教师都给予表扬——“画得真好”“有创意”。

【点评】像上述片段，教师打着自主学习的旗号，一味强调学习内容由学生自己提，学习方式由学生自己选，一切都由学生说了算，教师却“淡化出场”，游离于学生活动之外，缺乏必要指导，从而使有些学生对如何画罐不得要领，无从下手；有些学生又乱画一通，不成样子，最终都没有掌握画图技巧，这样的“活动”效果可想而知。因此，我们不能把自主理解为让教师放开手脚，自主学习不等于学生自己学习。学生的自主学习若离开教师的指导，势必如一盘散沙。教师对学生的指导应贯穿于整个教育过程的始终，对学生力所能及的，教师应避之；对学生力所难及的，教师应助之；对学生力所不及的，教师应为之。我认为，真正意义上的自主学习应是在教师指导下，在不背离学习目标的前提下，让学生对学习内容拥有适当的自主选择权；在不误解或曲解文本思想意义的前提下，让学生拥有对文本的自我解读权；在不脱离教学实践的前提下，让学生拥有学习方法的选择权。只有这样，学生的主体地位才能切实得到保证，自主学习才能真正落到实处。

2. 关于小组合作学习

“小组合作学习”是课堂教学中充分发挥学生主体作用的一种有效方法，也是当前引导学生主动学习交流的重要途径。课堂中利用小组合作学习可以提高单位时间中学生学习、交往、表达的效率，优势互补，有利于培养探究意识和合作精神，也有利于学生口语交际能力和解决问题能力的发展。在课标思想指导下，在课改的口号声中，教师已经有意识地把这种形式引入课堂。但是，仔细观察就会发现，在部分教师的课堂上，小组合作学习只是一种形式，缺乏实质性的合作。

【案例】当前，公开课的一个普遍现象是：班级的桌子全都要重新拼一遍，有时两两相拼，有时三张桌子相拼。学生来了以后，经过教师的安排，依次坐好。后来，听得多了，才知道是要进行合作学习。这使我茫然，课桌一拼就表示走进新课程了？就表示合作学习了？再看，不管问题有没有被讨论的价值，教师一声令下，学生必须迅速加入学习小组，投入热烈的讨论之中。在学生进行小组合作学习的时候，我经常观察到：有的是优生在唱独角戏，其余学生当听众，不作任何补充；有的小组的学生把此时作为玩耍的最好时机……时间差不多了，即使学生正处于激烈的思想交锋，正处于欲罢不能的探究状态，教师一个手势，合作学习便戛然而止，每位学生迅速返回，端坐其位，准备汇报。被叫到发言的学生一张口就是“我怎么怎么看”“我觉得应如何如何”“我的意见是……”这难道就是小组合作吗？

【点评】在上述片段中，整个合作交流的过程表面上热热闹闹，但在热闹的背后更多的是放任、随意和低效。具体表现在：就教师而言，部分教师误把“合作”等同于“合并”，认为提几个问题，再把桌子拼拼，前后排学生围坐在一起，就达到了合作的目的，而很少考虑小组成员安排的合理性及具体分工，导致学生对如何合作无从下手。同时，部分教师给出的讨论题目带有很大的随意性，想在哪讨论就在哪讨论，甚至并不具备讨论价值的问题也要在小组里讨论。有时，讨论的时间也没有保证。有时，学生还没进入讨论状态，小组合作学习在教师的要求下就结束了。就学生而言，讨论中不能围绕中心问题进行卓有成效的学习，你讲你的，我讲我的，从表面看很热闹，实际上，没有思维撞击的火花；小组中只由学习成绩好的学生发言，没有学生间的互动；学生间彼此不友好合作或合作程度不够，彼此不注重倾听对方意见，小组间的交流很少，没有真正的讨论与合作，基本停留在个体独立学习的层次之上。这样的合作学习有名无实，流于形式，并不是实质意义上的合作学习。要想使小组合作学习真正有实效，教师就应加强指导，让学生学会交流。其一，小组的安排要合理，分工要明确。其二，规范操作。其三，明确任务(提出具有挑战性、开放性和探索性的问题)。其四，全班交流、分享成果(交流内容可以是知识与技能，也可以是过程与方法，还可以是情感态度与价值观方面的)。其五，教师要明确自己的职责(规范行为、发现火花、排除障碍、引导深化)。只有这样，才能把合作学习落到实处。

3. 关于教学情境的创设

“让学生在生动具体的情境中学习”是新课程倡导的重要理念之一，通过创设行之有效的教学情境，不仅可以使学生更容易掌握知识和技能，而且可以使学生更好地体验教学内容中的情感，使原来枯燥的、抽象的知识变得生动形象、饶有兴趣。为此，广大教师都非常重视创设情境，力求为学生提供良好的素材。但是，我在听课中发现，部分教师在教学中过于注重教学的情境化，好像脱离了情境就不是新课程的课堂。于是，逢课必是从情境引入，不考虑创设情境的目的及有效性，导致创设情境流于形式。

【案例】某教师在一节小学数学公开课教学中，一上课就绘声绘色地说：“小朋友们，今天米老鼠要和我们一起学习，你们喜欢吗？”学生的兴趣一下子提了起来，可后来却令人感到乏味：首先是米老鼠头像＋复习题，其次是米老鼠头像＋例题，再次是米老鼠头像＋巩固练习，最后还是米老鼠头像＋总结。课堂上简单地附着个米老鼠的头像，就能叫情境吗？这种所谓的“情境”除了会分散学生的注意力，又有什么价值？米老鼠的出现，就在这样不伦不类的场合中失去了它应有的“磁场效应”。

【点评】以上现象需要我们反思一下，我们为什么要“创设情境”，或者“创设情境”应达到什么样的目的？仅仅是为了给传统教学“包装”一下，给传统教学加点“味精”吗？我认为，“情境创设”至少有一个基本原则：从学生发展的内在需要出发。上述现象的出现，也正是教师追求形式化，忽略这一基本需要的缘故。如果情境创设不能科学引导学生解决问题，如果情境创设不能引导学生体验学习过程，如果情境创设不是促进学生认知能力的协调发展，甚至是伪造的情境，这样的情境要坚决摒弃。创设情境不能只图表面上的热闹，不能干扰和弱化知识和技能的学习以及学生思维的发展。不是所有教学活动的开展都需要渲染情境，也不是所有的情境创设都会对学生的学习活动有利。对于一些不好创设情境的教学内容，可以采取开门见山的方式直接引入。我们不能为创设情境而创设情境，任何情境都不能游离于教学之外，更不能是虚拟的。如果一味追求表面形式，反而会远离新课程的要求，我们呼唤一个“求真”的教学情境。

4. 关于教材的使用

“用教材教”而不是“教教材”，这是新课程提倡的教学理念，这话本身没错，然而不知怎么却变成了一些教师随意处理教材的借口，一些教师为了“用教材教”而不去吃透教材，甚至脱离教材。

【案例】我们在平时听课时，常常见到这样的现象：课堂上，学生的书本始终没有打开过。有的甚至一上课教师就说：“同学们，请把书合上，这一节课我们讲……”还有的课堂从开始到结束根本就见不到有教材。

【点评】上述现象是把过去的“以本为本”一下改为完全脱离教材，导致了从一个极端走向另一个极端。现代教学认为，教学内容不限于书本，它既来自课本，但也来自学生生活；教材不是学生的全部世界。为此，新课标提倡教学要立足教材，又要超越教材。“用教材教，而不是教教材”，就是引领学生科学地补充教材，准确地加工教材，让教材成为学生积极发展的广阔天地。而一些教师片面地理解为教材是可有可无的教学资源，以至于有的课把大部分的时间用在课外内容的补充上，课堂成了“资料展示厅”；不少教师在课堂教学中忽视了学生对文本的阅读理解，过早、过多地补充内容，海阔天空，甚至离开文本去大谈从网上查阅到的资料；也有一些教师不加分析、思考，就急急忙忙地改教材；有的课堂甚至从开始到结束根本见不到有教材。凡此种种，对教材本身的学习大大削弱了。我认为，“用教材教”首先是“用”，而不是抛开教材另搞一套。教师要教给学生知识，不能凭空来，就用教材做一个媒介，做一个跳板。我们在实际教学中应是淡化教材，而不是忽视教材、脱离教材。上述这种随意超越文本、超越课堂的做法是不对的，是极端不负责任的。

另外，关于教师在课堂教学中的作用，教师如何落实三维目标，教师如何组织学生进行探究等问题，都应该引起教师们的重视，都应该成为我们学科教研的重点。只有这样，我们的课堂才会成为有效的课堂。

第三节　基本要求——高效课堂要点

高效课堂是课堂教学效率或效果能有相当高的目标达成的课堂。具体而言，是指在有效课堂的基础上，完成教学任务和达成教学目标的效率较高、效果较好的课堂。而最大的课堂教学效益的达成，一般要符合以下几个方面的要求。

一、高效课堂的教学要求[7]

（一）对学习目标要求

学习目标是学生学习的出发点，也是学生学习的归宿。高效课堂的高效体现在教师确立切实可行的明确的简明扼要的学习目标。目标越明确、越切合学生的实际情况，学生的学习行动的每一次努力就越能够获得成功。学生在成功中体验学习的喜悦，人生从此充满了活力、激情和有意义。

学习目标要表述准确具体，落实性强，围绕学习目标组织教学，并紧扣目标总结归纳。

⑴研究导入技巧。导入要设计好问题情境，激发学生学习欲望。

⑵解释学习目标。让学生真正明确本节课的具体要求和学什么、怎么学及达到什么目标。

⑶紧扣学习目标。回扣学习目标，条理清楚。

【名校示例】【山东昌乐二中】要对课堂三维学习目标有明确的定位和设计。[8]

⑴针对课标要求和当堂内容及学生实际，恰当表述知识与能力、过程与方法、情感态度价值观三维目标。

⑵教师对目标要有准确认识，要善于创设恰当的情境，用好现实的鲜活素材，激发学生的学习兴趣。

⑶要保证每节课都要围绕三维目标展开并达成。同时，每一个学生都要根据教师确定的学习目标，制定自己本节课的学习目标，包括知识目标、能力目标，明确展示内容和点评内容，酝酿情感，极度热情、自动自发地投入学习，让自己“跳一跳够得着”，不断挑战、不断进步。

7　李炳亭．高效课堂22条［M］．济南：山东文艺出版社，2009.

8　李炳亭．高效课堂九大“教学范式”［M］．济南：山东文艺出版社，2010.

(二)对文本学习的要求

(1)文本挖掘：学生对文本的理解要深刻，要有自己的认识、观点。

【名校示例】【山东昌乐二中】挖掘文本要紧扣新课标，体现整个教材体系的要求，明确所教内容在整个教材中的作用、地位，搞清拓展领域，做好学生成长能力设计，明确知识能力形成的过程和方法及学生情感形成的目标要求，挖掘知识背后承载的能力及实现能力的策略和方法。倡导“自主研究文本、发现问题——广泛占有材料、感悟提升——集体研讨、回归文本”的教材挖掘模式。

(2)寻求方法，发现规律，总结特征，概括重点。

(3)举一反三，拓展演绎，深化提升，形成自己的人生观、价值观。

(三)对课堂教学操作的基本要求

(1)落实“三主”——教为主导、学为主体、练为主线；

(2)倡导“三自”——自主学习、自主探究、自主交流；

(3)鼓励“三动”——动脑、动口、动手；

(4)实现“三会”——会学、学会、会用；

(5)发展“三维”——认知、情感、技能。

(四)对课堂形式氛围的要求

(1)合作学习，气氛浓厚，人人踊跃；

(2)个体展示、分析、表达精辟，语言通达流畅，声音洪亮，无语病；

(3)版面设计精彩、美观、规范、横平竖直、作图科学、重点突出、图文并茂；

(4)点评恰当，突出要点，重在本质规律，纠错及时；

(5)每节课要有总结、反思、测评；

(6)做到和谐、民主，学生敢问、敢说、敢表现自我，形成一种积极主动、争先恐后、人人参与、紧张活泼的氛围，使读、说、议、评、写贯穿始终。

二、高效课堂对教师的要求

高效课堂不仅是达成高效率的课堂，更是教育教学形式的巨大变革。作为教育组织者的教师，是课堂改革的最直接的一环。教师角色的转换将成为所有教师必须直接面对的问题。

(一)对教师的课堂角色要求

教师要成为促进者、学习者、决定者、幸福者。

(1)首先要完成角色的转换，教师由传授者变成学生学习的促进者，做学生成长的推手。

(2)实现教学相长，教师还应该成为学习者，与学生一起“同学”。教师上课也是“上学”，教书也是“进修”。

(3)一节高效课是由教师和学生合力打造而成的，这其中教师的作用不容忽视。尽管教师不再是教学中的主角，但他毕竟是“平等中的首席”。因此，教师“决定”着一节课的好坏质量。有什么样的教师就有什么样的课堂，有什么样的课堂就有什么样的教育，有什么样的教育就有什么样的国家和民众。

(4)从职业特点上看，教师还要改变生命现状，做一个发展的人，一个教育理念的行动者，一个幸福的职业者。

(二)对教师的课堂教学常规要求

1. 备课教案有效

教案作为教师教学的实施方案，要便于自己在课堂教学中翻阅查看。教案要实用，要清楚体现课堂教学结构，教学目标(学习目标)，重、难、疑点，特别是重、难、疑点解析及教学方式方法的设计，练习、作业设计。提倡写教后反思，反思自己的教学是否有效，是否还有更为有效的方法，有哪些学生达成了目标，有哪些学生没有达成，如何补救。

2. 教学目标有效

课堂教学目标要具体明确，其中，双基目标要具有可操作性和可检测性。目标不能过高、过大、空洞、抽象。

3. 情感调节有效

上课前，教师要把自己的教学情感调整到较好的状态，要抛开一切不良的情感、情绪，带着饱满的热情走进课堂。教学要充满激情，充满对学科的爱、对学生的爱。

4. 教学组织有效

教师在课堂上要采用具有人文色彩的方法组织好教学，使全体学生的思想全部聚焦在知识学习这一核心之上。

5. 教学导入有效

教学导入要本着弃繁从简、简约而有效的原则精心设计，使教学导入引人入胜，或耐人深思，或激发兴趣。切忌喧宾夺主，画蛇添足。

6. 电教手段有效

教师要客观审视电教手段在教学中的作用，有效地发挥电教手段对提高教学效果的作用。不能把电教手段作为粉饰课堂教学的凭借，杜绝为使用电教而使用的现象。

7. 实验组织有效

教师要重视实验在教学中的地位和作用，不能把它视为可有可无的环节。要精心设计每一个实验，让学生学会探究，激发学生崇尚科学、热爱科学的思想情怀。

8. 情境创设有效

情境创设是学生课堂学习不可或缺的介质。情境的创设都要有明确的目的性，实效性。不能为创设情境而创设，不能为作秀而创设。

9. 知识讲授有效

授课教师要做到“三讲三不讲”。“三讲”即：一讲学生提出的有学习意义的问题；二讲学生经自学、研讨仍不能解决的问题；三讲学生易混、易错、易漏的知识点。“三不讲”即：学生已会的知识不讲；学生自己能学会的知识不讲；部分学生不懂的问题，在没有实施学生互帮互学之前不讲。

10. 参与学习有效

课堂教学效果优劣的标志性指标就是学生参与学习活动的程度。因此，教师要利用有效的手段，促使全体学生参与到学习中来，不能出现消极厌学的现象。

11. 思维活动有效

教师的教学要与学生的思维活动合拍，做到不愤不启、不悱不发。

12. 习惯养成有效

教师要把习惯养成作为课堂教学的一个重要内容，有计划、有步骤地实施。学年初，学校、教师要共同规划出不同学段学生的养成目标，并注意目标的连续性和系统性。

13. 情感培养有效

情感态度与价值观是课堂教学的三维目标之一。教师要研究不同的教材内容中情感态度与价值观是什么，如何有计划地对学生实施情感态度与价值观教育。

14. 合作探究有效

教师要弄清合作探究在课堂教学中的地位和作用，掌握在课堂教学中实施合作探究的一般方法，不能把课堂教学中的合作探究形式化、流程化。

15. 课堂练习有效

课堂练习要有针对性、层次性，难易适度，密度适中。要与学生的学习目标密切结合，对学习目标的达成有促进作用，对学生的学习目标具有检测意义，并能通过练习反馈学生的学习情况。

16. 课堂评价有效

在课堂教学中，教师对学生的学习要做客观评价，要有激励和导向作用，切忌消极评价、流于形式或夸大其辞。

总之，高效课堂虽然不是一种具体的模式，但它的目标是明确的，是对传统教学模式的修正。虽然与传统教学模式的目的有一致的地方，但它的具体要求已经远超传统。作为教学主导者的教师必须首先改变自己，才能真正实现高效课堂教学的目标。

（三）对教师的课堂教学语言要求

著名教育学家夸美纽斯说：教师的嘴，就是一个源泉，从那里可以发出知识的溪流。这句话，隐含了课堂语言的重要性。

1. 知识性

课堂上，教师要让学生感受到你那圈“智慧光环”，认真而力求准确地应对类似的每一个问题，这样不仅树立起了教师的自身形象，而且可以让学生在你的课堂上学到课外的东西，以增强对课堂的兴趣。

2. 趣味性

教师要正确驾驭好课堂语言，尽量用生动、有趣的课堂语言来弥补教学内容本身的呆板、枯燥，使学生能从原以为无趣的课堂中得到意想不到的享受和乐趣。语文教师更应结合学科特征，利用课堂语言来丰富学生的词汇量。

3. 激励性

教师在教学过程中，对学生的评价要使用描述性语言，有针对性地激励学生。如：在数学课上，学生算对了练习题，教师可以说：“你真是个细心的学生，把所有的题目都算对了。”在语文课堂上，如果学生朗读得很有感情，教师就可以说：“听了你有感情的朗读，我们就如同身临其境一般。”

4. 凝练性

在课堂上，教师语言要简洁、凝练。能不说的不说，尽量把“说”的机会留给学生。

5. 适时性

给学生布置好思考、练习或讨论内容后，教师不要再随意“插言”，以免打断学生的思路。

(四)教师的课堂教学应变机智

教学机智在课堂教学中的运用主要体现在对课堂偶发事件的处理上。只要掌握好教学机智的运用策略，就能使偶发事件经过教师及时、巧妙、灵活的处理，对教学起到烘托、补充和增效的作用。而这就要求教师具有丰富的经验和高超的“随机应变”的技能。

1. 处理教学失误的机智

课堂教学是一种极其复杂的劳动，尽管教师认真准备，仍不能避免自身出现一些意想不到的失误。出现失误并不奇怪，尤其对于一些年轻的教师而言，更是如此。关键在于教师如何随机应变，如何正确地对待和处理这种失误。

2. 处理学生失当行为的机智

面对学生失当行为，教师要镇定宽容、迅速果断地采取相应的对策化解矛盾，摆脱窘境。

3. 处理教学环境突变的机智

教学环境突变是指外来干涉事件的发生导致课堂教学环境的不协调，它不是由学生引起的，而是由外界某些偶然因素的干扰引起的事件。对于这类事件的处理同样需要运用教学机智。

4. 处理学生意外问题的机智

教师在课堂讲解、提问、组织讨论时，会碰到难度很大的问题，甚至一时难以回答。学生思维活跃，视野有时比教师还开阔，会提出一些意想不到的问题。这就要求教师不仅要具有良好的知识修养，而且还要具备灵活地运用知识、机智地处理问题的能力。

（五）对教师的课堂教学调控要求

新的教学改革实施以后，师生关系更亲密了，学生的思维更加活跃了，但也会出现许多新的问题。例如，学生的思维发散开去难以集中，教学任务完不成；新的学习方式与掌握基础知识之间难以兼顾，等等。这种开放的教学对教师的调控能力提出了更高的要求。

1. 对学生的调控

教师要真实地感受学生的所作所为、所思所想，及时发现学生在学习过程中出现的问题，及时适当地加以调控。主要是给予学生引导和帮助，引导的特点是含而不露，引导的内容不仅包括方法和思维，也包括价值和做人。引导可以表现为一种启迪，也可以表现为一种激励。而帮助则更为具体一些，如帮助学生检视和反思自我，确立能够达成的目标；帮助学生设计恰当的学习活动和形成有效的学习方式等。

2. 对教学内容调整

在课堂上，学生的学习情况和教师的预设往往会产生不一致。此时，教师就要及时调整教学内容，或增、或删、或改变教学内容的顺序。

总之，优质高效的课堂教学是一个过程，也是一种理念。教师必须立足于学生，采取多种方法，让学生积极参与学习，实现有效的、多向的、高质量的互动，从而达到这一最终目标。

三、高效课堂对学生的要求

（一）对学生的自我学习习惯要求

1. 课前预习习惯

学生课前预习好了，听课才能有的放矢，抓住重点、难点。预习不是只看看书本，重要的是思考一些问题，查找一些资料，想一想“为什么？这样行吗？”学生预习到位了，课堂效果自然就好了。

2. 课堂学习习惯

上课要求学生做到认真听讲，积极动脑思考，敢于发表自己的见解，大胆质疑。重点的内容要勾画，书本上没有的要记在空白处或笔记本上。要集中精力，紧紧围绕教师的讲课思路，用心学习。

3. 课后巩固习惯

坚持先复习后做题，复习是巩固和消化学习的重要内容的重要环节，把所学的知识认真复习一遍，该记忆的记住了，该理解的理解了，然后再做作业。

【名校示例】【山东杜郎口中学】学生自主学习十大能力：

(1) 自我学习。能够自主、自觉、自愿、自省、自理地学习，学习是自己的事情。

(2) 敢作敢为。敢想、敢答、敢演、敢创、敢学当头，勇于表现。

(3) 感知知识。运用知识迁移，尝试、体验、总结，归纳、分析、领会，学会搜集信息。

(4) 整理笔记。记录要点、中心句、易错易混的难点、对自己有影响的内容、喜欢的格言警句等。

(5) 联想拓展。社会生活、热点分析、经典再现、探索发现、人生感悟、科学推论等。

(6) 作品呈现。通过对知识的理解、把握，自己创作，或编题，或解读，或应用，或课本剧编排，或诗歌、范文，或小品，或制作、发明等。

(7) 交流合作，生生、生师、强强、弱强及网络等开展切磋、研究、借鉴、取舍、优化、补充、修改、锻炼。取长补短，共赢并进。

(8) 善于表达。语言流畅、声情并茂，能够充分运用身体语言，书画美观、演艺精彩，感染人、教育人、影响人。

(9) 方法科学。学会学习，用科学的方法论、辩证的哲学思想去把握知识的脉搏，眼光远大，厚积薄发，思维敏锐，逻辑严密，学以致用，创新图强。

(10) 铸就人格。形成正确的人生观、价值观，胸怀大志，爱党报国，落落大方，举止文明。

(二) 对学生的合作学习要求

各小组长应本着对每个组员负责的态度，公平、公正地对本组组员进行评价。坚决杜绝碍面子、讲人情的现象发生。

⑴组员应服从组长安排，学习时做到既有分工又有协作。

⑵遵守课堂纪律。

⑶组员积极参与课堂小组讨论，认真解答学习问题，积极参与课堂展示与交流，积极参与组员之间互帮互学活动，充分体现学习自主性。

⑷组员要按时完成各学科的学案和作业并及时交纳，不抄袭，不打折扣。

⑸每个组员都要有公平的锻炼机会，轮流完成各项任务，要鼓励帮助后进同学进行更多的锻炼。在讨论中，成绩最好的主持讨论，成绩中等的做记录，成绩下等的发言，再由成绩好的补充。如果题目内容多，组长要分配所有组员均有发言机会。平常还可根据学生的特长，划分成理科讨论组和文科讨论组。

⑹交流一定是在组员各自自主学习的基础上进行，通过交流取长补短，共同受益。

【名校示例】【山东昌乐二中】小组讨论开始前，要再迅速浏览导学案，明确讨论重点。讨论时要做到：

⑴每时每刻都在主动参与，在组长组织下全身心投入到学习中去；

⑵学科小组长起立安排本组任务，具体布置每层学习目标并组织组内ABC分层讨论、分层达标；

⑶所有小组成员起立，将凳子轻轻放到桌子下面，开始站立讨论；

⑷小组长控制讨论节奏，安排组内“兵教兵”，可A1准备拓展，A2教C1，B1准备展示，B2教C2；

⑸讨论要全员参与，积极表述自己的观点，杜绝不参与讨论的现象，讨论完立即坐下，迅速巩固落实。

㈢对学生的课堂学习常规要求

1. 学习准备有效

学生在课间，一定要准备好下堂课所需的学习用品、用具、资料、书籍等。要按教师要求，做好课前预习。

2. 情态调动有效

课堂教学以前要有效地调动学生的学习兴趣，在尽可能短的时间里，把学生的注意力由课外转移到课堂学习上来。

3. 学习目标有效

每个学生在课堂学习之始，都要明确自己的学习目标。

4. 注意力调整有效

学生在课堂学习过程中，要学会调动自己的有意注意，聚精会神地进行课堂学习，做到声声入耳、字字入目，心、脑、口、手为学习所用。

5. 学习状态有效

学生在课堂学习当中应该表现出活而不乱、静而不死，积极向上，求知若渴的学习状态。

6. 作业练习有效

学生要认真按时独立地完成作业与练习，决不抄袭和应付，有问题要向同学或教师请教。要及时修正作业与练习中出现的错误。

7. 学习方法有效

每个学生都要有自己切实可行的学习方法，如阅读方法、圈划批注、记忆方法、自学方法等。

8. 课后反思有效

每堂课结束后，学生都要认真反思自己在课堂学习中哪些目标已经达成，哪些尚未达成，如何补救。

9. 学习品质培养有效

学生要有良好的学习品质，如勤于思考、刻苦钻研、锲而不舍的学习品质。

第六章

高效课堂的精品案例辨析

课改，意味着学校管理、课程设置、教学方式、课堂文化的重塑。高效课堂就是在教学方式和课堂文化的重塑过程中，逐步走进人们的视野中心并被日益放大的一个显性概念。今天，在基础教育领域，高效课堂已经成为一个普及性的热门语汇。概念的普及无疑显示了基层教育者践行课改的热情，让我们通过一个个精品案例，领略践行者的高效课堂风采。

第一节　走进名家——教育专家的高效课堂思辨

著名课改专家、《中国教师报》总编助理、中国名校共同体秘书长李炳亭的专题报告阐述了“我们为什么要课改”、“重新认识什么是学习”、“什么是老师”及“高效课堂”实践操作的“五步三查模式”。让我们顺着李老师的思路来明晰高效课堂。

一、李炳亭的高效课堂思辨[1]

李老师在解读“高效课堂”的内涵时，提出真正有效果的课堂应该是“知识的超市、生命的狂欢”。同时，他的许多话也是尖刻辛辣的。例如，谈到传统课堂的死气沉沉时说：“这是在开追悼会，教师难受地讲着，学生痛苦地听着，这样的老师该打入十九层地狱……教师不可以占用课堂时间肆意表演，这是课堂教学的一个基本底线。”谈到师生关系时，他说道：“现在许多教师对待学生就像后妈，干涉得太多。”谈到教师讲课时，他说：“放下教鞭，立地成

1　张海晨，李炳亭．高效课堂导学案设计［M］．济南：山东文艺出版社．2010.

佛。”说到教师固执时，就说有些教师的脑袋是岩石造就的脑袋。在谈到有些教师布置大量作业时，他说：布置大量作业是无能的表现……他说：“为了民族的前途，为了这些不幸的孩子，我们必须进行课改。课改就是从油锅里捞孩子。改就是‘放生’，不改就是‘罪孽’。”“改”首先是为了让孩子们不痛苦、不厌学。而“救救孩子”其实也没有多么的高难度，只要去想办法“改变学习状态”，自然而然地就会引发学生精神状态、发展状态的改变。这是他对中国教育的一种责任感和使命感。他反对所谓的“教师专业化”，他说真正的教师专业化，是培养教师服务学生、调动学生、激发学生的能力，并将其形象地比喻为“开车前的点火”、“为李大娘报仇”。他说真正的教育专家应该像袁隆平一样，把实验室搬到田间地头。

为了推广高效课堂模式，李炳亭认为，在课堂上要找准一个“核心”——课堂上的师生关系。抓住两个“关键”——小组学习和导学案。掌握三种“技巧”——独学、对学和群学的学习形式；课堂预习、展示和反馈三环节中的“抓两头促中间”。李炳亭认为，好课的6个标准是：学生的课堂；独学、对学、群学；动静结合的课堂：“三动”即身、心、神俱动；展示的课堂：大展示与小展示；符合流程需要的课堂：自学、展示、反馈；师生相生的课堂：兵教兵、兵教官；快乐的课堂：N个45分钟＝生命！只要是围绕“学习和学生”的课，便是好课。

李炳亭强调，“高效课堂”操作要重视“五个一”：编制一个学习方案：“导学案”；构建一个学习组织：小组、对子；提供一个自学方法：独学、对学、群学；设计一个课堂流程：预习、展示、反馈；明确一个学习任务：学会“不会的”。

（一）编制一个学习方案：导学案

导学案是课堂“施工”的图纸，也是学习的路线图。导学案的功能不是为了“学会”，而是为了会学和能学，它是学生学习的方向盘。导学案必须能够生成能力，前提是它首先要让知识之间具有必要的联系，使知识问题化、问题层次化。导学案的核心是“三学”，即学生、学情、学法。把导学案弄成习题集、模拟题进行训练，练完讲、讲完练的做法是错误的。导学案重在“导”，核心是“学”，而“案”是基于“三学”的设计。导学案承载着学习体验和能力成长。在导学案设计时，切忌硬性按照三维目标分成知识目标、过程方法、情感态度价值观。

导学案备什么？有观点认为，好的导学案要备：自由型练习(给予纠正性的反馈意见)：单个练习、结对练习、小组练习；新学习内容的介绍(示范、讨论、解释说明等)；学习成果展示(角色扮演、问答、哑剧等)；复习上节课的学习内容来评估学生的学习；学习目标(通过海报或黑板展示)；回顾总结(回顾本节课学习内容)。

李炳亭认为，导学案应包括以下因子：①学习目标，而不是教学目标；②学习流程，而不是教学流程；③学法指导，而不是教学方法；④学习总结，而不是教学总结；⑤学习反馈，而不是教师作业。导学案一般分为6个环节，即学习目标、重点难点、知识链接、学法指导、问题逻辑、学习反思。教师在编制导学案时，必须把握好教材，把教材严谨的知识转化成能读懂、易接受的知识。导学案一般经三次生成，第一次是教师的课前备课，第二次是课中师生互动，第三次是课后反思。

(二)构建一个学习组织：小组、对子

李炳亭认为，要为学生构建一个学习组织，即同质结对、异质同组，让学生有困难找组织。他把小组解读成“没有围墙的小班化”，在一个小组里，一般由好、中、困三类学生组成。在具体教学中，要求小组长“代师传艺”，组织本组的学习，学习流程交由组长把握，并根据本组出现的问题自行处理。教师“利用”学生，恰恰是利用好小组长，小组长等同于一个小老师。小组内部又按照个体学力，划分为AA、BB、CC三个层次。当然，这个划分是“动态”变化的，它随着学生学习力的变化而变化。严格说来，一个小组6~8人，小组和小组之间是相对独立的关系，每个组按照自己的要求和进度，各自为战，但又充满竞争、对抗和质疑。组内对子之间既是合作者，又是竞争者和监督者，对子之间要相互反馈和测评。以小组活动和学生自学为主要形式，落实和突出学生主体地位，发挥教师的主导作用，师亦生、生亦师、师生相长。

在学生分组学习的状态下，教师怎么做才能发挥“主导”作用呢？李炳亭强调4个字——“师退生进”。“师退”即教师对学生放手、放权、放心！“生进”即教师把话语权、选择权、评价权交给学生。将课堂舞台交给学生的同时，教师时隐时现，时而纠正错误和补充知识，时而点拨方法和做出评价。李炳亭认为，教师的主导“主要是引导”，是“点燃激励”。点燃激励是点火，方向盘是导学案，课堂环节流程是离合器，刹车就像达标测评。

李炳亭认为，课改必须把“讲”字抠掉。真正的课堂不在于你讲多少时间，而是在于你讲的形式。课堂上要让孩子不睡觉，最好的办法就是教师不再讲。教师要习惯做哑巴，管好自己的嘴，该说的说，不该说的千万别说，说多了未必有用。教师要敢于做忍者，要隐忍着，别去批评指责或者给学生下定义，教师要做懒汉。有的教师一遇到学生的问题马上出来给学生解决，好教师敢于让学生自己解决。

(三)提供一个自学方法：先独学，再对学，然后群学

教书的最高境界是发动学生自学。卢仲衡的自学辅导法、钱梦龙的语文导读教学法、魏书生的六步教学法、黎世法的异步教学法、邱学华的尝试教学法和洋思中学、杜郎口中学的经验等，都呈现为同一规律：自学是高效课堂的别称。

李炳亭认为，高效课堂的学习分为三种形式，即独学、对学和群学，合起来称为自学。他建议：在小学阶段放大群学；在初中阶段放大对学；在高中阶段放大独学。自学是让学生在学校里不掉队的唯一可靠的方法。李炳亭说，高效课堂的灵魂是16个字：相信学生、解放学生、“利用”学生、发展学生。围绕这个灵魂，重新理解教育教学的两个关系，即教学关系和师生关系，由传统教学关系的“教为中心”变为“学为中心”，简称“唯学”；由传统师生关系的“师为中心”变成“生为中心”，简称“唯生”，两个关系的重建体现出高效课堂的“颠覆性”！

(四)设计一个课堂流程：预习、展示、反馈

李炳亭认为，高效课堂是以学生听课状态(动作、声音、表情)、参与(教师统计到组、组长统计到人)及效果(自主程度、合作效度、探究深度)来判断，课堂应该能够围绕“学习和学生”进行设计。李炳亭认为，高效课堂分为三个环节：预习＋展示＋反馈，从时间上划分，即为10+30+5。从师生角色的分工上看，教师在课堂上用10分钟时间分配学习任务，然后放手发动学生自学、合作和探究。“展示”即展示交流预习模块的学习成果，进行知识的迁移运用和提炼提升；“反馈”即反思和总结，对预设的学习目标进行回归性的检测，突出“弱势群体”，让他们说、谈、演、写，“兵教兵”、“兵练兵”、“兵强兵”。

李炳亭把高效课堂“预习 + 展示 + 反馈”三环概括为“五步三查模式”。五步模式即：自学——对学、群学——小展示——大展示——整理学案、纠错本、达标测评。“五步三查”的要求是：

第一步：根据导学案独学，找出“不会的问题”，教师“一查”自学进度、效果，解决60%；第二步：围绕困惑对学、群学，尝试解决问题20%；第三步：以小组为单位，在组长的组织下，展示本组的学习成果“小展示”，解决10%；第四步：教师根据小展示中的问题，归类共性问题，反馈问题，进行全班“大展示”；第五步：学生整理学案、整理纠错本，自我反馈，教师利用“三查”对子测评。

(五)明确一个学习任务：学会“不会的”

教学是有助于学习的行为。学习是获取知识或技能的一种行为、过程和体验。教学就是教学生“学”。高效课堂要让学生学会不会的，而会的东西不要去重复。每节课教师要知道学生哪些东西不会，如何让他学会。李炳亭认为，高效课堂要围绕“四主”，即学案主导、学习主动、问题主线、活动主轴。课堂如果从知识学习的角度，也应该明确学习的基本任务——“学会自己不会的”，或者“把不会的学会”，要珍惜学生的学习时间，准许学生不在已经会的知识上花费宝贵的时间。要想让学生“青出于蓝”还要学会“老师不会的”，或“把老师不会的学会”。因此，课堂上就要让每个学生去“发现问题”，然后确立目标攻艰克难。高效课堂认为“不活不动”，活和动是孪生关系，动起来才能活起来，活起来效果才能好起来。

李炳亭认为，校长是一所学校的领头羊，应该发挥领军的“羊群效应”。否则，校长就会成为课改最致命的“短板”。教师必须清楚，知识不是仅靠灌输“传递”给学生的，教师是学生学习条件的提供者、环境的营造者、动力的激励者。传统课堂教师是“单口相声”，高效课堂是“三句半”，三句是学生，那说在点子上的半句是教师。传统课堂上课是教师揪着学生的头发“硬拔”，高效课堂是给了学生一把“梯子”；传统课堂上课对教师“嗓子”要求高，高效课堂对教师“脑袋”要求高。

二、什么是真正的高效课堂

值得警惕的是，概念普及的过程也往往可能是概念被泛化、被肤浅化，甚至被妖魔化的过程。那些舍本求末的、有其形而无其神的“伪高效课堂”亟待矫正。因此，我们有必要重新认识并厘清高效课堂这一概念，以及概念背后的价值追求。

2011-3-18《中国教师报》

教育大家的思辨[2]

■本期对话嘉宾

崔其升　山东省茌平杜郎口中学校长

杜金山　山东省兖州第一中学校长

徐翔　江苏省灌南新知学校校长

李南沉　河南省安阳殷都区区委书记

吴刚平　华东师范大学课程与教学研究所、基础教育课程研究中心教授，课程资源与教师发展研究中心主任

李炳亭　《现代课堂周刊》主编

■对话主持：褚清源

1.“高效的”未必是高效课堂

(1) 褚清源：很多人常常从字面理解，认为高效课堂是基于效率而言的，即学习效率高的课堂就是高效课堂。这是否是一种误读，或者是对高效课堂的一种“窄化理解”？

(2) 吴刚平：高效课堂是相对于“低效”、“无效”以及“负效”的课堂教学而言的。高效课堂的“高效”体现三个指向，即“效果”、“效率”和“效益”的结合。“效果”指教学结果和预期教学目标的吻合度，反映课堂的“扎实”，不能偏离或悖于教学目标；“效率”指取得的效果与投入时间、资源的关系，追求投入的消耗最低化和取得效果最优化，反映课堂的“充实”；“效益”是教学过程及结果的整体收益，反映课堂的“价值实现”，从整体上能实现学生的发展价值。高效课堂的产生是这三方面共同发挥作用的结果。

(3) 徐翔：高效课堂是针对传统课堂之低效所提出的一个命题。构建、创设高效课堂，意味着最大限度地杜绝、摒弃或消弭课堂低效的种种弊病，而不只是改换课堂的形态和面貌。我们倡导高效课堂，要警惕今是昨非的简单

2　中国教师报 .2011-3-18.

思维，警惕仅仅在现象或形式上的非此即彼。改教师讲为学生讲，改同向坐为相向坐，改安静为言说，改坐着为站着，改先教后学为先学后教……这些变化本身并不能完成课改；而且，需要反思的是，当我们改换动作的时候，是否依然在物化和奴役学生，是否陷入了新的一厢情愿？

⑷李南沅：我认为，真正的高效课堂是对传统教学方式的颠覆，彻底让学生做主人。把课本知识当成游乐园，教师带着学生在知识的园地游玩，学生主动学习，在快乐中接受知识。

⑸李炳亭：其实，高效课堂来源于对传统课堂弊病的批判与矫正。高效课堂要达到两个要求：一是满足学生的需要，让学生真正成为课堂的主人、学习的主人；二是满足升学的需要，满足升学并不是要迎合应试，而是让升学成为高效课堂的副产品。

⑹褚清源：是的，高效的未必是高效课堂，但高效课堂一定高效。学习的高效可以通过不同的途径和方式来达成。通过拼时间、拼体力的方式同样可以获得，但这不是高效课堂所倡导的方式。高效课堂倡导绿色的教学质量观，绿色教学质量观是环保的，是健康的，是对学生的学习力进行保护性开发，而非掠夺性开发。

2. 高效课堂在于开发学生的学习力

⑴褚清源：高效课堂实践中存在的另一误区是，一些学校的课堂教学尚未走出知识本位，应试化倾向依然普遍存在，为数不少的学校把“高效”当作应试的利器，只注重知识的接受。

⑵李南沅：高效课堂的本质是让学生愿意学习，在学会学习的同时形成自学能力和自我发展能力，是为学生走向社会奠定一生幸福的基础。打个比喻，穷人关注的是如何吃饱，富人关注的是如何吃好、吃得更合理。我们称应试教育为“穷人教育”，关注的仅仅是分数高低，而素质教育应被称为“富人教育”，分数已经成为高效课堂的副产品，不存在吃不饱的问题，而是如何吃好的问题，不存在分数上不去的问题，只是分数高的同时如何全面发展的问题。

⑶李炳亭：其实，课堂破局的真正奥秘在于“学习能力”，只有会学才能减少对“教师”和“教”的依赖。唯有敢于把课堂还给学生，突出学生的主体地

位，我的课堂我做主，让学生去“经历”并且积累“经验”，学习的过程才充满生命的律动，因律动而感动，因情感的介入而生动和灵动。

(4) 杜金山：高效课堂同样可以解读为生命课堂、生活课堂、生态课堂。本质上，它是生命的课堂，是生命的对话、生命的成长；内容上，它是生活的课堂，是三种文本，即纸质文本、生活文本、生命文本的对话和交流，答案不再唯一，思维不再被控制，关注知识落实的同时，更加关注知识的生命活力、知识中蕴含的意识能力和观念；从课堂学习环境上，它是生态的课堂，师亦生、生亦师，教师在“学”中教，学生在“教”中学，每个个体的差异都得到尊重，每个个体都是平等的，每个人都既是教育资源的享受者，也是教育资源的提供者。

3. 高效课堂的评价标准

(1) 褚清源：高效课堂还原了教育的本真，真正突出了学生作为课堂主人的主体地位。那么，衡量高效课堂有什么具体的标准？

(2) 吴刚平：高效课堂关注的是学生在课堂上学到了什么，而不是教师教了什么和教了多少。所以，衡量课堂高效的唯一标准就是学生获得的具体进步和发展。这一标准包括四个方面，即生命性、生成性、全体性、全面性。

(3) 崔其升：高效课堂可以从民主氛围、知识基础、独立思考、交流碰撞、梳理内化五个方面去把握。第一，民主氛围是前提，课堂上只有民主才会有自主，有了自主学生才有可能当家作主；与民主相对应的是开放，有了开放才会解放，有了解放才会有潜力的释放。第二，要关注知识基础。学习是学生自己的事，学生是学习的主人，学生要学会预习，把学习前置，在自我感知中掌握知识。第三，独立思考。课堂上的独学、对学、群学，要有自己的独立思考，形成独到见解，找到属于自己的方法、技巧、特色。第四，交流碰撞，课堂上的相互交流、质疑、辨析、比较、对抗，可以达到相互影响、启迪、感染、激发、唤醒人的灵感的效果，是在一种场景中突发奇想的过程。第五，梳理内化。内化即是存储、积累，整理笔记，及时记录灵感火花，或者形成自己的创意、创作、发明、制作等。

(4) 杜金山：我校有“五高”指标检验高效课堂的效度。第一，学生的参与度高。我们希望所有的学生参与到学习中，尽可能减少游离于课堂的学生人数，把“精力流失”降到最低。第二，动脑深度高。能够积极动脑，深层次动脑，完成从获取知识信息到形成意识观念和能力的过渡。第三，全面发展达成度高。学生收获的不仅仅是知识，而是体验了知识创立的心理过程，在获取知识的同时体验了知识形成的心理过程与方法，并形成了一定的意识观念，开发了相应的悟性。第四，教学相长，共同发展。学生和教师是学习共同体、发展共同体，课堂高效，不仅仅表现为学生发展的高效，还应表现为教师发展的高效。第五，课堂的幸福指数高。课堂中，师与生、生与生之间是平等的，关系是融洽的，课堂是安全、温暖、和谐的，是一个优化的生态环境。

⑸徐翔：我们说一个课堂是高效的，从外部和结果上看，就是学生的成绩好；从内部和过程看，就是学生学得好。学得好，大致包括“学会”、“会学”、“想学”三个方面。即：在名词的层面上，学生学会了应该学的；在动词的层面上，学生学习的方法和能力等得到了训练和提高；在形容词的层面上，学生在学习的过程中，体验到了愉快。这三个方面，都要求在单位时间内实现最大限度、最大可能；而且，这三个方面的主语是每一个学生。显然，只有学生在学习，才谈得上学会、会学和想学。因此，一个课堂最基本或最低的追求，是保证学生在学习，保证学生的身心处在学习行为和学习体验之中。

4. 高效课堂的文化追求

⑴褚清源：高效课堂首先是一种技术革新，但终极追求是一种文化生态系统的重建。那么，其文化层面的价值追求是什么？

⑵李炳亭：课改改到深处是课堂，而课堂走到深处是文化。高效课堂最终要通过教的方式、学的方式和评的方式的转变，实现“人”的解放，即学生的解放、教师的解放、学校的解放。“知识的超市、生命的狂欢”是对高效课堂真义的诗意概括。所谓“超市”，即体现出知识的丰富和可选择性。也就是从分层出发，基于“学情”实施分类，即分层目标、分层学习、分层达标、分层作业。“超市”凸显出对学生学习主体、学习能力、学习内容、学习个性、方式方法的尊重。所谓“狂欢”，即身动、心动、神动，是更加关注学生的学习状态，把学习氛围、学习兴趣、学习情感当成最重要的评价依据，让学生的学习“乐在其中”。

⑶杜金山：传统课堂和现代课堂最关键的差异之一就是师生能否都得到

解放。在传统课堂上，师道尊严既绑架了学生，也绑架了教师，使师生都失去了真实感。大家是角色对角色，课堂充满了虚伪。高效课堂，解放了师生，让师生在人格层面、生命层次上真正实现了平等，在课堂伦理上，依然保持了教师应有的尊严，这尊严是和教师的主导作用发挥、教师的学长作用以及教师的人格魅力相联系的。解放，让课堂回归生命、回归生活，教师主导作用的发挥和学生主体地位的尊重，师生共同提供和分享"知识超市"的同时，实现有序的生命狂欢！

(4) 教育学实际上应该是教育解放学，解放的主体是学生，其次是教师，唯有保全作为"人"之学生与教师的人格、兴趣、权利、理想、尊严，教育才会散发着"人性"，才让人迷恋和感动。从这重意义上说，高效课堂文化的核心是开放与解放，是变一潭死水为一池春水，是充满生命的"泛活"。

第二节　走进课堂——精品课例分析

最难上的是复习课。很多教师都觉得复习课难上，嚼剩饭一样，教师讲得无趣，学生学得没意思，往往一节课就在教师的絮絮叨叨中滑过。下面，我们来看看通过了导学设计的高效复习课堂。

一、高效课堂模式下高三电学实验复习的教学实录与思考[3]

【摘 要】

本文通过对高三电学实验复习中采用高效课堂教学过程的记录与分析，探讨提升高考复习有效性的方法。

【关键词】高效课堂；导学案；电学实验；交流

高效课堂的宗旨是最大限度地调动学生的主动学习因素，使学生学会学习。这就要求教师做好引路人，授之以渔，培养学生的自主学习的能力，进而实现新课程下终生学习的目的。

电学实验部分在历年高考试题中出现频率很高，命题者希望通过这一题型来检测学生对闭合电路的理解、各类电表的使用及数据的处理。这类题型

3　冯静．秦皇岛市山海关一中．河北秦皇岛066200.

对考生综合能力要求很高。为此，我在教学中进行了如下的操作：

首先，根据学生的已有知识和能力设计导学案。由于前面已复习了恒定电流一章的基本内容，学生对电路中的基本元件，如电阻、各种电表、电源和电键的使用已熟识。电学实验通过对这些电学原件的使用，考察学生对恒定电流中电学原理的基本理解和应用。

导学案的设计以开放性思路为主。设计中，不但对基础知识有所涉及，还突出体现了分层次设计问题。对电阻的测量方法提出了不同的要求，引领学生独立完成设计，通过交流完善设计。

课题	电学实验复习专题（一）测量未知电阻阻值	
学习目标	1. 能根据书上给出的实验原理，画出电路图，写出表达式 (A) 2. 理解伏安法测电阻的基本原理，进行误差分析 (A) 3. 能根据实际情况选取电流表的内接法或外接法 (B) 4. 能根据实际情况选取滑动变阻器的接法 (B) 5. 任意更换实验器材进行创新设计（C）	
	自学指导	学习笔记
课前预习	任务一 1. 伏安法测电阻的基本原理、表达式和电路图 (A) 2. 多用电表测电阻的方法 (A) 任务二 1. 比较两种测电阻的方法各自的优缺点 (B) 2. 解释伏安法测电阻是如何进行数据处理的 (B)	学生参考课本上的讲解获取信息加以整理，提高甄选信息的能力
	合作交流（结对子，小组内部讨论，班上讲解展示）	随堂笔记
课前预习之后课上讨论完成	任务三 1. 如果没给电压表而只给了一块电流表和一只电阻箱如何测量未知电阻的阻值？（C） 2. 如果给了两只不同量程的电流表且已知两电流表的电阻，如何测量未知电阻阻值？（C） 3. 若电表、电阻箱等任意选取，你还有哪些设计方案能对未知电阻进行测量？	不同的学生可能得到的的设计结果不同
课后总结	总结：测定未知电阻有哪些方法？其中最基本测量方法的测量原理是什么？ (C)	

其次，课前发放《导学案》(导学案中A、B、C三个层次)。授课的前一天发放导学案，要求学生根据自己的实际情况完成导学案上A、B类要求的预习，将预习的结果书写在“学习笔记”一栏里。C类预习是选作部分，但每个小组六个人中要求至少有两名成员完成预习。授课前，对导学案进行课前批阅后发回。再次，通过课上的“对学”、“群学”完成本节课内容。

课上学生通过小组内“对学”互相检查预习结果，对学生的“独学”进行促进。之后，每组中在物理方面学习有优势的学生带领小组就上面的三个问题进行讨论，完成任务三。上面两项大约用时25分钟。通过在各组之间的答疑，可以发现，对于实验的设计不同组的设计思路是不同的。在接下来的展示环节中，我在不同组中选出代表，在黑板上画出设计的电路图。值得一提的是，在当天的教学中，当前面学生画出自己的设计后，启发了全班同学的灵感，大家争先恐后地跑到了黑板前将自己的思路展现出来。不一会儿，在黑板上便画满了不同的电路图。座位上的每个学生看着黑板上的电路都在分析它们是否可行，有的还发生了争论。之后，我将上面的一些设计进行了归类。多用电表只能粗略地测量电阻。要想精确测量，还是应采取伏安法测电阻。但在测量时，一些学生用了替代法(用电阻箱替代待测电阻进行读数)，直接用伏安法测电阻，或应用改装电表原理替代其中的电流表或电压表等。

最后，给出学生一些思考整理的时间。当天第一节晚自习之后，由科代表将学案收上来，教师批改后发回。教师可以通过对导学案的批改了解学生本节学习的实际情况，从而改进下一节课的教学计划。这正是师生共同提高的一个重要过程。

总的来看，本节课容量很大、学生的参与度很高。能够实现这一点的前提是，学生在完成导学案的过程中，对整节课上要学的重点知识了然于心。课前的预习是课上学习的预热。教学不能只局限在课堂上，通过导学案可以引导学生课前独立思考，总结归纳。但预习只是第一步。接下来的课上交流不但可以知识共享、集思广益，还会使学生在交流中获取更多的知识，在别人的想法中拓展思路，共同提升。有人说高效课堂是“知识的超市”。学生在合作交流中取长补短、各取所需就说明了这一点吧。

但是，由于学生的差异性，在“群学”中班上有大约四分之一的学生对课上提出的测量方法不是都能理解。在这种情况下，就需要做一些辅导工作。如在同学讲解之后，由教师进一步点拨或稍加讲解。另外，由于课上生成的问题较多，当天的教学任务没有在一节课中完成。我嘱咐座位上的学生在其他同学板演时将自己觉得好的设计思路记录下来。这样一来，即使本节课上没有讨论完成，在课下这节课仍能继续。

高三教学是在学生原有的知识和能力水平上的提升，仅仅应用课上的45分钟教学是远远不够的。另外，每一个学生的知识储备、发展潜力都存在差异。这就要求我们在教学的设计和安排上不但要顾及学生的差异性，采取分层引导共同提高，还要打破时空的限制，将学习扩展到课前和课后，将教育效能扩大化。

二、高效的课堂永远是摒弃了复杂的设计与说教的简洁快乐课堂

简捷、高效、快乐的“1+1＞2”[4]

——新标准英语(3年级起点) 4B Module 7 Changes Unit 3课堂教学实录与评析

【总体教学目标】：过去的状态与动作的一般描述，讲述过去发生的事情，通过个别任务的完成，达到英语……的综合运用

【知识与能力目标】：学习用一般疑问句的简单问答描述过去时态与动作，懂得人称与数在过去时态描述中的使用形式 Did you help your mother lastnight ？ Yes，I did /No，I didn't. Did your fatherplay table tennis yesterday ？ No，he didn't. /Yes，hedid .Did your parents read a book last night ？ No，they didn’t./Yes，they did 达到听、说、读、写四会；训练学生会话能力。

【情感目标】：激发学生的学习兴趣，培养学生的合作意识，形成良好的语言交流习惯，养成在课堂上完成学习任务的好习惯。

[教学准备]：CAI 课件、录音机、磁带、金色的小星星卡片

【教学过程】

(1)教师使用歌曲、韵律歌及欢快的动作表演，激情引趣，把学生从汉语的环境中很自然地引入英语的境地之中。

4 http://wuxizazhi.cnki.net/Article/LNJY200405038.html

⑵通过基本句子的说与做，学习伙伴之间的合作交流，引导学生掌握基本知识，训练其形成“听说读”的基本技能。

⑶教师在课堂上出示给学生两个学习任务，学生任选其一去完成。通过任务的真实运用，参与、体验、感悟，最终达到语言综合运用能力的形成。在学生执行任务的过程中，教师监控、参与、指导、帮助学生认真地完成任务，并及时地采取激励性的评价。

⑷填填写写(自我检测与评价)。及时的课堂学习效果自我评价与检测，非常有助于培养学生的自我学习矫正，能够及时地弥补其听说过程中忽略的语法知识与技能，从而引导学生养成扎实地学习、有效地学习的习惯。

⑸教师直接给学生一个简单而明确的任务，并让学生自由选择类似内容，体现了灵话、自主的教学理念。教师引导示范，学生执行操作，体现学生为主体的教学理念。

⑹教师用心地检查验收了每一小组的每一个学生的任务完成情况，及时发现和指正学生的语言错误，学生的交流兴致高昂。教师简捷示范学习任务，快速检查学生学习任务的完成情况，引导学生自主学习，形成初步的语言交际能力。教师及时得到教学反馈，顺利进入下一步教学环节。

⑺教师再一次给学生自主交际练习的时间，体现课堂教学以学生的学为主的教学思想，充分培养学生自主学习的良好习惯。

⑻准确的课堂监控，明确而细致的提醒，有利于学生对英语知识的准确把握。

⑼教师把描述过去时态与动作的任务简单化，让每一个学生都能顺利地理解和接受。通过一次又一次执行任务，学生们合作完成任务，扎实地掌握运用语言，有“1+1>2”的学习效率，而且避免和减少课堂学习过程中的两极分化。教师既关注个体又兼顾个体，体现了面向个体学生，关注学生的情感，宽松、民主、和谐的教学理念，为学生的终身发展奠定基础。

⑽教师再一次用歌曲激发、调动学生继续学习的热情，使学生感到学习英语是轻松的、快乐的，课堂学习气氛又一次高涨起来。

⑾教师借助巧妙的语言请求，引导学生积极地参与解决问题。学生感到自己能力强大，可以帮助教师解决问题，无形之中培养了学生学习的自信心。

(12)教师布置一个有效的课堂学习延伸的综合语言运用任务，补足课堂教学时间的短缺，同时为下一节课准备了复习环节的内容，真实而有效地衔接每一个课堂教学，使学生的英语学习一环扣一环，用一条无形的学习链条牵引着学生走向英语学习成功的彼岸。

【总评】

这是一堂充分体现面向个体、关注个体发展的英语课堂教学。教学简捷、真实、高效、快乐。教师把大家一向都认为很难解决的过去时态化难为简，采取各个击破的方式，在有限的40分钟里，引导学生顺利地完成学习任务，而且使个体学生100%地完成了本课的基本任务。教师充分把握课堂学习状况，全面了解每一个学生的学习目标达成度。虽然教师没有给学生设置综合语言运用任务，但学生长期、有效的简单学习任务的完成会循序渐进地形成综合的语言运用能力。

三、精准的问题的设置也是让一节课高效的有效途径

为让学生从知识上、方法上、情感上得到不同的收获，授课教师在问题设置上做了很多努力。

《欧姆定律》[5]

陈 军 山东省聊城市第二中学

(师)：很高兴能和我们班的同学一起来学习欧姆定律。请看屏幕上的教学目标。(课件出示)我们这节课的主要目标是探究欧姆定律，并体验科学发现的过程。请问，物理学的基本研究方法是什么？（渗透物理、素养及研究方法)

(师)：初中时，我们就利用限流式控制电路初步探究过欧姆定律，并且知道在分析多个量间关系的时候可以采用什么方法？

(生)：控制变量法。

(师)：请说一下用到了哪些器材，是如何连接的？电路的结构有什么特点，和初中的限流式电路有何区别？简单讨论一下。

(师)：你们小组打算如何连接？能和其他小组分享一下吗？

(师)：同学们都记下了刚才的数据，谁能来分析一下它们间的关系？

5 http://www.cnki.com.cn/Article/CJFDTotal-YDJY201124355.htm

(师)：对，都增大，为了更直观地显示物理规律，还可以采用什么方法处理数据？

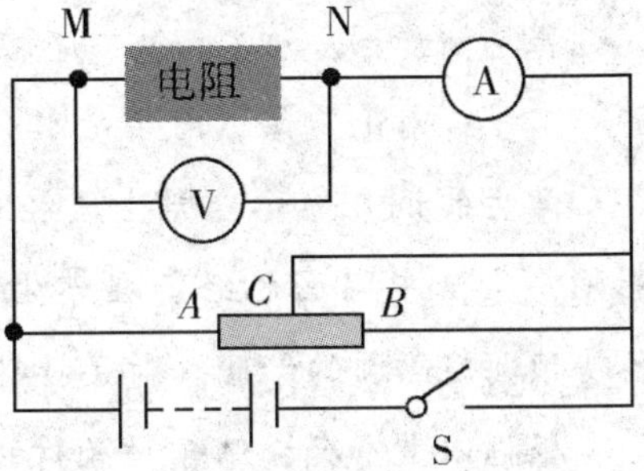

(师)：图像法，那请同学们在学案坐标纸上作出导体 A、B 的 u-i 图像，你发现这是什么样的线吗？

(师)：前面学习过类似的比值不变的知识吗？初中密度 p=m/v 是只与物质有关系的量，刚学过的场强 e=f/q 说明场强是一个和场元电荷有关的量，这里又同样说明了什么？

(师)：欧姆先于我们发现了这个定律，就称为欧姆定律，决定式为 I=U/R。这是欧姆历经十余年的实验探索得来的，既然是实验定律，必有适用的范围。请同学研读课本，说出它的适用条件。

(师)：那请同学们思考这样的一个实际问题，曾经和人们息息相关的小灯泡的伏安特性线是怎样的呢？如何确认？

(师)：看到开始近乎是一条直线，但随着电流的增加开始有了弯曲，难道说小灯泡的伏安特性线不是直线而不遵循欧姆定律吗？

(师)：温度对于它的电阻有没有影响？

(师)：好，说的真好，我们重演了欧姆探索的过程，体会到科学发现的艰辛，也收获了运用科学知识解决实际问题的喜悦，意识到科学的普遍性和严谨性。这也启示我们，只要善于观察、勇于探索、敢于实践，也一定在物理学史上留下我们中国人的名字。

四、返朴归真的生态课堂是高效生生不息的源头

学生的深刻体验、感悟，课堂凸现教学内容的本质，引导上精心把握，使课堂充满生命的灵动，从而在课堂上真正实现生态、和谐、高效。

教学叙事《圆的认识》[6]

江苏省南京市江宁区湖山路　梅玉华

对《圆的认识》进行解读、教学、调查、反思的循环磨课。在这次磨课的

6　梅玉华 . 南京市天景山小学 http://www.docin.com/p-522712663.html

过程中，思想经历了两次蜕变的过程。现以此为轴，套用佛学三境界，将研究过程总结如下：

起手：看山是山，看水是水。

学生的调查显示：学生已经对圆有了初步的认识，特别对圆是一种曲线图形，生活中圆面已经留在学生的头脑中。另外，对于绝大部分学生来说，已有用圆规画圆的经验。对于技巧，学生比较欠缺。

根据以上情况，结合对教材的解读，设计了如下教学环节(试教版)：

一、欣赏图片，唤起记忆

出示例1：说说生活中还有哪些圆形物体？（揭示课题）

二、学习画圆，感受特征

师：要研究圆，必须先画一个圆。你能想办法画一个圆吗？（学生交流汇报）

师：可见，圆与以前学过的平面图形有什么不同？

师：俗话说："没有规矩，不成方圆。"说明圆规是常见的画圆工具。(生尝试画圆)用圆规画圆要注意什么呢？（学生讨论交流）

师小结：用圆规画圆要注意两点，针尖不能移动，铅笔尖到针尖的距离不能变。为了方便研究，针尖这点称之为圆心，而这个距离可以用线段来表示，这样的线段称之为半径。(学生画并尝试用数学语言述说，教学直径后阅读课本。)

三、探究交流，明确特征

师：对于圆的半径和直径，隐藏着一些规律，待会儿就请同学们动手利用剪好的圆片画一画、折一折、量 一量、比一比，相信大家一定会有新的发现。(生小组交流后汇报)

师：你发现的现象一定正确吗？你会说给别人听吗？（生汇报后练习）

教后反思：通过对教学实录和课后调查的分析，发现教学上有三个较大的不足：①学生对圆的内涵体验不深，无法较好地解释车轮问题。②在猜想、验证的方法上，学生的验证缺乏想象和简单的推理，无法较好地解释例3的前3问。③教师没有充分挖掘圆的魅力，激发学生内在的学习热情。综合分析以上的三个不足，詹老师认为原因出在：对圆的内涵体现得不够，学生体验得不深。）

入道：看山不是山，看水不是水。

为了真正理解圆的内涵，我在詹老师的指导下，对圆进行了再学习：圆的定义都以定点、定长为核心，其中几何说（平面上到定点的距离等于定长的所有点组成的图形叫做圆）和集合说（平面上到定点的距离等于定长的点的集合叫做圆）从“点”入手，以无限为手段进行定义，直接渗透着圆有无数条半径的解释。轨迹说（平面上一动点以一定点为中心，一定长为距离运动一周的轨迹称为圆周，简称圆）从“点”入手，以运动为手段，直接说出圆是“圆周”的简称，明确了圆和圆面的区别。

如何利用学生已有的知识、经验和学生认识中的问题资源来点燃学生的体验，促成学生对圆特征的感悟，围绕着“体验”为核心，设计了四个“体验式”的教学环节（公开课）：

一、解决问题——蕴涵体验

师：（电脑展示）我们班举行投乒乓球的比赛，为了节约时间，老师想让4位同学同时参加比赛。为了保证比赛的公平，你觉得该如何站位？（学生展示）

师：如果是8位同学，16位同学……同时参加比赛，你能解决他们站位的问题吗？从数学的眼光来看，每个同学所站的位置可以看成一个点，（电脑展示：把点逐渐缩小）那可以有多少个同学同时参加比赛？

师：你能把所有这样的点全部都画出来吗？（不能）大家想一想，如果能把所有这样的点全部都画出来，将会是什么图形？（板书：圆）对呀，如果能画出这个圆，不就是画出了所有这样的点吗？（学生偷笑）（小结：到一点距离相等的所有点组成的图形）

二、动手画图——点明体验

师：如果让你把这些圆画下来，你会吗？（生动手画圆后介绍自己的画法）

师：如果用圆规画一个圆，怎样才能画得又快又圆？（学生讨论画圆的注意点）

（根据小结注意点来教学圆心、半径、直径）

三、探索发现——强化体验

师：对于圆的半径和直径，隐藏着一些规律，待会儿就请同学们动手利

用剪好的圆片画一画、折一折、量一量、比一比，相信大家一定会有新的发现。(生小组交流后汇报)

师：你发现的现象一定正确吗？你会说给别人听吗？

四、拓展渗透——深化体验

师：其实，早在两千多年前，我国古代就有了关于圆的精确记载。墨子在他的著作中这样描述道："圆，一中同长也。"你知道它的含义吗？老师这儿还搜集到一份资料，《周髀算经》中有这样一个记载，说"圆出于方，方出于矩"。所谓圆出于方，就是说最初的圆形并不是用现在的这种圆规画出来的，而是由正方形不断地切割而来的(动画演示："方"向"圆"的渐变过程)。

教后反思：许多教师对这节课都有较高的评价，教学实录和课后调查也显示出这样教较好地解决了学生对圆的内涵的体验，较好地解决了上节课的问题。但从实录和效果来看，学生的感悟还不丰富，学生静静思考、体会、把玩的时间少了，课堂成了少数学生的舞台。所以，很大一部分学生的体验是丰富而不深刻，无法通过感悟，实现建构，内化成自身的一部分。

出道：看山还是山，看水还是水。

围绕着"如何让每个学生都参与进来，让学生的体验、感悟自然而又深刻"这一问题，詹老师用数学生态课堂观对我进行了启发：数学课力求本真自然，不要一味求新求奇，要使学生在被吸引、被激励的宽松、和谐的环境中学习，引领学生实现对真善美的追求、对本真生命的超越。同时，课堂不仅仅是学习知识、进行思维训练，也要关注学生的身心发展，形成健康人格，努力做到师生的灵感相互交织，思维彼此碰撞，达到生命的灵动，从而实现所有学生和学生个人双重意义上的整体提升。

为了达到这个目标，我对学生和教材进行了反复的揣读，从辨证的角度解读课堂，决定以体验、感悟为核心，以简约大气为追求，以学生的整体提升为本，设计了以下教学环节(反思课)：

一、欣赏、观察——调整认识

欣赏图片。

师：小时候，曾经有这样的疑问：为什么水滴在平静的水面荡起的波纹是圆的？其中蕴涵着什么样的数学知识呢？

仔细观察4幅圆形物体的图片，你能观察到什么？

师：像这样用笔画出的图形就是我们要研究的数学上的圆。

（设计评析：利用问题激发学生的兴趣，引导学生通过观察去发现、直观感受生活中的圆形物体与数学中圆的区别，明确研究的方向。使用讲授法教学数学上的圆是高效的。）

二、操作、比较——体验本质

师：如果让你画一个圆，你会吗？打算怎么画？（学生交流汇报）

出示例1的画法，学生小组合作，利用准备的学具画圆，一人画时其他人带着问题观察。（这几种画法在画圆过程中有什么相同之处？如果学生回答不完整，可调整问：用圆规画圆与例1下面的两种画法（工具不同）在画圆过程中还有什么相同之处？）

学生交流汇报（根据旋转教学圆是曲线图形。）

（设计评析：学生亲自动手、观察是学生思考的基础，也是使体验深刻的基石。“有什么相同之处”，这一问题有较大的思考空间，可让每个学生实现一定程度的自我提升。同时，通过观察、比较、思考、讨论的过程来体验圆的轨迹说的内涵，不仅学得了知识，也渗透了学习方法的学习。）

三、操作、阅读——感悟含义

师：根据刚才我们研究的画圆的相同之处，你觉得要想画的圆标准，必须做到什么？（师小结定点、定长）

师：这两个要求是圆的重要知识。教学圆心和半径。

师：在你所画的圆上标出圆心，画出一条半径，想一想半径如何画？

师：如果老师也想画一条半径，你能告诉老师怎么画吗？（学生口述，教师画图）

阅读课本，并画出一条直径，完成练习。

设计评析：利用画圆的相同点来教学圆的各部分名称，可以使学生对这一知识进行理解性记忆；通过学生用语言指导教师画半径，不仅培养了学生的数学语言能力，还促进了学生健康人格的形成，同时使学生阅读课本成为需求，为学生自学能力的培养埋下伏笔，一举三得。

四、猜想、验证——明确特征

师：半径和直径都是线段，你觉得应该研究它们的什么？（条数和长度）

师：动手画一画、量一量、折一折，你发现什么？再想一想，你能肯定你发现的规律是正确的吗？有办法说服别人吗？（相机教学“圆，一中同长”并解释水波是圆的；“一切平面图形中，圆是最美的”和相关练习）

（设计评析：教师通过引导学生对发现的现象进行验证，不仅明确了圆的特征，提升了体验的品质，而且让学生感受了科学发现的过程，开阔了学生的视野，发展了简单推理能力。）

五、应用感悟——深化认识

师：学校打算在操场举行向一个纸篓中投乒乓球的比赛，为了节约比赛时间，准备几名同学同时投。如果你是老师，你打算如何去画场地？纸篓放在哪儿？运动员站在哪儿？为什么？

师：你觉得可以同时让多少运动员进行比赛？从数学角度看呢？

师：学校决定，运动员离纸篓15米，如果把这个圆画在纸上，你觉得合适吗？老师告诉你，可以用纸上1厘米代表实际距离5米，你能完成这个任务吗？

生独立完成，说说自己的画法。

师：谁能用自己的话说说什么是圆？

设计评析：本环节通过解决生活中的问题入手，让学生在潜移默化中体验了圆集合说和几何说的内涵。通过从抽象到具体、再到抽象的过程，让学生体验着数学研究的“圆”与生活中的“圆形物体”的联系与区别，感受着圆的文化魅力。最后一问是一个检测仪，可以较好地反映出学生对圆的认识深度。

研究心得：

通过这次的研究，使我体验到：数学生态课堂是返朴归真、简约大气的课堂。简约不是简单，简约是一种意境，是大气、深刻、智慧，更是返朴归真。它的实现在很大程度上取决于学生的深刻体验、感悟，这需要教师对知识寻根溯源，在教学内容上“瘦身”，力求凸显教学内容的本质；对学生深入了解，充分信任，在引导上精心把握，努力让每一次对话都成为师生内心情感的流露，成为个人见解和智慧的展示，使课堂充满生命的灵动，师生个性的魅力得到提升，从而在课堂上真正实现生态、和谐、高效。

五、“应景而生、应机而变、因时而动、因人而异”是高效的翅膀

高效课堂之《化学反应速率》教学案例[7]

尹雪梅

一、教学背景

1. 教材分析

化学反应速率，属于化学动力学的范畴，着重介绍了化学反应速率及浓度、温度等外界条件对化学速率的影响，以及造成这些影响的原因。化学反应速率能帮助学生定量地了解化学反应的快慢，了解影响反应速率的因素，可以帮助学生更全面地了解反应物的本性和外界因素对化学反应的影响。化学反应速率的知识也是学习化学平衡必要的知识准备。因此，也是本章的重点。

课程标准要求学生能够分辨、识别化学反应速率，即要求学生知道如何判断反应的快与慢，了解与反应速率相关的观察与测量方法。同时，强调通过实验探究进行学习，提高科学探究能力。

2. 学情分析

温度、催化剂对过氧化氢分解反应速率的影响在初中化学已初步涉及。学生已经知道温度、催化剂是影响化学反应速率的因素。但要帮助学生深刻认识化学反应速率，还必须学习影响化学反应速率的因素。本节内容是典型的基本概念和基本理论知识，学习时利用多种教学媒体，使抽象问题通俗化。

3. 学习目标

(1) 知识与技能：使学生深化对化学反应的本质认识；使学生理解浓度、压强等外界条件对化学反应速率的影响。

(2) 过程与方法：学会控制某一变量进行对比实验；初步学会利用有效碰撞理论分析实际问题。

(3) 情感态度与价值观：通过小组讨论、小组实验，提高学生的参与度和

7　wenku.baidu.com/view/d053d8f80242a89... 2011-3-20

合作精神；通过由现象到本质的分析，培养学生科学的思维方式。

4. 重点难点

浓度对化学反应速率的影响的原因。

二、教学设计

利用学生实验使学生建立起对影响化学反应速率因素的感性认识；通过对化学实验现象的分析来提升学生对影响化学反应速率因素的认识；在分析化学反应速率影响因素的过程中，要对学生进行科学方法的教育，学习如何提出问题、收集事实、处理事实、分析事实得出结论、应用结论解决新问题。

三、教学过程

[引入]利用德国石雕像60年来的变化，引出化学反应速率，并分析石雕像腐蚀速度加快的原因，激发学生的学习兴趣。

[提问]影响化学反应速率的因素有哪些？（学生思考并回答）

[学生实验]取两个试管分别加入5 ml 1mol/L的盐酸，再分别加入长短、薄厚大致相同的镁条、铁片，观察实验现象。

[讲解]分析对比实验要注意的问题，进行小组实验，通过对实验的分析得出结论。

[总结]浓度、压强、温度、催化剂都是影响因素。可反应物本身的性质是决定化学反应速率的重要因素。

[提问]通过改变哪些外界条件可以影响化学反应速率？（学生思考并回答）

[学生实验]在两支放有少量大理石的试管里，分别加入5 ml 1mol/L盐酸和5 ml 0.1mol/L的盐酸，观察实验现象。

[讲解]浓度大的盐酸与大理石反应的速率比浓度小的盐酸与大理石反应的速率大。因此，由此实验推知，反应物的浓度越大，反应速率越大。

[提问]从物质结构(化学键)的角度看，化学反应的本质是什么？（学生思考并回答）

[总结]化学反应的过程就是反应物组成微粒重新组合形成新物质的过程。也就是说，是旧键断裂、新键形成的过程。动画展示，在$2HBr+Cl_2=2HCl+Br_2$反应中，H—Br、Cl—Cl断裂，形成H—Cl、Br—Br。

[提问]上述反应中，H—Br、Cl—Cl 的断裂是否是自发产生的呢？（学生思考讨论）

[讲解]分子中化学键并不会自发断裂的。只有分子间相互碰撞，化学键才可能断裂，反应才能发生。

[提问]是否所有的的碰撞都能使化学键断裂、化学反应得以发生呢？[阅读]阅读课本，回答问题。（学生阅读，并汇报答案）

[讲解]分子间的碰撞与打篮球相似。正如书中插图所示。图(1)表示能量不够；图(2)表示虽能量足够，但没有合适的取向；图(3)则表示有足够的能量和合适的取向，于是发生有效碰撞。

[总结]必须是有效碰撞才能发生反应。有效碰撞的条件是：(1)微粒要有足够的能量；(2)有合适的取向；(3)发生有效碰撞的分子叫做活化分子，具有较高的能量。

[讲解]活化分子发生有效碰撞时，化学反应才能发生。因此，改变反应体系中的活化分子数目，就能改变化学反应的速率。

[提问]根据这一理论，同学们对比刚才的实验，可以得出什么结论？（学生思考并归纳）

[总结]浓度增大，导致单位体积内活化分子数目增多，有效碰撞次数增加，反应速率加快。

[提问]该结论是否适合所有的化学反应？学生设计实验。

[补充实验]往装有1ml 的0.05mol/L 的 $Na_2S_2O_3$溶液的两支试管中分别加入1ml 0.1mol/L、0.50mol/L 的 H_2SO_4（学生自主实验，并汇报现象）。

[讲解]浓度大的硫酸与 $Na_2S_2O_3$混合后先有沉淀产生；而浓度小的硫酸与 $Na_2S_2O_3$混合时产生沉淀的现象要来得慢。由此可以证明，反应物的浓度越大，反应速率越大。

[小结]在其他条件不变时，反应物的浓度越大，反应速率越大。

[思考]利用动画创设一个问题情景，让学生讨论压强对化学反应速率的影响。

[小结]通过讨论，发现压强对化学反应速率的影响实质是浓度对化学化学反应速率的影响。

［提问］在前面两个实验的基础上，设计一个温度对化学反应速率影响的实验。

［讲解］联系生活，让学生体会温度对化学反应速率的影响。

［提问］利用有效碰撞理论分析温度对化学反应速率产生影响的原因。

［小结］温度升高，会使一部分原来能量较低的分子变成活化分子，从而增大了反应物分子中活化分子的百分数。有效碰撞次数增多，使反应速率增大。

［课后练习］采用哪些方法可以增大铁与盐酸反应的化学反应速率？在这些方法中，哪些是由于增加了活化分子在反应物分子中的百分数所造成的？

四、总结与反思

十年树木，百年树人。教学的有效性是从显性到隐性的递变，有效学习是要给学生埋下追求真善美的意志与能力的种子，使学生形成其个人的认知结构，认识科学的基本面貌和价值，为学生个人发展做认识上、能力上、意志品质上等多方面的准备。

本节课的成功之处在于重点突出了实验在化学教学中的重要作用，学生通过自学认知、观察实验、分组讨论、归纳总结、练习巩固这一过程，加深了对知识的理解和体会。课上，穿插了多媒体动画实验，直观鲜明，印象深刻，充分调动了学生的学习兴趣，较为高效地完成了本节课的教学目标。特别是有学生自主设计实验的过程，更加体现了学生是学习的主体，摆脱了原有教学模式中“教师教、学生记”的套路，将教学的有效性大大提高。但是，学生尽管参与了，还是不够主动，如何让学生更加充分主动地投入课堂，延续课堂的高效性仍是下一阶段需要思考的问题。

通过本次课例研究，发现了教学中存在的不少问题。要保证上好每一节课，应扎扎实实钻研教材，认真钻研教法和学法，把学生的心理、个性和能力备入教案中去，转变教师角色，体现学生的主动性，提升教育教学理念，探究新型的符合现代教育的教学方法，从而真正实现高效课堂教学。

希望通过大家的共同努力和践行，让每一节都能做到“应景而生、应机而变、因时而动、因人而异”，为高效课堂教学插上一双翅膀，在新课程的天空中尽情翱翔！

六、运用多种学习方式学习知识是高效的主要保障

"眼睛和眼镜"课堂教学实录[8]

【教学设计思路】

"眼睛与眼镜"系人教版初中物理八年级上册第三章《透镜及其应用》第四节内容。本节课的设计，在教学目标上，不仅关注学生获得的有关眼睛和眼镜的知识，而且更加注重科学探究过程、探究方法的学习，不仅关注学生主动获取知识能力的培养，而且更加注重促进人的全面健康发展；在教材处理上，突破现有教材对有关眼睛和眼镜知识的平铺直叙，力图"体现教师不应是课程的传递者和执行者，而应是课程的开发者和创生者"、"教材只是师生对话的一个话题"的新课程理念；在课堂结构上，按照"发现问题—提出问题—分析问题—解决问题"来建构课堂程序，即：让学生在创设的情境中发现问题、提出问题，进而引入新课，强化问题意识，激发学生探究学习的欲望。分析问题，即引导学生积极主动开展"眼睛是如何看清远处和近处物体的"和"近视和远视成因"的探究活动，在探究活动中学习科学探究方法，发展科学探究能力，形成尊重事实的科学态度，培养追求真理的科学精神。解决问题，即通过"近视和远视矫正"的探究和"眼健康保健知识的教育"，使学生了解眼保健知识，学会正确用眼和护眼，体现物理教学的人本观。

【教学过程】

一、新课引入

师：很高兴认识你们！今天呀，老师给你们带来了一份礼物——潘多拉盒子，里面有非常6+1副魔具，戴上它，你就近视了，谁来试试？（教师向学生分发魔具，并让学生戴上）

师：下面，我们一起来欣赏一段视频。

师生一起观看九寨沟的风景视频。

师：好，非常6+1的同学告诉我，你们看到了什么？

师：非常遗憾！这么美的景色，近视的同学却看不清。那么，近视了，

8　wenku.baidu.com/view/096dcd28647d272... 2011-2-22

为什么看不清物体了呢？关于近视，你们想知道些什么问题呢？

师：好，带着这些问题，我们就一起来学习和近视有关的知识——“眼睛和眼镜”。

点评：用魔术激发学生的学习兴趣，增进学生的体验，体现从生活走向物理的课程理念，培养学生提出问题的能力，由学生提出的问题引出话题。

二、眼睛是如何看清物体的？

师：了解眼睛首先要了解眼球的结构(如图1，教师放课件，学生观看视频，了解眼球的结构)。

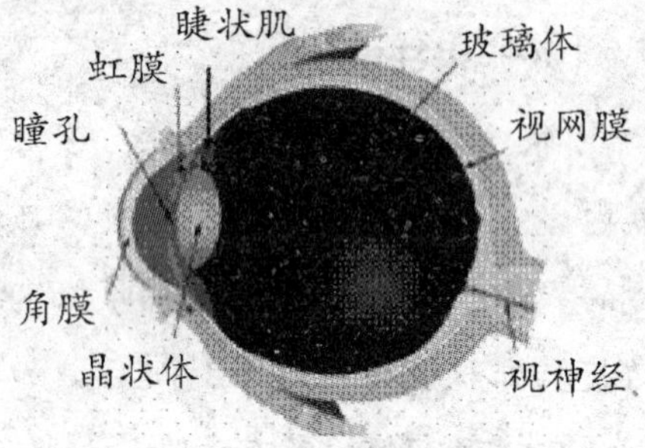

图1

师：大家发现了没有？眼球的晶状体像我们学过的哪个光学仪器？

生：像凸透镜。

师：我们知道照相机能拍摄到清晰的像，它的镜头也是凸透镜。那么，眼睛和照相机有什么相似的地方呢？下面，我们一起来看一看。(教师播放“眼睛是一架神奇的照相机”的课件并介绍)

师：(对照课件，如图2)：眼睛的晶状体相当于照相机的凸透镜，视网膜相当于照相机的底片。眼睛能看清物体就像照相机照相一样。从物体射来的

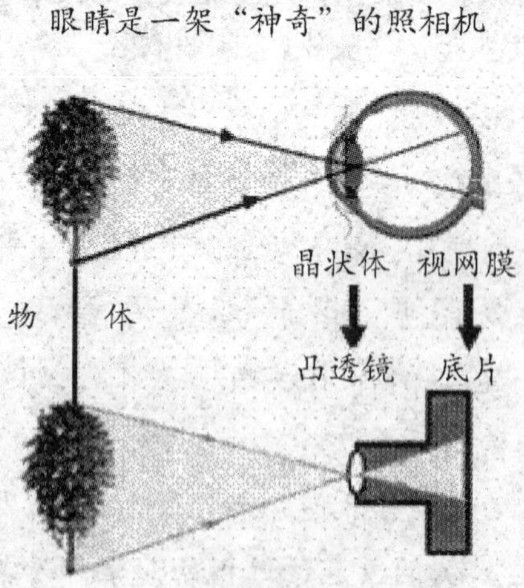

图2

光通过晶状体会聚在视网膜上形成物体清晰的像，视网膜上的视觉神经细胞受到光的刺激，把这个信号传输给大脑，我们就看清物体了。所以呀，眼睛就是一架“神奇”的照相机。

师：大家想一想，照相机在拍摄远处和近处景物时，为了能在底片上得到清晰的像，需要调节什么呢？谁能告诉我？

生：需要调节底片与镜头之间的距离。

师：对！需要调节底片与镜头之间的距离。那么，眼睛能看清远处和近处物体，也是这样调节的吗？

点评：引导学生通过比较眼球与照相机的结构相似，得出它们的原理相似，进而理解眼睛看清物体的原理，为研究“眼睛是如何看清远处和近处物体”作铺垫。

三、观察与实验

眼睛是如何看清远处和近处物体的？

师：下面，我们通过实验来观察眼睛是如何看清远处和近处物体的。

师：我们先来认识一下今天的实验器材(如图3)。这是玻璃球，模拟眼球；这是纸屏，模拟视网膜；这是蜡烛，模拟物体，物体可以在滑板上移动；这是水透镜，模拟晶状体，晶状体的形状可以改变，在实验中我们只要往水透镜里注水，晶状体就变凸，往外抽水，晶状体就变扁平。通过实验，我们要看看眼睛究竟是怎样使物体在视网膜上清晰成像的？下面，请大家按探究报

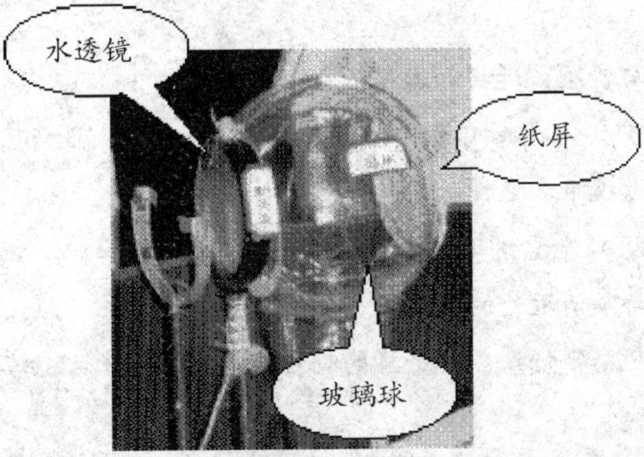

图3

告上的要求实验并记录观察结果。等会儿，我们一起来交流实验结果。

学生进行观察和实验，教师巡视指导。

师：下面，我们一起来展示一下实验成果。哪个组先说？

用现场录像展示一下刚才的实验过程。

师生一起观看现场实验过程录像。

师(配合录像同步解说)：先将物体放在任意位置，视网膜上的像并不清晰，现在调节晶状体，可以看到视网膜上的像变清晰了。由此可见，眼睛能看清物体是通过调节什么来实现的呢？（生答是通过调节晶状体来实现的）看近处物体时，晶状体变凸，视网膜上才能成清晰像。看远处物体时，晶状体变扁平，视网膜上才能成清晰像。可见，眼睛看清近处物体时晶状体变凸；看清远处物体时晶状体变扁平。

师：眼睛是通过调节晶状体来看清物体的，而普通照相机是通过调节底片与镜头的距离来使物体清晰成像。由此，你对照相机的改进有什么大胆的设想呢？

生：老师，是否可以制成一种可以改变镜头凸起程度的照相机？

师：非常棒！就是能自动变焦的照相机，是吗？天才的发明家！

点评：通过"眼睛是如何看清远处和近处物体"的观察和实验，一方面让学生分组实验，收集证据，培养学生观察能力、信息收集能力和分析归纳能力。另一方面，通过引导学生借鉴眼睛是通过调节晶状体来看清远近不同物体，从而对照相机的改进作出大胆的设想(仿生学原理)，培养学生勇于创新的科学精神。

四、探究与实验：近视和远视的成因和矫正

师：我们有些同学患有近视，还有的爷爷奶奶患有远视。请同学们根据生活经验说出近视眼和远视眼看物体时有什么不同？

生：近视眼只能看清近处的物体，看不清远处的物体。远视眼只能看清远处的物体，看不清近处的物体。

师：嗯，观察很仔细！是这样的吗？同学们。

生：是！

师：大家想过没有，近视和远视是怎样形成的呢？

生甲：近视眼可能是长时间用眼，眼睛疲劳而形成的。

生乙：近视眼可能是不注意用眼卫生，譬如用脏手擦眼。

师：还可能是什么原因呢？结合前面的实验结论想想？

生丙(短暂沉默后)：实验已经证明，眼睛看清近处物体，晶状体变凸；看清远处物体时变得扁平。我想，近视和远视是不是还可能与晶状体凸起程度发生了变化有关。

师：说得非常好！长时间用眼、不良用眼习惯以及不注意用眼卫生等都会导致眼球的晶状体发生变化。也就是说，近视和远视都是由于晶状体发生了变化。那么，近视可能是晶状体变得怎么样了呢？

师(引导学生)：上面我们已经得到，晶状体变凸，只能看清近处物体，而近视眼也只能看清近处物体。那么，近视眼可能是晶状体变得怎么样呢？

生丁(短暂沉默后)：近视眼可能是晶状体变凸。

师(追问)：为什么？

生丁：因为眼睛看清近处物体时，晶状体变凸。

师：很好！那远视呢？

生戊：可能是晶状体变得扁平。

师(追问)；那又是为什么呢？

生戊：因为眼睛看清远处物体时，晶状体变得扁平。

师：噢，很好！

师：近视是不是晶状体变凸？远视是不是晶状体变得扁平呢？下面请大家抓紧时间，设计一个方案来验证自己的猜想。

学生分组设计实验方案，教师巡视、指导设计过程。

师：我看很多组设计得都非常好。下面，把你们的设计方案向大家来展示一下吧！

生甲：我们猜想近视是由于晶状体变凸，所以在实验中，我们首先使用注射器使“晶状体”(水透镜)变凸，移动物体，看是否能让近处物体清晰成像。若能，就证明了近视是由于晶状体变凸。然后，将物体适当远移，看使用什么镜矫正可使物体在“视网膜”上再次清晰成像。

生乙：我们猜想远视是由于晶状体变得扁平，所以在实验中，我们首先使水透镜即“晶状体”变得扁平，然后移动物体，看能否让远处物体清晰成像。若能，说明远视就是由于晶状体变得扁平。再移动物体，使视网膜上的像变得模糊，用凸透镜、凹透镜尝试矫正，看哪一个镜能矫正远视。

师：非常好，大家赞成他们的设计方案吗?

生：赞成!

师：好，请各小组根据刚才交流的结果，进一步完善自己的设计方案，然后抓紧时间实验。看哪个小组做得又快又好!

学生进行“探究近视和远视成因及矫正”的实验，教师巡视、指导、参与。

师：实验完成了，下面请你们交流一下实验成果。

生甲：我们通过探究得到近视眼是由于晶状体太凸，可用凹透镜来矫正。

生乙：我们组的结论是：远视眼是由于晶状体太扁平，可用凸透镜来矫正。

师：太好了！(短暂停顿后)物理学之美无处不在，你看，近视眼晶状体太凸了可用凹透镜来矫正，远视眼晶状体太扁平了可用凸透镜来矫正，这就是物理学的互补之美、和谐之美!

点评：培养学生猜想和假设的能力，设计实验、进行实验的能力，交流评估的能力。同时，渗透物理学之美无处不在。通过这个探究实验，让学生领会科学探究方法，经历科学探究的基本过程，形成实事求是的科学态度。

五、保护眼睛，远离近视

师：近视了，会给我们带来哪些不方便呢?

……

师：说得很好！下面，我们通过一段动漫来进一步了解有关情况。

教师用多媒体播放动漫“青少年用眼卫生与防护”(片段):

希望在大家的帮助下，我们班近视的同学会越来越少。那么，怎样保护眼睛呢？下面，我们一起来了解有关保护眼睛的知识。

教师播放保护眼睛的视频，学生观看。

点评：通过用眼护眼的动漫和视频，以及学生之间的互动，让学生了解预防近视的常识，学会保护眼睛。这就体现了物理教学对人性的整体关怀，体现了科学精神和人文精神的有机融合。

六、小结

师：今天我们学到了什么？

点评：畅谈收获，培养学生自我总结能力。做保健操的护眼行动，更是寓教于乐，体现了“注重学生发展，改变学科本位”的课程理念。

七、作业

①调查班上近视发病率，了解近视发病原因，提出怎样预防近视？同时，为宣传保护眼睛策划一则“广而告之”：

____。

②上网查询有关保护眼睛的相关知识。

点评：运用多种学习方式了解用眼护眼知识，体现了“注重科学探究，提倡学习方式多样化”的课程理念，其独特的教学设计和创新的实验器材是实现课堂高效的主要保障。

七、教给学生学习方法，是构建高效课堂的不懈动力

引领自主探究　构建高效课堂[9]

——《苗圃里的蒲公英》教学实录与评析

李桥梅　鲜于运民　张　鹏

(一)教材分析

《苗圃里的蒲公英》是鄂教版《科学》五年级《到苗圃去》单元的第四课。通过前几课教学，学生已经知道什么是人工繁殖植物，掌握了人工繁殖植物的方法，能比较熟练地完成人工繁殖。学生经历了关于人工繁殖的探究活动，对植物的繁殖方式必然会产生更多想知道的问题。“在自然界中这些植物是怎样繁殖的？”这应该是绝大多数学生都能形成的一个疑问，也是迫切想知道的一个问题。从本课开始，将对植物繁殖方式进行更为深入、广泛的研究，以满足学生的探究欲望。

在本课学习中，能力的培养涉及观察、测量、数据分析、实验记录、收集整理资料等，综合性较强。

9　http://www.docin.com/p-376238112.html

本课教学内容分为四部分。

1. 生成问题

植物在自然界中是怎样繁殖的？学生参观苗圃后，能够产生的问题是多种多样的。其中，必然有些学生会观察到苗圃中的某些角落生长着一些非人工繁殖的植物，这些植物怎么会生长在这里？教材安排了图片引导学生回顾了苗圃中的发现。学生在前面通过查询资料已经知道：种子繁殖是植物在自然界中的重要繁殖手段。这些植物的种子为什么会到苗圃中并繁衍起来？这是前一个问题的延续，也是解释这种现象之所以发生的核心问题。教材安排重新回顾在苗圃中的发现，创设情景、生成问题。

2. 研究蒲公英种子的繁殖方式

蒲公英是苗圃中常见的一种植物，其特有的传播方式能极大地吸引学生的探究兴趣。在本环节中，教材安排了三个探究活动。

⑴吹蒲公英果实，测量飞行距离。蒲公英的果实能飞行，这是学生都知道的事实。但是，果实飞行能力究竟怎样，学生大多没有尝试过。教材安排了一次比赛活动：看哪个小组的蒲公英果实飞行的距离最长。通过活动创设情景，引导学生开始对蒲公英果实飞行能力的探究。学生将通过测量，对蒲公英的飞行能力进行定量分析。从定量分析中，引导认识蒲公英的果实能飞行，而且飞行的能力比较强这一事实。同时，也通过测量，初步培养学生的定量分析能力。

⑵观察蒲公英果实的结构，完成观察记录。在认识到蒲公英果实能飞行，且飞行能力较强的事实后，进一步引导学生探究蒲公英果实在结构上的特点，从而认识到其飞行能力强的原因。在该活动中，主要强调学生对观察器材的使用及观察记录能力的培养。

⑶综合分析蒲公英的繁殖特点。经历了前面两个部分的研究，学生对蒲公英果实的飞行能力有了比较全面的认识，知道了蒲公英果实能飞行得较远，果实形状类似于降落伞。在接下来的活动中，进一步引导学生认识为什么蒲公英果实能飞行较远，指导学生根据观察到的结构特点来分析其结构对飞行能力的重要影响。学生通过前面实验中用嘴吹形成风的方法，已经认识到：由于每个人肺活量的大小各有不同，形成的“风”也会有所不同，对于实验中

蒲公英果实的飞行会产生直接影响。那么，如果有较强的风且风能持续作用，又会对其果实产生什么影响？引导学生深入探讨其果实是如何充分利用自然的力量来实现异地繁殖的。最终引导学生认识到果实随风吹散到土壤上，有些种子会在第二年春天萌发。

3. 认识其他植物种子的繁殖方式教材

在该部分安排了植物的六种繁殖方式的图片，分别是：弹力发射、随风飘散、水面漂浮、自由落地接触土壤、借助动物皮毛、动物吞吃后排泄。引导学生对图片中果实特点进行观察，从而认识到植物繁殖方式的多样化。对植物繁殖方式进行总结，加深对植物繁殖方式的认识。

4. 收集更多关于植物繁殖的资料

该环节的教学是对植物繁殖有了较为充分认识后的应用。引导学生对更多植物的繁殖方式进行观察，并根据教材前面所提到的六种繁殖方式，对自己收集的植物进行繁殖方式的分类，培养学生的信息收集、整理能力。

(二) 教学反思

在本节课的教学中，学生始终处于一种积极思维的探究状态。40分钟里，学生解决了不少问题，既有数据的收集与分析，又有运用工具细致的观察，还有对比实验的设计与操作等。一个个有意义的探究活动构建了一节简约、朴实却高效的科学课堂。

1. 基于生活，找准思维点

在学习本课之前，学生通过三四年级种风仙花等种植活动和二年级的语文课《植物妈妈有办法》的学习，已经知道了蒲公英、凤仙花等一些种子传播的方法，加之学生在生活中对常见植物种子的传播有着丰富的生活经验，因此，如何既利用好学生已有的“认知”，又使学生对探究内容感兴趣是本课的关键。在本节课中，教者不满足于直接让学生通过观察蒲公英的形态结构，了解其传播方式的套路，而是提出了“你怎么能够证明蒲公英是靠风传播种子的”这一探究问题，很快地激发了学生的思维，巧妙地将学生的经验与探究联系在一起。在教者的启发、引导下，学生结合生活中的经验，运用科学的方法，经历“提出研究问题——对问题做出猜想——亲自实验——得出结论”的学习过程，探究的兴趣和能力得到了长足发展。

2. 源于生活，找准探究起点

鄂教版《科学》教材的一个重要特点是注重学生的生活经验。由于每一个学生的生活经历不同，对同一个问题的理解也就不同，这些“经验”和“差距”本身就是一笔宝贵的学习资源。作为教师，必须全面了解这些学习资源，在此基础上有效地引导学生开始新的探究。这样，学生的探究兴趣才会浓，探究才有可能得到深层次发展。本课教学中，教师为学生提供了充足的探究时间和空间，营造了一个积极、宽松、和谐的课堂教学氛围，引导学生基于已有的认识和经验，产生认知的新矛盾，并开始新的探究，最后又回归到生活中去，学生学习科学的积极性和主动性被大大激发。

3. 重视细节，丰富探究内涵

高效的科学课必须注意每一个细节，教者的一句话、一个眼神、一个小小的探究细节等处理的好坏会导致截然不同的结果。在本课中，植物的弹射传播是种子的传播方式之一，而弹射传播是一瞬间的事情，学生不容易理解，是教学中的一个难点。在教学中，教者采用观看视频的方式，让同学们看到油菜和大豆的果皮瞬间翻转，借此呈现把种子弹射出去的画面，学生“眼见为实”，探究热情高涨，教学难点被突破。本课教学中还有很多语言的细节，教者在学生“愤悱”状态时，给予恰如其分的指引，使他们的探究欲望不断高涨，一个一个问题得以解决，一个一个新问题又不断产生，学生的科学素养在有效的探究活动中不断发展。

第七章

高效课堂的校本研修

校本研修是指以学校为本，以学校为研究主阵地，以学校教师为研究主体，以学校教育、教学中的问题为研究对象，以促进学生发展、教师专业化水平提高为目的，把教师培训、教育科研和教学研究融为一体的研究制度。

“为了学校和教师的发展”，是“校本研修”的根本目的。

“基于学校和教师的发展”，是“校本研修”的基本问题。

“通过学校和教师的发展”，是“校本研修”的主要对策。

简单说，“学校和教师的问题，主要由学校和教师通过‘研修’来解决”。而我们当前面临的一个共性的话题是如何“轻负高效”，无疑得向课堂要质量，向课堂要高效。高效，需要所有教师的研究与实践。我们可以通过校本研修来研究课堂高效问题，从而促进教师专业成长，为课改服务；促进课堂教学具有实效，为学生全面发展服务；促进学校教学质量稳步提升，为学校长远发展服务。[1]

第一节　集智备课——研究高效课堂

拿破仑·希尔说：“人们在思想的交流与碰撞中，一次就有可能产生独自一人10次才能完成的思考和联想。”集智备课是在个人认真准备的基础上进行集智研讨的一种有效的教研活动，它能集中大家的智慧，共同研究教学中的一般问题，保证教学工作有目的、有计划地进行；它成了校本教研的一种重

1　胡庆芳．校本教研实践创新．北京：教育科学出版社，2009.

要形式。过去，我们称为“集体备课”，侧重于形式的表达；而集智备课则传递给大家一种思想能量，一种智慧创造。集智备课往往以备课组的形式呈现，体现了“合作、探究、创新”和“以人为本”的精神，促进了教学相长，能更好地落实课改要求，能分享与积累课程资源。

一、建立高效课堂校本教研备课组

团队与合作是备课组的两大主要的组织特征。高效课堂的研究是一种“行动研究”，所解决的是教学中最直接、最实际的问题，主要任务是完善课堂教学。由于教师的教学年限、业务水平、学科专长和教学经验各有不同，从而导致教学水平的差异。建立校本教研备课组就正好解决了这一问题。

(一)以备课组为载体，研究高效课堂

1. 建立备课组校本教研制度

建立高效课堂教研备课组应以学科为单位，从形式上可以根据教师人数的多少，可以分年级、年段或学科大组，选定备课组组长，拟定备课组工作职责和考核方案，为高效课堂集智备课提供组织保障。备课组职责和考核方案必须突出重点、切实可行。如在备课组职责中可突出课题研究、常规管理、研修形式、过程管理、组级考核。每月由分管领导部门依据备课组职责、计划活动开展情况、完成学校安排任务情况等进行绩效考核，并将考核结果直接作为教师绩效工资考核的岗位考核的依据，以此激励各备课组长认真开展活动，加强管理。

2. 构建研究高效课堂的学习共同体

在备课组建设过程中，可构建四个维度的学习共同体，研究高效课堂。

1)一维“时”——即时课间教研

教师的每一节课后都会有自己的所得所感。因此，我们提倡教师们撰写课后反思，记录课堂上或是精彩或是缺憾，久而久之就会形成经验。我认为，仅此还不够。如果在课下将自己的反思备课组教师分享，将会点燃相互碰撞的火花，不断提高课堂的效度。

如一名教师在上完鄂教版小学语文《山茶花》一文后，回到办公室对自己的课堂与同组的教师进行了交流：“这篇课文很显然2、3段是重点，抓住了山

茶花的颜色和形状来描写山茶花的美，这两段里语言的训练点也很多。由于我想面面俱到，导致没有上完。我发现两段教学不能同时给力，山茶花三种颜色的具体描写和比喻句的运用是重中之重，应该详细地讲，而其他的则可以以读代讲。”于是，在短暂的十分钟里，教师们围绕如何凸显重点、如何体现高效进行了即时的研讨，对于下一位上课的教师很有启发。看来，即时的研课，大家在相互碰撞中收获的不是一节课的高效，而是堂堂课的精彩。

2) 二维“点”——定点集体备课

定点集体备课是研究高效课堂的有力保障，是指在相对固定的时间里，大家在固定的地点聚在一起，在备课组长的组织下进行教材解读，围绕如何实现高效逐课进行说课、议课，在重点环节的教学中甚至引发了争论，或形成共识，或是选择用不同方式去呈现，在实践中去反思与总结。

3) 三维“构”——阶段同课异构

同课研究是以反思研究为主，以同一节课为研究对象，以新课程理论为指导，以专业引领为抓手，是集“实践、展示、反思、互动”于一体的一种教学研究活动。

如人教版小学数学第十一册《认识圆》教学中，备课组教师们这样进行了同课异构：

教师甲：在设计中改变了教材编排顺序，尝试让学生去体验、自主学习。学生在这样的氛围中获得了新知识，体验到了成功的快乐，增强了克服困难的勇气和信心。但学生还未完全了解圆各部分的名称和圆的特征，教师教学时不可避免地有迂回。

教师乙：着力于体现尊重教材的理念，即在这样的设计中，能让学生感受到圆这种图形的美丽及魅力，激发了对圆的学习的兴趣，但“学生是数学学习的主体”的新课程理念没有得到完全充分的体现。

教师丙：不但肯定了要尊重教材，而且也注重了学生的主体地位的体现，使学生在获得对数学理解的同时，也在思维能力、情感态度与价值观等多方面得到进步与发展。

在多轮同课异构实践中，我们可以围绕如何进行有效的激励评价、如何应对课堂教学中的生成、如何组织学生深入探究、如何更深入地研读教材、如何创设有效的课堂进行研究……在总结中不断提升自己的实践性智慧，从而实现课堂高效。

4) 四维“议”——专题教学沙龙

备课组研究高效课堂最有效的方式莫过于通过专题沙龙来评议高效课堂了。每一课，体现高效的方式或许是多样的、多元的。我们可以通过“议”的环节来晒一晒亮点，来品一品精彩。

如一所小学五年级语文备课组的一次专题教学沙龙：自主探索《爱因斯坦和小女孩》长文短教。接下来，我撷取教师部分发言来分享。

教师甲： 对于“长文”，只要找准语文备课切入点、训练点，就能抓住全文的“神经中枢”。长文短教，教师“教”的时间压缩了，相应地，学生“学”的时间就增加了。

教师乙： 采用长文短教，是对教材内容进行了取舍和二次拓展，整节课教学围绕两条主线：“爱因斯坦是个什么样的人？”“小女孩是个什么样的人？”以这两个问题以点带面，贯穿全文。

教师丙： 我觉得教学时要重在“悟”字，在读书中悟，在对话中悟，在讨论交流时悟，在悉心思考时悟。我试图引导学生通过感悟不同角度的描写来体会爱因斯坦的为人，去认识一个“立体”的爱因斯坦。

一节课40分钟，却是师生一段重要的生命历程，专题教学沙龙能让我们碰出智慧的火花。

(二) 以备课组为阵地，夯实集智备课

1. 发挥集智备课的作用

在倡导素质教育的今天，集智备课的积极作用正愈来愈受到教育工作者的重视和应用，集智备课好处多多。

1) 能显著提高教育教学效果

集智备课，提供了教师合作、探讨、实践的途径，通过参与者思想火花的碰撞、集体智慧的分享、精华糟粕的取舍，促使教师加深对教材的理解和认识，拓展教学的方法与思路，进一步归纳、提升和再创造自己的教学设计，更好地适应学情，更好地体现自己的教学个性，不断改进自己的备课水平，优化自己的教学行为，从而提高教育教学效果。

2) 能不断提高教师的教学水平

集智备课要求同科教师人人参与，每人都要精心准备。通过相互交流与切磋，参与集智备课的教师既可以学习到他人的长处，又可以找到自己的不足，通过扬长避短，实现共同提高。同时，集智备课的开展，一方面促使青年教师尽快成熟起来，另一方面也让老教师更加谦虚谨慎、严谨治学。

3) 能大力促进学校的教科研氛围

集智备课是一种“行动研究”，一些大家感兴趣的课题，由于智慧的交流而得到理性的升华，其理性认识能更好地指导实践，在理论和实践之间架起桥梁，教科研的氛围在集智参与的行动与反思中逐步浓厚。

4) 集智备课可以分享与积累课程资源

你有一个思想，我有一个思想，交流一下，就能产生无穷的思想与智慧。集智备课为教师提供了展示与交流这些资源的平台，参与者通过广泛的交流和分享，把有用的课程资源归纳充实到教学实践中去，不仅达到了资源共享的目的，而且还可以不断积累和丰富教学的课程资源。

5) 集智备课可以发扬团队的协作精神

“三个臭皮匠，顶个诸葛亮。”团队与合作是集智备课的两大主要的组织特征，集体备课往往以备课组的形式呈现，其成败取决于备课组成员间的合作关系与协作精神。只要正确组织好集智备课，发挥它的积极作用，就不仅可以完善课堂教学，而且教师在集体备课的参与、分享和汲取中，不断完善自我，进一步凝聚起团队的协作精神。

2. 完善集智备课的过程

备课“预则立，不预则废”。备课是上好课的关键，有效备课才能构建高效课堂。在“有效”核心的统领下，发挥集体智慧，强化备课环节，从学生中来，到学生中去，了解情况，沟通思想，真正落实有效备课，提高课堂教学效益。

1) 精心组织，为教师搭建专业发展的平台

集智备课往往流于形式的原因，就是对集智备课认识不足、重视不够、组织不力。学校业务领导要勇于承担起引领教师成长，为教师发展助力的历史重任；要有计划地认真组织教师积极参与，确保集智备课，要六备、三定、

六统一。“六备”即备教材、备标准、备学生、备重难点、备教法、备学法；“三定”即定时间、定内容、定主备人；“六统一”即统一教学目标、统一重点与难点、统一“双基”目标、统一考核要求、统一教学进度。精心组织好集智备课，就是为教师搭建了一个学习、交流和共同发展的平台，就是为教师的专业成长助了一把力。

2）依据课标，做好集智备课前的准备

集智备课首先要有一个组织者，这个组织者可以是备课组长，也可以是普通教师；在集智备课前，要根据实际制定出备课的计划、内容和范围，立足课程标准，梳理出教学的目标、难点和重点，拟出备课要讨论的重点提纲。参与备课的教师要依据课标，通览教材，对本单元的教学内容进行初备，在总体把握的基础上，整理自己的困惑与反思。只有组织者和参与者从思想和内容两方面均作好充分准备，集智备课才有内容可备，才能有效、顺利地进行。

3）充分交流，营造集智备课的良好氛围

加强交流，充分发表意见，是集智备课的关键环节。集智备课既要有重点发言人，也要有大家的集思广益。要创设集智备课民主、平等、和谐的交流氛围，重点讨论与交流教学内容的重难点部分、教师个人备课的困惑、教学实践的反思等。成功的集智备课通过个人初备的认识与大家的集思广益间的充分对话，产生思想与智慧的火花，达到相互分享、相互促进、相互提高的目的。

4）达成共识，弄清集智备课到底要备什么

集智备课的过程，是大家奉献教育智慧、群策群力完善和优化课堂教学的过程。因此，集智备课重点做好如下实事：一是要明确一个目标，明确教学目标，要由整体到局部；二是提出一些问题，这是由具体到概括的过程，即提出的问题要具体、实际，如创设什么样的情景导入新课、某个教学环节如何设计、怎样优化课堂练习等，问题越具体，解决问题的方法和策略就越概括；三是研究一些策略，在广泛讨论问题的基础上，有针对性地解决问题，形成共识，概括出最优的教学策略，由理论转化为实践；四是分享一些资源，集智备课中教师的一个点子、一个经验、一个教训、一个案例和一个设计等，都是可供大家分享的备课资源。

5）充实完善，分享集智备课的成果

有效的集智备课过程，应该由备课前的构思准备、备课中的深入研讨和备课后的充实完善三个环节组成。备课后的完善阶段是集智备课的重要环节，也是教师分享集智教育智慧，吸纳营养，对自己的教学设计进行再创造、再提升的过程。集智备课的充实完善环节，还应该包括教师上课后，对自己教学过程的二度设计和教学行为的矫正与反思。备课后的充实完善环节做得越具体，越能达到提升自我的目的，集智备课才能够真正达到促进教师专业发展的目的。[2]

（三）以备课组为依托，构建高效课堂学科教学模式

构建高效课堂学科教学模式，是推进课堂教学改革的主要策略，是提升质量的关键。构建学科教学模式主要是依托备课组，结合学科特点、学生年龄特点，尝试探索高效课堂模式，运用集体智慧来设计、实施与完善。

1. 落实高效课堂的一般性操作模式

我们仍然主张高效课堂的实施应经历“临帖—入帖—出帖—破帖”的阶段。高效课堂教学模式是推行初期阶段必须经历的一个过程，且不可认为教学是个性化的艺术为由而否定模式在这个阶段推行的必要性。待“固模过关”后，教师可以结合本校情况，形成年段或学科课堂教学特色。[3]

2. 构建凸显学科特点教学模式

我们认为，教学模式也应体现学科特点，不同的学科可形成不同的教学模式。如一所小学在语文学科方面就实施了小组合作模式：“我会认会写——我会读会说——我会学会问——我会查找资料——我会品会悟”的小组合作模式，课堂因互动而精彩，有力地促进了学生学习能力的提高。当然，“学”才会更具有创造的活力。正如魏书生所说：“探索课堂教学方法，确立课堂教学类型，目的是为了提高课堂教学效率。教师不应该非把自己框定在某一种模式里不可，可根据自己与学生的实际确立一种基本模式。如果自己眼界比去年开阔了，学生基础比去年坚实了，学习积极性比去年高了，那么课堂教学方法、教学步骤必须随之改变。这应该是我们面对任何一种教学方法，面对

2　http：// www. doc88. com/p-qq156v387863.

3　百度文库 http：// wenku. baidu. com/view/85b293040bele65oe9ab2.html.

任何一种教学模式所持的科学态度。”

二、用课题带动研究高效课堂

随着教育的改革与发展，各级各类学校对课题研究的重视程度越来越高。向科研要质量、要效益，走科研兴教、科研兴校之路是当前教育改革和发展的必由之路，已经成为人们的广泛共识。教育改革与发展的实践和教育科研的实践充分证明，课题研究对于学校教育具有十分重要的意义。

（一）用学校课题来规划高效课堂

加强课题研究是推动教育改革与发展的需要，加强课题研究也是全面提高教育教学质量的需要，加强课题研究还是学校管理的需要。课题研究对学校高效课堂、教育改革、学校管理均具有非常重要的作用，是促进学生和教师共同发展的力量源泉。如学校可尝试高效课堂教学（行为）策略研究，设定具体研究内容为基于不同教学目标的高效课堂教学模式研究、基于不同教学内容的高效课堂教学模式研究、基于不同类型学生的高效课堂教学模式、基于不同资源条件的高效课堂模式研究、教学模式的特点等，用课题来规划高效课堂。

（二）用小课题研究促高效课堂精彩纷呈

小课题研究是教研工作的主线。骨干教师人人要有自己的独立课题，并卓有成效地开展研究。注重过程材料的积累与成果的转化和推广。各教研组可以根据实际情况进行，从课堂实际出发，坚持以生为本，改变学习方式，提升学生的学习力，最终促进高效课堂建设，选定研究主题。确定并申报研究主题后，要在计划中制定详细的研究步骤、研究方法及达成效果，在平时的教学研讨和年组研究沙龙中要渗透和具体体现。

如一小学三年级语文组的小课题是《语文课堂教学问题设计的有效性》，四年级语文教研组围绕高效课堂确定了小课题《小学语文中段典型段落（总分式结构）教学模式研究》，并在每次的教学研讨活动、平时的课堂教学中实践、反思。

为了提高教师们课题研究的意识和能力，还可以聘请专家，每学期对每个备课组活动进行一次全程跟踪与指导。从集体备课、说课、研讨课、评课到教学沙龙，都围绕小课题展开，切实发现和解决课堂教学中的实际问题，从而，让学科的研究在备课组团队中落实，让教师在自主探索的过程中形成个人独有的教学个性与教学风格。

（三）用个人课题研究促专业成长

小课题研究是教师针对自己的课堂教学进行的。这种集教学、科研于一体的校本小课题研究模式，以“问题—研修—实践—反思”为基本操作形式，立足于课堂教学，源于教学实践，成于反思过程，实实在在地解决了教学中的实际问题，具有很强的实用性和实效性。

个人小课题是教师专业成长的抓手。“问题即课题，行动即研究，成长即成果”，小课题的研究对教师专业成长具有明显的促进作用。如一教师通过个人课题《“语言内容”与“语言形式”并重的阅读教学策略研究》，探索出抓住难点，慎用课件——品词析句，朗读感悟——抓典型语言形式，品表情达意作用——读写结合，模仿借鉴的“语言内容”与“语言形式”并重的阅读教学策略，实现了课堂的高效，也促使自己成长为小学语文学科带头人。

备课永远是教学的第一保障，它看似平常，其实最奇崛，每字每句都凝结着教师的心血与智慧。我们需要在集智备课中不断改进、不断创新，在课堂上创造出精彩。

第二节　教学设计——解读高效课堂

教学设计是教师对教学过程预设的一种方案，是教师上课以前对教学的理想化监控。没有精彩的教学设计，就没有出彩的课堂教学，教学设计的好坏直接决定着教学的成败。因此，高效的课堂更加呼唤精彩的教学设计。

一、问题研究

精彩的教学设计必须建立在对教材的深入钻研、个性化的文本解读上，对学生学情的正确分析的基础上，一定要关注学习者。教学设计要通过设置层次性的主问题来简化环节，精化细节，易于操作，从而激发学生的兴趣，力求达到课堂的高效。因此，高效课堂教学设计要关注以下四个视角：[4]

4　http：//wybooks.163.com/blog/static/96164069201231102159294.

(一)从课程性质看，教学设计要关注学生学什么

教学设计必须突出学科课程的性质，强化语言和思维训练，开发相关的课程资源，促使学生养成独立思考、质疑探究的习惯，学会正确地理解和得体地表达，发展思维的严密性、深刻性和批判性。

如语文教学设计，一是要强调语言感悟，设计重点要放在引导学生品味课文的语言上，从而提高学生的语文素养。二是重视思维训练。抓住了思维训练，也就抓住了语文训练的核心。三是开发学习资源。在教学设计中，树立正确的课程意识，吃透文本中的“着眼点”，创造性地使用新教材，引导学生在各种课程资源的训练和长期的语言实践中，自由地表情达意，写出优美的文章，说出得体的话语。

(二)从学生学习看，教学设计要关注学生怎样学

德国教育家第斯多惠曾经说过：“教学艺术的本质不在于传授，而在于激励、唤醒、鼓舞。”课堂教学要做到合理、有效，教学设计就必须激励、唤醒每个学生的自主学习意识。这样的设计方能取得课堂教学的高效益。[5]

1. 激发主体意识

课堂教学要发挥学生的主动性，教师应当通过设计合理的启发、评价、矫正等教学策略，引导学生学会提问，敢于发表自己的看法，引导学生学会讨论。这是真正地贯彻“以生为本”的设计理念。

2. 转变学习方式

转变学生学习方式是新课程改革的重要任务之一，也是实现有效教学的重要手段之一。要转变学生的学习方式，首先要转变教师的教学方式。在教学设计中，只有着眼于学生自主、合作、探究的学习方式的建构，才有可能实现课堂教学的有效性。

3. 引导自我评价

从某种意义上说，学习好坏的最有权威的评价人是学生自己。教学设计要注意实施多主体评价，强调学生、教师的自我评价和学生之间、教师之间的互相评价，让评价像游戏一样有趣，使学生、教师在评价过程中处于一种主动的积极参与状态，凸显在评价活动中的主体地位。

---

5 赵薇，荆秀红 . 解密高效课堂 . 北京：教育科学出版社，2009.

(三) 从教师教学看，教学设计要关注教师怎样教

课堂教学是丰富生动的，教师除了不断更新自己的教学观念外，还必须做到教得生动、学得活泼，轻负担、高质量。

1. 目标清晰适切

教学目标是学生通过学习活动要达到的预期的学习结果，也是教师教学最后要落实的结果。它既是教学的出发点，也是教学的归宿。目标过高，教学目标达不到；目标过低，学生感到没味道。教学目标的设计要切合学生的实际，要具体、可察、可测，要分层，以便于分类施教，也便于自己和他人评价。

2. 重视课堂生成

动态生成教学是新课程倡导的核心理念之一。预设是教学主体的筹划与设计活动。生成就是创生、建构或成长。无论是预设还是生成，都是实现教学目标的有效手段。因此，随着师生互动生成的不断推进，教师应根据学情的变化，随机调整教学的程序及环节。只有这样，我们的教学才会是有效的。

3. 注重精讲精练

“精讲精练”，是一种提高课堂教学效益、减轻学生过重课业负担的教学策略，是一种有效呈现知识和有效指导学生学习的教学策略。教学设计要在“精”字上下功夫，适当留白，精到精粹，实用高效。

(四) 从课堂文化看，教学设计要关注师生生命成长

课堂教学设计要倡导民主和谐的课堂文化，体现对教师、师生、生生的人文关怀，关注师生的生命生成。

1. 体现民主和谐

在课堂教学设计中，应当体现出对学生的尊重与赞赏，赞赏每一位学生的个性、兴趣、爱好、专长。在课堂对话设计中，要体现出民主、平等、真诚和合作。在教学环境、氛围的设计上，要突出和谐。在师生交流环节设计中，要表现出友善、讨论、倾听、沟通、信任。整个设计应该是一个富有人情味的和谐互信的课堂设计。

2. 构建对话机制

水常无华，相荡而成涟漪；石本无火，相激而发灵光。课堂教学构建“对话”机制，正是激发学生无限的创造性的潜力，拓展学生想象和联想的空间，

促使学生创新思维的多向性发展。因此，教学设计要把握对话的创造、生成功能，引导学生与教师对话、与文本对话、与自我对话、与同伴对话、与情境对话。通过对话，改善教与学的质量。

3. 追求教学创新

进行课堂教学设计时，必须考虑课堂教学的现代特征。在教学设计中，根据新课程所表现的新理念，挖掘学科的创造性因素，引导和鼓励学生的求异思维，“独辟蹊径”“无中生有”，鼓励学生大胆提出问题，形成勤于思索、善于提问的好习惯，培养学生勇于探索、敢于创新的能力。

二、目标协作

要实现高效课堂目标，教师和学生都必须准确定位自己。教师要做课堂活动的组织者、学生学习的引导者、课堂教学活动的合作者。学生要做课堂学习的主人，整个课堂都应以学生的自我探索、自我发现、自我学习为主，同时实现在师生之间以及学生之间的交流、沟通和思维碰撞。

（一）更新观念

以生为本，优化思想设计是打造高效课堂的前提。在课堂教学设计时，必须以学生的成长和发展为本，必须让课堂成为学生展示和成长的舞台。要有一种民主、和谐、开放和合作的课堂教学设计思想和理念。有了以生为本的思想，课堂就会由教师的舞台转换为学生的舞台；有了学生是课堂主体的理念，课堂就会由“教师讲、学生听”转换为“师生互动、生生互动”，课堂教学就会找到学生学习的“最近发展区”，从而达到学会、会学和乐学的目标，高效课堂在教学设计环节就有了可能性。

（二）解读教材

1. 解读教材，优化内容设计是打造高效课堂的基础

《新课改》明确指出：教师在教学中要树立“用教材来教”而不是“教教材”，要根据“教”和“学”的实际调整教材，组织学生学习，简言之就是“活用教材”。要打造高效课堂，在教学内容设计时，要依据教材，又不拘泥于教材。如鄂教版小学二年级上册品德与生活《勇敢试一试》中，教材中设计的一个案例是“自制放飞降落伞”。可是，在常态的课堂教学中，自制放飞降落伞是不便于组织和落实的。有位执教者智慧地将“自制放飞降落伞”变成了“尝试做不倒翁”，课前布置在家取蛋壳，让孩子感受挫折；上课时，发放已经取好的蛋壳，分组让孩子尝试向蛋壳里装不同的物体，让蛋壳不倒。孩子们在体验中有成功有失败。教师因势利导，成功地实现了教学目标的达成。

2. 解读教材，实行二次教学设计是打造高效课堂的有效途径

教师在解读教材时，不仅要看到教材本身，还需要透过教材表面看到本质，从而随时调整自己的教学设计，从而实现课堂的高效。如小学科学课《谁选择了它们》一课是讲生物的进化与环境的适应相互联系的。从课题看关键词“选择”，从教材表面上看，每一个环节都透露着“选择”这两个字。但一教师认为，“选择”只是一个表象，而不是实质。从另一个方面说，大自然的“选择”也好，人类的“选择”也罢，动物都是被选择的一方，是被动的接受者。而如果换成“适应”，动物就不再是被动的被选择，而是主动地参与到这一过程中，去主动地适应环境，突出生物在进化过程中的主动性。带着再次的解读，教师调整了教学设计，取得了理想的教学效果。

3. 解读教材，分层设计是打造高效课堂的重要手段

教师在解读教材时，要对教学内容中的“保底目标”和“发展目标”了然于胸。在设计中，还要有“分层设计”理念，考虑到学生的已有经验和个性特征，使教学内容的设计对每个学生来说，都有“跳起来摘桃子”的感觉，克服学生的学习倦怠倾向。因此，我认为教学内容的设计可大胆地挑战教材，可适宜地补充教材，这样优化式的设计可以更好地打造高效课堂。教材是静态的，而教学对象是动态的。研读教材——“入乎其内“，设计教学——“出乎其外”，这也需要教师的教育智慧。

（三）互动体验

教学设计的过程，既是教师实现怎么教的过程，也是教师解读高效课堂的过程。因此，在这一过程中，教师需要通过互动体验，不断改进策略，优化过程设计，从而打造高效课堂。

1. 比说课

说课是上课一个缩影。为了优化教学设计，进行说课演习是非常必要的。通过说课，我们不仅能够看到教学结构设计是否科学，是否符合学生的认知特点和知识的内在规律，活动之间是否既严谨又灵活，而且还能看到教师设计各环节的目的和意图，这样更便于教师更好地解读高效课堂。因此，可以说说课是教师解读高效课堂的重要方式。

2. “晒”教学设计

“授人以鱼，不如授之以渔。”“高效课堂”的追求目标就是让学生学会学习，学会思考。在教学设计时，要对学生知能情况准确把握，对学生个体学习能够解决的问题予以牵引，对学生合作学习能够完成的问题搭建平台，对学生似是而非的问题进行澄清，对学生无法解决的问题进行讲解。因此，教学方法的设计既要体现完整性，又要体现灵活性。要将课堂中估计出现的学习状况考虑全面，何时用讲解，何时用启发，何处用训练，何处用实验，胸有成竹。只有这样，才能在课堂教学中准确处理随机问题，合理解决设计与实践的冲突，高效课堂才能在一个个常态课堂中生成。

3. 研究教学评价

教学评价要以学生发展为本，重视多元化评价，多运用激励机制。在评价设计时，教师不仅要关注学生知识、技能的掌握情况，还要关注学生其他方面的表现。在教学设计中，我们也要有意识地预设对学生的评价。如一名教师在《小草的生命》一课的教学中，运用评价语，引导学生有感情地朗读，使教学事半功倍，如：“从你的朗读中我感受到了小草破岩而出的勇气！”“小草的生命力打动了我，同样，你的朗读也打动了我！”……在学生眼中，朗读不再是一堆无生命的文字符号的组合，而是变成了有滋有味的有情物。

4. 看现场应变

叶澜教授指出：课堂应是向未知方向挺进的旅程，随时都有可能发现意外的通道和魅力的途径。我们的上课就是执行教案的过程，教师的教和学生的学在课堂上最理想的过程就是完成预定的教案，而不是“节外生枝”；教师期望的是学生按教案设想做出回答，否则就努力引导学生直至达到满意答案为止。新课程倡导的学生学习方式是自主的、合作的、探究的，所倡导的课堂是平等、交往、对话、快乐的课堂，教学过程也应该成为师生互相“抛接球”的过程。因此，教师需要根据教学中这些不确定因素，随时能够借助学生抛过来的这只球，或回应，或反击，或再击——组织、参与、引导，使师生双方真正沉浸在自主、合作、探究的学习氛围中。在教学设计中，我们可以适时组织教师现场应变活动，如教师扮演出状况的学生，看教师的教育机制与教学生成；如采取现场答辩的方式，多激发对课堂生成的思考。

"建构主义"教学理论告诉我们，任何课堂都不是完全设计好的，也不是一成不变的，而是教师和学生共同生成的结果。即使是同一个教师用统一教学设计，就同一节内容在不同班级的重复课，其过程也是完全不一样的。更有甚者，即使是同一个班级，把同一节课重讲一遍，其课堂效果也是不一样的。因此，课堂是千变万化的，我们的教学设计不可能把所有的都涉及到。运用教育智慧，生成教学设计，正是高效课堂的亮点所在。

第三节　专业引领——深入高效课堂

苏霍姆林斯基曾说："如果你想让教师的劳动能够给教师一些乐趣，使天天上课不致变成一种单调乏味的义务，那你就应当引导每位教师走上从事一些研究的这条幸福的道路上来。这是说给校长的，也是说给我们每位教师的。"如果说校本教研是教师、学校发展的必由之路，那么，专业引领就是一面旗帜，指引着前进的方向；就是一盏引航灯，能为课程改革保驾护航，能促进教师专业化发展。一路上，专业引领我们深入高效课堂，更会促进教师幸福成长。

一、学专家之长

我们向专家大师学什么？一方面是打造高效课堂的技巧和方法，以及他们对教育理论的思考和经验总结；另一方面要学习的则是他们背后的东西，就是他们热爱教育事业、积极探索教育教学规律、认真学习教育理论、不断完善自身教学技巧的态度和意识。

(一)解读研课高效课堂

一节课是否高效，课前解读研究非常重要。在深入解读教材、学生的基础上，确定课堂教学的策略；在教学过程中，处理好讲与练的关系；在总结自己教学得失的基础上，规划教学流程，提炼教学流程；在教学过程中，特别关注学生兴趣的激发和检测的落实。我们要用好专家资源，指导解读研究，从而达到课堂高效。

鄂教版小学语文第十册《“我终于回来了”》这篇课文的教学，起初执教者在备课的过程中，按照课文顺序按部就班地进行了设计，通过试上感觉索然无味。怎样达到课堂高效？专家带领教研组成员进行了研读，把握住了文中隐藏的四条主线和大量的课外素材，同时挖掘了本文所饱含的丰富情感。这些正好对于目标达成非常重要。于是，作出了如下设计：由第一段中钱学森说的话入手导入，通过再读课题，引出话题——艰难；然后，教学围绕着四条主线(即“我”的表现、美国的表现、祖国的表现、时间的漫长)和钱学森说的三句话的品读展开；最后，进行课外拓展，迁移写话，通过补充评价钱学森的资料，让学生再次体会钱学森的忠心报国，再次激发学生对钱学森的崇敬，通过写话“你想说什么”，激发学生的爱国情、报国志。这样的教学设计实现了语文教学工具性和人文性的有机统一。

(二)观课议课高效课堂

在专家引领下，我们要通过“观课议课”探究高效课堂，尊重参与者相互平等的主体地位，在对话中提升教师。评课往往就教师教的行为进行评点，议课要围绕教的行为、学的行为。通过对话探究，一方面，揭示参与者背后的教育理想追求以及个人的教育动机；另一方面，以学论教，实施有效教学，从学生学习的状况入手：将对话引向深入的关键。这样一来，议课就不再是就行为讨论行为，而是以外显的行为为抓手，讨论教育观念和教学效果。就像担担子，担子是担着的，是行为，但两头挂着两个筐，它一头系着教师的教育理念，另一头系着学生的学习效果。观课议课的目的在于实现教育观念更新、教学行为改善和教学效益提高的整体提升。

怎样议课？

首先，确定议课的主题。先请开课教师说一说为什么这样设计，在实际教学中围绕这个问题又做了什么，效果如何，有什么想法。然后，参与者围绕特定的研究主题说一说观察到了什么，想到了什么。这样一来，议就不是鉴定别人，也不是给别人建议，而是以课堂实践为平台，设身处地思考“如果我来教”的可能做法和效果。

其次，要求围绕课堂上的事实和现象观课议课。观课议课的重点应围绕课堂上的事实和现象，探讨原因，展开教学想象力，研究发展变化的可能性和实现条件。

最后，注重收集和利用课堂教学信息。课堂上最重要的信息是学生在课堂上学习行为和学习效果的信息。观课中，要围绕主题收集和整理课堂上观察到的教育事实和现象。好的观课者善于发现教学事件和现象中的问题和困惑，并能围绕问题和困惑重组教学故事，同时能恰当地提出自己的问题和困惑，以引起参与者的讨论兴趣和热情，引发共同参与的思考和讨论。

(三)示范引导高效课堂

专家的人格充满着魅力，专家的教学充满着活力，专家的课堂充满着引力。专家示范引导，践行高效课堂将会事半功倍。

专家报告来引导。听专家报告，生动而耐人寻味，引领我们朝着课堂教学所蕴涵的教学理念进行深层次的思考，如同品尝了一次丰盛的“精神大餐”，让我们享受着一种心灵的洗礼，促动着教育的领悟。

课堂示范来引领。专家的课堂精心设计、精彩纷呈，随堂生成的智慧令人折服，独特的教学艺术会使我们陶醉在他们教学艺术的旋律之中，能帮助我们解决教学中的迷茫与困惑，能促使我们结合自身特点、学生特点、学校特点，用心、用情、用智慧在实施“有效”课堂的基础上，不断探索，追寻“高效”课堂！

(四)案例分析高效课堂

案例研究是行为修炼的“催化剂”。专家通过一个个鲜活案例的分析，引导我们不断地实现课堂的高效。每次专题研讨课后，教研组认真组织评课，鼓励教师进行多维度反思，教师与教师对话、教师与专家的对话，多层面互动反思。尤其是专家们独特的思想、见解和经验，不但给了我们许多启迪，还开拓了我们的视野，激励我们进行自我反思，找出差距，模仿创造，超越自己。

《爸爸妈妈真辛苦》是品德与社会课中的话题。本课的目标是让学生感受到父母的辛苦及对自己的爱，并能以恰当的方式表达对父母的感激、尊敬和关心。执教者围绕目标，安排了三个活动：(1)妈妈怀孕真辛苦；(2)爸爸妈妈的一天；(3)我也有爱。活动开展始终围绕着一个“爱”字进行，通过感受爸爸妈妈的辛苦来体味父母的爱。教学中为了实现高效，将教本中的内容有机地与孩子们的生活实际进行整合，有机地与活动手册进行融合；通过录像、图片、采访、音乐伴奏等方式，力图在课堂上营造一种“爱”的氛围，让孩子们在“爱的港湾”里探寻爱、感悟爱、学会爱。

通过一教师的做课，我们在专家的引导下，围绕着“让孩子在探寻中学会爱”来进行剖析，得出“要让孩子在体验中理解爱，品德课学习是知与行相统一的过程；要让孩子在真情中感悟爱，爱是需要用真情去激发的；要让孩子在细微处探寻爱，细微之处见真情；要让孩子在实践中学会爱，爱需要用一定的方式来表达。”引导出品德高效课堂就要注重学生的体验、真情、细微、实践，形成了共识。

二、取他山之石

他山之石，可以攻玉。走出去，了解教育的前沿动态，感受名家大师风范，感受教育的魅力。大师之大，兼容并包，在于精神之大、胸怀之大、学问之大、智慧之大。走进大师，能追寻大师之大，能感悟大师之大，能解读大师之大。

(一)学习观摩高效课堂

教师教学生命的成长离不开“磨课”与“悟课”。我们在“磨课”中对课程理念加深理解，对课程内容反复揣摩，对学生学情不断剖析，“磨课”成为“悟课”的铺垫，“悟课”成为“磨课”的最高境界，它体现了教师的灵性。走进名家课堂，教师们会惊叹他们“悟”到了出神入化的境界，但我们更应该看到他们课前千万次的“磨”。教师应该带着这样的领悟，走进专家精彩绝伦的课堂，靠近追求卓越的教育灵魂，定会使我们感到“众里寻他千百度，蓦然回首，那人却在灯火阑珊处”的快慰。

如一位教师品味名师课堂的感悟(节选)：

不一样的课堂，同样的精彩。一直以来，我不断地问自己：我们应该追求怎样的语文教学课堂？赵志祥老师说，小学语文教学的目的就是积累语言。为什么我们的孩子常常言不达意，关键就是语言积累太少了。王崧舟老师说，我们一直在探寻属于自己的诗意语文，不同的人读同一篇文章有不同的感受，我们就是要告诉我们的学生："千江有水千江月。"同时，语文课堂应该是阅读本位和写作本位的有机结合。窦桂梅老师说，文章千古事，得失心自知，朗读就是理解，朗读更是发现。薛瑞平老师说，教育就是教给人正确的呼吸，把世界带进教室，让我们在阅读中陪伴孩子成长……真是不一样的课堂，同样的精彩在演绎啊！

（二）研讨交流高效课堂

每一次观摩大师专家的课堂或报告，内心总是充盈着热情与智慧，总是有着强烈的探讨的欲望，总是会拿自己的教学与成功的案例进行对比。其实，这是一种很有效的研究高效课堂的方法。

吉春亚老师的《"凤辣子"初见林黛玉》一课，有如行云流水一般自然流畅，细品其设计与方法，就会发现在自然亲切的语言和流畅的环节转化下的的匠心独运。课刚开始，她用生动的语言介绍完"凤辣子"王熙凤的生平及地位后，就让孩子们自由读课文，并引导孩子们轻易地找出贾母口中的王熙凤的性格。更值得一提的是，孩子们在此过程中已经轻松地掌握了运用课文注解来理解课文的学习方法，所谓"授人以鱼不如授人以渔"。课的结尾，吉老师先出示"王熙凤协理宁国府"一节中的一个片段，让孩子们讨论，"凤辣子"会说些什么。同学们兴趣更浓，争先恐后，课堂顿时热闹起来，同学们的口语交际能力得到充分训练。紧接着，吉老师出示原著中"凤辣子"的话，孩子们在不知不觉中理解了王熙凤的真实性格，真是"辣"得够呛。最后出示的多张《红楼梦》人物幻灯，让孩子们自觉地想走近她，去感受其中人物描写的多姿绚烂。吉老师这堂课教给学生的不仅是读懂课文，更可贵的是学语文的方法：欣赏文学作品中的人物外貌与语言描写，走进人物内心，初步体会作者刻画人物的方法。而且由课内延伸到课外，点燃学生阅读名著的火种，让学生受益终身：得法于课内，获益于课外。

（三）展示汇报高效课堂

观摩名师课堂，研讨名师风范，就要努力践行名师理念，传承名师风采；将学习所得进行展示汇报，不但进行了资源共享，而且成长了自己。因此，学校可加强外出学习管理，采取"学习—汇报—实践"的培训模式，即学习过程中由带队领导组织一次集体讨论，回校后对全校教师进行一次汇报交流，并将学习所得进行实践尝试，然后以课堂教学形式进行组内交流，最后撰写学习感言。学校每学期还将教师们学习后的感言和体会编辑成册，以便共享，让学习真正由“一种需要”转化成为“一种习惯”。

三、培养“专家”

（一）成立名师高效课堂工作室

专家之所以成为专家，是因为他具有精湛的教学艺术、灵活的教育机制和高效的教育品德。通过专家引领的最终目的是培养出自己的专家。因此，学校可以通过评聘推选出学校的名师，树立学校里的专家，成立名师工作室，着力高效课堂的研究与打造。

（二）打造学科高效课堂领军教师

所谓专家也是相对而言的。我认为，只要是在某个领域突出的，都可称之为“专家”。专家，指具备专业技能，并依赖此类技能为生的职业人士。一所学校单凭一周一次专家的指导是不够的。因为轮到指导到每个人的次数是有限的。如果在学校内能培养出学科领军教师来引领常态教学，那就事半功倍了。一方面，领军教师可以指导每周的集体备课和学科教研互动；另一方面，可以及时地进行“草根式”的研究。三是领军教师在教师中可以营造强大的感召力。因为他给出了一个信息：只要努力钻研，我也可以成为专家。

怎样打造领军教师？关键点在于教师的自我打造，让教师感受到教育职业的幸福。我们认为，自我打造是教师自主管理的最高境界。学校则要创造好条件，引领教师进行自我打造。我们认为，主动不断地学习，让自己内心坚强，是对生命的尊重，是事业成功的基石。如学校大力开展校本培训，实施“读书工程”、“素养培训”、“定向培养”、“专业引领”等。教师就是在逐步实现自我规划与愿景的情况下实现一次次的自我提升，感觉一次次成长的幸福的。

第四节　同伴互助——磨练高效课堂

“在我做过的所有事情当中，最重要的是把那些为我们工作的人协调在一起，并把这些人引导向某个目标。”这是沃尔特·迪斯尼先生的一句名言。任何一项课程改革的设想，最终都要靠教师在教学实践中去实现、去完善，高效课堂的构建更离不开教师的共同发展。同伴互助使教师的思考由以往的单一封闭转向多维互动，引发了教师对教育教学问题的深度剖析与思考，形成了良好的教师对话交流机制。

一、构建高效课堂"同伴互助"的共同愿景

"同伴互助"这种教师之间的合作学习，在教师间的心理相融、教育教学的共同提高、教育教学改革的推动中有着非常独特的效能，其作用是其他方式所难以代替的。"同伴互助"可以让教师找到归属感；可以激发教师们教育教学的创新意识；可以让教师们汲取更多的知识、经验和力量；还可以解放教师的时间和精力，使个人的劳动更优化。

兴趣是最好的老师。我们所组织的同伴互助活动，首先，注意引发教师参加互助研修的兴趣。要让教师们感觉到乐在其中，而并不是一种负担。通过交流、沟通、学习，产生职业上的幸福感、成就感，使互助成为实现自身价值的一种渠道。其次，组织的互助研修要以符合教师的需要为出发点，以解决问题为中心。学校与教师们共同制定互助研修计划，共同构筑研修目标和前景，激起他们的内在愿望。

二、建立促进高效课堂合作的制度环境

我们每个教师都是生活在群体之中的，特立独行是不现实的。因此，我们要主动与其他教师沟通、交流、互助，主动寻求团队支持。志同道合者的互助共进是教师成长的巨大支持。一个人的"互助"与"自我发展"意识是影响互助效果的重要因素之一。只有通过一些活动激发与培养这种意识，才会使互动的效果得以充分发挥。

同时，学校对教师参加"同伴互助"研修要有明确的要求，有合理的制度，有一定的目标和任务。互助研修可能一开始不能成为教师们自觉的行为，这就要求有一定的规范和引导。

其次，让每一个教师都拥有"话语权"。基层教师没有坚实的理论支撑，没有高远的视野和境界，不能独立驾着自己的马车行驶在教育园地中，这是阻碍教师成长的绊脚石。要想搬掉这块坚石，需要教师在实践与学习的基础

上不断反思总结，拥有自己的思想，形成自己的个性，能发出自己的声音。每一位教师都有了“话语权”，同伴之间的互助才会不仅关注操作层面，也关注理念层面，产生更大的能量，发出更夺目的光彩。

三、培养高效课堂“同伴互助”的引领者

武汉市备课组建设工程效果显著，学校要自己培养一批备课组长作为“同伴互助”的引领者。他们应该是学科教学质量的责任人、集体备课活动的协调人、培养青年教师的带头人、开展教研科研的引路人。他们不仅应对教学有宏观的策略，同时也应对具体教学作微观的示范。

因此，在选任备课组长时，不仅要看业务水平，更要看组织能力；不仅要看资历、经验，更要看个人人格素养、大局意识、奉献意识；不仅要看协调能力，更要看创新能力。学校选任备课组长，可采取民主推荐、毛遂自荐、专业评审三者相结合的办法，从而形成一支充满活力与激情、素质全面、结构合理的备课组长队伍。

在备课组长的管理与培养上，要制定备课组长工作职责，明确备课组长的责、权、利。要求备课组长不仅仅是业务指导，还要发挥管理职能。在待遇方面，在绩效工资中予以反映，充分肯定他们付出的劳动，并坚持每月、每学期备课组长岗位绩效考核评价其工作效能。多渠道组织他们学习，指导他们制定工作计划，开展活动。与校内外有关人员交流经验，让他们在实践中增长才干，使之真正成为学校教学工作中的骨干力量、“同伴互助”的引领者。

四、开展“同伴互助”高效课堂活动

（一）推门看课——体验高效课堂原生态

推门看课，看的是一种不做任何“包装”的原汁原味的课，是一种原生态的课，也是教师综合教学素质的一种最真实的展现。[6]

我们有必要走进每一位教师最真实的课堂情境中去，真切地感受普通教师原生态课堂，总结这些朴实的课堂教学特点，帮助我们建立起真实、优质、高效的课堂教学观。在此基础上，建立起的对教师、对课堂、对学校的评价与指导意见才能真实、有效，才会有针对性。

6 周士勤．“原生态”计量学的基本含义及特征．人民教育，2007（07）．

推门看课，从某种意义上来说，也是检验教师落实课表的一种自觉行为，实施素质教育，落实一张课表是基础。学校校长、教学管理人员推门看课，不能只是看语文、数学、英语等这些必考的大学科，更要看品德、体育、音乐、美术、信息等非考试的小学科。

推门看课，在长期的教学教研实践中对提高教师课堂教学水平起到了极大的促进作用，能让我们真正体验高效课堂教学的“原生态”。如果方法用得恰到好处，就能极大地促进教师课堂教学能力的提高，培养教师的能教、能研综合素质。大凡一些成名的教育家，就是从这样一堂一堂的课中磨练出来的。

(二)同课研究——体现团队智慧

同课研究是以反思研究为主，以同上的一节课为研究对象，以新课程理论为指导，以专业引领为抓手，是集“实践、展示、反思、互动”于一体的一种教学研究活动。其成果并不是要产生什么新理论、新观点，而是解决实际问题，改善教学行为。同课研究可以分阶段进行：

第一阶段：独立备课，同台上课。

同一天、同一年级、同一学科的教师在各自的班上上同一节课，有领导、专家、同行来听课、评课，目的是提高教师独立钻研教材、解读文本的能力。各位上课教师在备课时是“背靠背”，教师之间不能资源共享、不能互相讨论，尽量发挥教学个性，实现个人教育理念。上课时，每一节课除本年级没有讲完课的同科教师不能观摩外，全校的本学科老师全部到场，通过听评课促进教师更加个性化地建立起新的教学行为。

第二阶段：资源共享，博采众长。

在这一阶段上，授课教师是“面对面”的合作互动研究。同一年级的教师就同一教学内容，先集体备课，再独立钻研，设计教案，然后分三轮(班级、年级内、校级)进行教学。每轮研究课后，立即进行教学反思互动，为下一轮研究提供借鉴。在这一轮研究中，在注重教师个性的基础上，开始注重团队合作。

第三阶段：整合创新，彰显个性。

“面对面”的合作互动研究能够让教师切实感受到课例研究、同伴互助的意义和魅力，能够激发教师对课堂教学境界的不断追求。但是，也会出现“千人一面”的局面。于是，就可以进入第三个阶段，呈现出四步曲：第一步，同课“研究”，定专题、定内容、定设计；第二步，同课“展示”，比理念、比方法、比落实；第三步，同课“反思”，互交流、享经验、找不足；第四步，同课“赏析”，赏精品、析精髓、奖团队。[7]

第四阶段：及时上课，团队展示。

以年级为团队，每个教师在当天上午随机抽签(抽教学内容、上课班级、上课顺序)。两小时集体备课后，序号在前的教师第一轮上课，教学后马上进行第一次团队课堂诊断，同步反思，调整策略，即“实践——反思——研究——重构”；并在当天下午序号在后的教师进行第二轮教学，即“再实践——再反思——再研究——再重构”。这样一来，教师对文本的解读、方法的选择、策略的实施等就会有深度的思考，从而不断促进课堂的高效。大家在真实的教学情境中直面问题，在真诚的互动心态下认识自我，在真心的团队合作中超越自我，教师个体的成长与团队研究的能力就会同频共振。

(三)听评议课——交流高效课堂教学真感受

“同伴互助”最基本的呈现方式，就是教师之间相互开展听评议课活动。教师相互听评议课，可以交流教学经验、切磋教学艺术、探索教学规律、提高教学能力。

在倡导构建高效课堂的今天，大力开展听评议课活动并改进教育教学中存在的问题尤其显得重要。相互听评议课活动，不能走过场。尤其是评课，它既是一种教学经验的交流，也是一种学术研讨。对教学中一些共性问题应该是各抒已见，交流课堂教学的真切感受，积累和提升课堂教学改革的经验，而不应该随声附和，人云亦云。否则，就失去了“同伴互助”的意义。

教师相互听评议课，应该形成一种常态机制，应该成为每一位教师自觉的教研行为。

(四)“蓝”“青”结对——磨练高效课堂教学真功

能者为师传心经，“蓝”“青”结对促成才。“青出于蓝而胜于蓝”。为了帮助青年教师迅速成长，提高青年教师的业务水平，营造良好的教学研究氛围，学校选派一批业务能力强，教学经验丰富的骨干教师(即所谓“蓝”)当师傅，与一些青年教师(即所谓“青”)结成对子，开展“蓝青结对”活动。

7 中国教育新闻网．湖北频道．

师傅做到“三带”，即带师魂、带师能、带师德。徒弟做到“三学”，即学思想、学本领、学做人。

师傅要做到“一传、二听、三导、四示范”。一传：言传身教。主动关心徒弟的成长，帮助徒弟明确努力的方向，推荐学习文章，使其开阔视野，不断充实；鼓励徒弟积极参加各级各类教育教学竞赛、评比与展示等活动，让徒弟得到更多的锻炼和提高。二听：主动听课，做到“课前指点、课中观察、课后评价与反思”。听课要认真记录，写出体会或个人见解，学期结束前将听课记录上交教务处，以备检查评比。三导：悉心指导徒弟钻研教材，精心备课，每学期重点审阅4份教案；每学期要指导徒弟上好汇报课，进行课题研究，撰写论文或案例，做到及时积累、整理与提升；指导徒弟，结对期间至少有一篇在县级以上获奖或发表。四示范：上示范课。师傅每学期至少要给徒弟上两节示范课，每学年和徒弟上一节相同内容的展示课。

徒弟要做到“一明、二求、三学、四实践”。一明：确定目标，明确方向。在师傅的指导下，对自身的教学情况和业务水平认真进行剖析，明确自身提高的方向与成长的途径。二求：积极主动，虚心求教。听师傅的课，随时接受师傅的指导与检查，主动邀请师傅亲临课堂指导教学。三学：努力学习，敢于创新。在师傅的指导下，积极学习教育理论，定期读教育教学理论专著或教育杂志，更新教学理念，改进教学方法，并积极参与各级各类教学竞赛、评比、展示等活动，把握机遇，让自己的能力得到锻炼与提升。四实践：不断探索，勇于实践。每学期上汇报课；整理精心设计的教案；上交质量较高的教学案例或论文给师傅修改与指导；做一个符合实际的教学研究课题。

学校还可以建立管理机构与评估机制，建立“师徒结对”档案与教师成长档案。每一学年按一定比例评选“最佳师徒结对”给予表彰与奖励。

(五)教学比武——构建高效课堂才华展示台

当我们的教师在长期的教学实践中成长起来时，他们就需要一个舞台以展示自己，“教学比武”就为教师提供一个展示才华的机会。“教学比武”要力求达到“以比促学、以比带训、以比择优”。

“以比促学”，即认真学习科学的教育教学理论，用先进的教学思想指导新课程改革和教师课堂教学“比武”活动。

校领导一定要把每次活动看作是全体教师能力展示的大舞台，为他们做好谋划，热心地为他们服务。学校一定要成立专门班子，校长要亲自挂帅，并结合学校实情，科学制定实施方案，使“比武”每个阶段的活动都能落到实处，切忌活动走过场。

既然是一个“大舞台”，那么人人都应该走上这一舞台，以展示自己的教学水平。我们不能把比武活动搞成几位“教学能手”的表演台，要求“组织全体教师人人上好公开课，全面开展说课、议课、评课活动”。在本校范围内认真开展好全员性的公开课，说课、议课、评课活动，就能达到相互学习“以比带训”的目的。

“比武”的重头戏是“以比择优”，开展课堂教学比武活动，做课的教师难免要做一些课前准备，除认真研究教材备好课外，还要制作课件等，但是，我们更应该细心思考：这堂课，学生到底学到了什么，学生在哪方面的能力得到的培养，“三维目标”落实了没有……

“教学比武”中的赛课力求原汁原味。以抽签的方式提前半天甚至是提前一天决定参赛者的教学内容，然后参赛者自己去做好准备后参赛，这不是更能比出真本领吗？更能历练教师的教学水平吗？总之，我们的课堂教学，无论是平时的课堂教学，还是竞赛课，一定要坚持以生为本、面向全体学生的教学原则，以培养学生的综合能力为目标，课堂教学必须丢弃浮华，追求真醇。

(六)运用网络——增添高效课堂活力[8]

“同伴互助”不仅局限于学校内部教研组或课题组，还可扩展到校际教研活动、网络上的教师群体。可通过博客、E-mail、QQ（或 MSN）、BBS 等工具建立网络互助教师群体，实现教师之间的互动交流，这已经变得越来越普遍。

1. 基于 E-mail 技术的教师同伴互助

电子邮件 E-mail，可以将研究者互相合作研究的材料不受时间、地域、位置的限制进行传送交流，可以让合作研究者足不出户就完成资料的交流。

2. 基于网络通信技术的教师同伴互助

网络实时通信工具 QQ、MSN 在教育教学上可以发挥很大的作用。QQ 可

8　http：// lyxx.szfeedu.cn. 网络环境下的同伴互助 .

以用文字“一对一”即时交流讨论教育教学问题，也可以进行语言视频聊天，像打电话一样与远方的朋友一起探讨教育教学问题。同时，可以“点对点”传送大容量的文件，及时进行互动交流探讨。QQ 还提供网络硬盘，随时在网络上存放电子文档。一个班级或者经常联系的朋友可以建立 QQ 群，有什么消息可以在 QQ 群发布信息，加入 QQ 群的成员可以及时了解群体发布的各种信息。

3. 基于论坛 BBS 的教师同伴互助

教育论坛，顾名思义，即是研究、探讨教育问题的专业平台，为教师研究、探讨教育教学问题提供了无限广阔的空间。在网络世界里，虽然很多朋友从未见过面，但大家相处得很好，谁有什么疑惑提出来，马上就有很多的朋友来帮忙。

学校可以利用论坛为教师发展开辟新的途径。在论坛上，每位用户都有自己的积分。学校领导根据每位教师在论坛上拥有的积分来了解教师参与论坛的积极性和频率，通过论坛用户资料查询，可以进一步了解教师在论坛上的发言情况，并且将教师在论坛上的讨论情况作为衡量教师教育科研成果的一个依据，对论坛上的优秀者给予一定的奖励。教师本人也因自己积分不断飙升，感到无比欣慰。更重要的是教师在参与讨论和发言的过程中，为自己解决了教育教学上的困惑，从而提高了自己的教育机智和教育理论素养。

在网上交锋，你可以不用顾及他是谁，他也不知道你是谁，可以把平时不敢说的话说出来，也可以把平时认为丢面子的问题拿出来讨论。“润物细无声”，在随意的交流中敞开心扉。在论坛上写随笔已成为许多教师的一种生活方式，他们也因此收获了成功的喜悦，积累了大量的教育智慧和财富。

第五节　教学反思——改进高效课堂

教学反思可以激活教师的教学智慧，探索教材内容的新方式，构建师生互动机制及学生学习的新途径。

一、课前反思是打造高效课堂的前提

课前反思就是在备课后，对自己的课堂预设所进行的反复思考，包括两

个方面：一是对自己即将上课的教案，反思以往的同类教案及其经验教训，二是反思学生已经知道的内容，即进一步“备学生”。我们不难发现，不少教师课前精心设计的教案，一旦到课堂上进行“实战”时，并没有取得良好的课堂效果。其主要原因就是课前预设时没有很好地站在学生的角度来思考。因此，我们在课前必须反思这些问题：学生有无与本课相关联的知识储备；本课所采用的教学流程学生是否尝试过；哪些学生能够积极参与教学，哪些学生需要积极鼓励；学生在接受新知识时可能会出现哪些情况，出现这些情况后应如何处理。

二、课中反思是打造高效课堂的关键

预设与生成是课堂教学的一对永恒的矛盾。课中反思就是对在课堂上出现“预设”之外的情况实施合理适时的“调控”，运用智慧把“生成的资源”巧妙地纳入“预设的轨道”，使“预设”和“生成”这一对矛盾在课堂反思中和谐地统一起来。可见，“预设”和“生成”的矛盾性就要求每一位语文教师必须具有课中反思的意识和能力，掌握一定的应变技巧，因人而异、因事而定、因时而断，灵活应变，调动身心潜能，以便超常发挥，从而达到课堂高效的目的。

为使课堂高效，如何进行课中反思呢？我们应当从以下三个方面进行反思：

(一)反思课堂活动的有效性

课堂教学过程就是师生、生生的活动过程，课堂离开了师生、生生的活动就不能成为课堂。因此，在课堂上，我们要时时反观课堂活动是否贯彻了“以活动促学生发展的理念”，是否适合学生的兴趣需要和学科特点，是否充分考虑到学生动手操作的需要。新课程要求课堂活动中师生是平等的，但作为“平等中的首席”——教师必须时时、处处调整活动进程，使之向“高效”征程迈进。

(二)反思课堂上的参与度

“学生精彩，教师才精彩。”这是一位专家对我评课时说的，我至今记忆犹新，从不敢忘却。“学生精彩，教师才精彩。”这就告诉我们在课堂教学活动中，教师要深度关注学生，深入反思学生的参与程度，学会“观察、倾听和交流”：观察学生的学习状态，从而调控教学，照顾差异，发现“火花”；倾听学生的心声，尊重学生的个性；既要进行认知交流，又要进行情感交流；既要通过语言交流，也要通过表情、动作来实现交流，真正实现对话、交流的课堂，开放而有活力的课堂。

（三）反思课堂中的应变力

课堂上，教师的应变能力强弱决定了课堂效益的大小。因此，在课堂上，教师必须拥有清醒的头脑。一旦遇到复杂的课堂情境，突发的课堂事件时，处事不慌，在迅速反思的前提下做出快速合适的判断，做到应变自如，有术亦有效！

三、课后反思是打造高效课堂的保证

大量的课堂教学实践证实，课后的及时提升和行为矫正，是提高课堂教学效果的有力保证。因此，课后要重视以下三个方面的反思：

（一）自我反思

教师的课后自我反思应思得、思失和思改。

1. 思得

认真、及时地总结每个教学过程中的成功经验，理性地思考自己对教学内容的理解，对教学步骤和教学方法的设计，学生积极主动性的调动以及在课堂中的教学策略和教学机智等。

一位数学教师在执教三年级数学《周长》后这样反思：

这节课最成功的地方就是深化数学概念的巩固。我让学生从“看”到“指”，从“指”到“描”，从“描”到“量”，从“量”到“算”。多种方式的学习活动对学生来说充满挑战，也逐步让学生对周长的理解更深刻。

2. 思失

“失败是成功之母。”在这种反思中，教师深入细致地探讨教学中的不足，总结自己的教学实践，不再像以往那样只关注解决问题，而是更关注提出问题。教师们也把教学中出现的问题或困惑在年级组去讨论、寻求解决的办法，有针对性地改进教学。

一位美术老师在《杯子的设计》教学后这样反思：

通过这课的作业，我发现自己在设计教案时忽略一个点，那就是不管设计怎样的杯子，都不能忘记杯子的基本造型——柱体状。对杯子的造型设计，除了引导学生用自己喜欢的形象来设计外，还要注意造型要简洁，可以进行造型的取舍，尽量使造型贴近杯子的柱体状。

3. 思改

教师在教育教学实践中，不断对自己的教学进行反思和评价，提出切实可行的改进方案。存在问题就整改，发现问题则深思，找到经验就升华。教师在反思——实践——反思中不断超越自我，不断向高层次迈进。

一位语文老师执教一年级《静夜思》后这样反思：

在专家的指导下，我发现这节课有很多可以改进的地方，对自己以后的教学也是一种鞭策。

诗文应该让学生大声吟诵。一年级的孩子非常天真活泼，一开课我就让他们故作深沉，压抑了他们的朗读热情，尽管这首诗是写的诗人思乡之情，我们在教学的把握上可以让学生大声地读出来。小孩子就应该这样读，他们才会越读越有劲。读诗还可以采用各种方式，教师示范的动作也很关键，因为孩子们都是天生的模仿家，他们对教师的一言一行都很在意。当学生读到“举头”时，教师将头投向天空，“低头”时眼睛看着地上，这不是最好的对词语理解的方法吗?

(二)与生交流

学生的学习过程是一个积极的认知过程。在课堂教学中，常有这样的情况出现：有时，学生在课堂上提出独到的见解或新奇的问题，迸发出思维的火花，给课堂增添异彩；有时，对问题的分析理解，甚至优于教师预先设想的方案。因此，教师课后要及时找学生进行交流，倾听学生对自己课堂教学的评价，为自己的教学提出建议。

(三)与伴沙龙

教学反思是教师的个人行为，不仅能对自己的教学进行总结，不断丰富自己，还能影响别人，促进教师间相互学习、共同提高。不同的教师有不同的“关注点”，认识的角度不同，看问题的程度不同，对同一教学行为、教学现象，也会有不同的观点。正是这些不同之处，为我们从不同侧面进入教学、认识教学活动提供了多维的视角。

为了促进教师不断学习，善于反思，善于沉淀，平实，教师同伴间还应开展反思沙龙。如：主题为"我的课堂教学"、"让学生大胆地展示自己"、"关注学生"。每一位教师带着感悟、困惑和疑问，作为研究者来参加反思沙龙活动。还可以有针对性地向教师推荐优秀书刊，并召开读书交流会，让教师交流看法、碰撞思维。

(四)撰写反思

叶澜教授说过："一个教师写一辈子教案不一定成为名师，如果一个教师写三年反思可能成为名师。"特级教师于永正也说过："写教学反思，实际上是对自己的备课及实施的总结。认真写三年教案的人，不一定成为优秀教师；但认真写三年教学反思的人，必定成为有思想的教师，说不定还能写出一个专家来。"

坚持课后写反思，把课堂教学优点和不足、学生学习的反馈、同伴的真诚谏言等方面诉诸笔端，记录在案，日积月累，就成了一笔宝贵的财富。再定期进行梳理，撰写成文，并坚持投稿，这样教学随笔、教学反思、教学案例、教学论文就会应运而生。虽然与名师还相差很远，也许穷极一生都不会成为名师，但我相信，只要我们坚持反思，不断记录，我们会越来越接近"名师"。

参考文献

1. 中国教育科学研究所比较教育研究室 . 简明国际教育百科全书(教学卷). [M]. 北京：教育科学出版社，1990.

2. [俄]巴班斯基 . 论教学过程最优化[M]. 北京：教育科学出版社，1990.

3.[日]佐藤正夫著 . 教学论原理 . 钟启泉译[M]. 北京：人民教育出版社，1995.

4. 叶澜 . 教育概论[M]. 北京：人民教育出版社，1999.

5. 基础教育课程改革通览编委会编 . 基础教育课程改革通览[M]. 北京：中央民族大学出版社，2002.

6. 欧阳芬，谭立义 . 影响课堂教学实效的关键问题[M]. 长春：吉林大学出版社，2008.

7. 王跃 . 高效课堂的101个细节[M]. 广州：广东高等教育出版社，2009.

8. 李炳亭 . 高效课堂22条[M]. 济南：山东文艺出版社，2009.

9. 黄敏真 . 教育丛书《砺》[M]. 武汉：武汉出版社 . 2009.

10. 赵薇，荆秀红 . 解密高效课堂[M]. 北京：教育科学出版社2009.

11. 胡庆芳 . 校本教研实践创新[M]. 北京：教育科学出版社2009.

12. 徐立峰 . 高效课堂：杜郎口自主学习教学模式综合实践[M]. 北京：科学出版社，2010.

13. 李炳亭 . 高效课堂九大“教学范式”[M]. 济南：山东文艺出版社2010.

14. 刘金玉 . 大夏书系 · 高效课堂八讲[M]. 上海：华东师大出版社有限公司 .2010.

15. 张海晨，李炳亭 . 高效课堂导学案设计[M]. 济南：山东文艺出版社 .2010.

16.[美]艾玛·麦克唐纳，戴安·赫什曼 . 如何打造高效能课堂[M]. 北京：中国青年出版社 .2011.

17. 于春祥 . 发现高效课堂密码[M]. 济南：山东文艺出版社，2011.

18. 赵徽，荆秀红 . 解密高效课堂［M］. 北京：教育科学出版社，2011.

19. 李升勇 . 大课堂 大教育［M］. 北京：首都师范大学出版社，2011.

20. 田文江 . 打造高效课堂——与武汉名师面对面［M］. 天津：天津教育出版社，2011.

21. 钟建林，王珍 . 小学数学名师名课［M］. 北京：教育科学出版社，2011.

22. 朱祖伟 . "以人为本" 教学理念之我见［J］. 中国培训，2003.

23. 叶澜 . 让课堂焕发出生命活力——论中小学教学改革的深化［J］. 教育研究，1997（09）.

24. 周士勤 . "原生态" 课堂的基本含义及特征［J］. 人民教育，2007（07）.

25. 曹群珍. 精心预设导入语，巧成有效英语课堂［J］. 中国教师，2012（7）.

26. 赵燕 . 问渠哪得清如许，为有源头活水来——以《论语》选读教学为例浅说 "高效课堂" 的课前准备［J］. 语文学刊，2011（6）.

27. 武汉市教育局，武汉市教育科学研究院 . 2011 武汉市中小学高效课堂建设工程综述，2011.

28. 李炳亭博客 http://blog.sina.com.cn/s/blog_486a6ae50102dz76.html.

后　记

课堂教学，教师“会教”不等于能把每个孩子“教会”，学生“学会”不等于他们都“会学”。因此，课堂教学要从学的无效到有效、从学的低效到高效。当下，全国各地都在打造优质课堂，研究课堂教学的高标高效，我们一起共同感到：其一是高效课堂追求效率最大化。以生为本，激发学生的学习潜能；以学定教，针对学生的实际；教师会“教学”落实到教学生能“学会”。其二是高效课堂追求效益最优化。满足学生们的学习需要，从讲道理到讲策略，将教学转化为生命课堂艺术；教学实践运用，从动手“学中做”到动脑“做中学”；遵循课堂教学规律，从教“学会”到教“会学”。其三是高效课堂教学效果最明显，从“授人以鱼”到“授人以渔”等。总之，让每一个学生都能增强自信地“化茧成蝶”，在自身原有基础上从“丑小鸭”变成“白天鹅”。在高效课堂的课题实验研究背景下，一个由一线教科人员、教研人员、培训人员、教学管理人员、骨干教师组成的研究团队，从理论到实践地为广大教师们提供服务，共同研讨高效课堂建设。

本书由项家庆策划组织、统稿修改，陈小平协助。编写人员：第一章“高效课堂的理念与作用”为刘方敏；第二章“高效课堂的准备与步骤”为陈小平、叶丹、夏满；第三章“高效课堂的内容与形式”为汪向晖、龚久爽；第四章“高效课堂的分类与方法”为韩芳、李红莉、梁艾荣、韦银；第五章“高效课堂的原则与要求”为陈必元、周国宏；第六章“高效课堂的精品案例辨析”为王素培；第七章“高效课堂的校本研修”为朱凤江、姚利、张卫波。本书编写中存在不少问题与不足，敬请批评与指导。书稿中的部分引文由于作者的姓名和地址不详，暂时未能取得联系，在此一并表示感谢！

编　者